Caveman

PATRICK VAN DER JAGT

CAVEMAN

Thuiskomen na twintig jaar op straat

LUITINGH-SIJTHOFF

Deze uitgave is met de grootst mogelijke zorgvuldigheid samengesteld. Noch de auteur, noch de uitgever stelt zich echter aansprakelijk voor eventuele schade als gevolg van eventuele onjuistheden en/of onvolledigheden in dit boek.

Uitgave van uitgeverij Luitingh-Sijthoff bv, Amsterdam

Opgetekend door Josephine van Bennekom
Omslagontwerp Eric Huijsen (Moker Ontwerp)
Fotografie omslag Patrick van der Jagt
Opmaak binnenwerk Crius Group, Hulshout

ISBN 978 90 210 4998 4
ISBN 978 90 210 4999 1 (e-book)
ISBN 978 90 210 5229 8 (luisterboek)
NUR 320

www.lsuitgeverij.nl
www.boekenwereld.com

Uitgeverij Luitingh-Sijthoff vindt het belangrijk om op milieuvriendelijke en verantwoorde wijze met natuurlijke bronnen om te gaan. Bij de productie van dit boek is daarom gebruikgemaakt van papier waarvan zeker is dat de productie niet tot bosvernietiging heeft geleid.

'I'll let you take a piece of me. I hope
you get the peace you need.'

Lady Wray, uit het lied 'Piece of Me'

Disclaimer

De gebeurtenissen in dit boek berusten op mijn herinneringen en zijn zo nauwkeurig mogelijk opgeschreven. Sommige namen en details zijn gefingeerd om de identiteit van deze personen te beschermen.

Proloog

Ergens rond 2017

De warme douchestraal klettert over mijn lijf. Duizenden vreemde vingertoppen die me overal aanraken. Het is lang geleden dat ik onder een douche heb gestaan. Misschien wel twee maanden, maar eerlijk gezegd ben ik de dagen kwijt.

Het is een gure winter, zo een waarin het niet meer ophoudt met regenen, de ijskoude winden in mijn botten trekken en mijn schoenen en sokken wekenlang niet meer droog worden. In de bosjes langs het spoor heb ik wat crack en heroïne gerookt. De wereld vertraagde elke keer als ik inademde, en elke keer als ik uitademde verdoofde ik het pikzwarte gedeelte in mijn geest een beetje meer.

De angst om ziek te worden door te weinig of niet te gebruiken, is groter dan de angst om te sterven, en dus doden wij verslaafden onszelf elke dag beetje bij beetje, tot onze uitgeputte lichamen niet meer kunnen en we ergens eenzaam ons einde vinden. Dat is ons lot.

Ik ben zittend op mijn rugzak kort in slaap gevallen. Na een tijdje werd ik wakker omdat ik onophoudelijk aan het trillen was. Het kon niet langer zo. Ik wist dat ik naar een opvang moest gaan, om mezelf op te warmen en te verzorgen. Ergens kon ik niet wachten om mijn schoenen uit te trekken, waar mijn tenen in opgekruld zitten tegen de te kleine neuzen aan, maar ik weet ook dat de pijn in mijn voeten een stuk heviger wordt als ik mijn schoenen uitdoe.

Samen met de anderen stond ik in de rij voor de dagopvang voor daklozen. Onderling polsten we wie wat wilde ruilen, een puntje wit, bruin, een lauw blik bier. Het automatische slot klikte van de deur af en we stroomden ongeduldig het gebouw binnen. In de nok van het gebouw zit de doucheruimte, in de kelder zijn de gebruikersruimtes. Bij binnenkomst werd ik begroet door een van de hulpverleners. 'Lang niet gezien,' zei ze tegen me. Ik knikte maar ontweek haar blik. Dat is iets wat wij collectief afgesproken lijken te hebben. We zijn zo fragiel geworden, dat zelfs de blik van een ander ons kan breken.

'Alles oké, Pat?' vraagt ze.

'Ik moet douchen. Wil je me alsjeblieft roepen zodat ik het ook echt ga doen?'

Het is een bekende vraag voor haar.

'Heb je schoon ondergoed?'

'Nee.'

'Sokken?'

'Nee.'

'Kleren?'

'Ik heb niets meer.'

De hulpverlener krabbelt wat op papier, ik vertrek naar de gebruikersruimte.

In het grijze kamertje kom ik veel bekenden tegen, maar ik heb geen zin om met iemand te praten. Ik strijk neer op een van de oranje kuipstoeltjes en steek mijn basepijp aan. Het is druk, mensen lopen continu naar binnen en buiten. De crack en heroïne kleurt onze huiden groengelig en ons oogwit rood. Onze oogleden en wallen zijn opgezwollen als de dikke rode lellen van een kip en onze ogen, neuzen en monden zijn buitenproportioneel bij onze magere lijven.

Maar als je niet op ons let, dan zie je ons bijna niet.

Dan zie je niet met hoevelen we eigenlijk zijn. Dan zie je ons niet met onze vale kleren op de stations struinen, als we gehaast een gebruikerspand in en uit lopen, of als we op de brug zachtjes tegen onszelf praten omdat niemand meer luistert. We leven in de schemer van de maatschappij, in de stegen, onder de bruggen, in de dichte bosjes van de parken. Op de plekken waar de gewone burger het liefst niet komt, bang om mensen zoals wij tegen te komen. Elke dag en nacht zijn we in beweging, altijd op jacht en verjaagd. We proberen onzichtbaar te leven, want onzichtbaarheid betekent rust. En dat is waar we allemaal zo erg naar verlangen.

'Patrick, ik heb je nu tien keer geroepen,' zegt ze als ze opnieuw in de gebruikersruimte staat.

Met lood in mijn schoenen loop ik de trap op, richting de doucheruimte. Onderweg krijg ik een tasje met droge kleren van de hulpverlener. Ik speel nog met het idee om te vertrekken. De drugs hebben me een beetje verdoofd en opgewarmd, hoewel mijn kleren nog doorweekt zijn. Maar ik weet dat ik het moet doen, dat ik anders echt onderkoeld raak, en dan weet ik niet of ik de volgende dag nog haal.

In de doucheruimte scheren twee anderen zich aan de wastafels. Ik voel dat mijn eigen lichaamsgeur de ruimte overneemt als ik de deur achter me sluit. Nadat ik de veters van mijn schoenen heb losgetrokken, breekt direct de lucht naar buiten die werd tegengehouden door de stof. Een zure combinatie van schimmel en zweet. Ik stink afschuwelijk.

'Hé, gadverdamme!' roept iemand vanuit een douchehokje. De kraan wordt dichtgedraaid en een van de mannen spuit deodorant in de ruimte en besproeit ook mij ermee. Het spul prikt in mijn ogen, maar ik begrijp het wel.

De deur slaat dicht, alle mannen zijn weg.

Ik stroop de natte sokken langzaam van mijn voeten. Op sommige plekken heeft de stof zich aan mijn huid vastgezogen. Als ik harder trek, voel ik dat ik sommige wondjes opentrek. De huid is week en verrimpeld, als een vel papier dat in een plas met water heeft gelegen en is opengebarsten. Mijn voeten zijn ziekelijk wit tot waar mijn sokken reikten, lijkenpoten. Daarboven steken mijn magere kuiten uit, die er door de dikke laag vuil erop bruin uitzien. Mijn kleren prop ik zo snel mogelijk in de tas, zodat de geuren niet verder de kans krijgen om te ontsnappen. In de spiegel vang ik een glimp op van mijn torso, die niet veel meer is dan een levend karkas met een bleke, dunne huid eroverheen.

Nu brandt het warme water op mijn vel. Ik zit op de grond van de douchebak, want staan lukt niet. Mijn knieën druk ik stevig tegen mijn ribben aan en ik klem mijn armen eromheen. Beneden hoor ik het geschreeuw van een ruzie, maar het bereikt me nauwelijks. Ik haat mijn eigen goorheid, en ik haat het dat de daklozen me erom uitkotsen. Ik haat mezelf, dat ik mijn lichaam aan mijn verslaving heb gegeven, dat ik vrijwillig een uitgezogen melkkoe van dealers ben geworden. Dat ik dit pad kies tot de dood ons scheidt.

Maar nog meer haat ik die stekende schaamte en schuldgevoelens, die zich als een hongerige rat door mijn lijf vreten. Als ik die schaamte niet genoeg wegdruk, zie ik het in hem, als hij mijn slaapkamer in loopt, voel ik het in alle handen die mij hebben aangeraakt, en in de zwakke pols van haar levenloze lichaam. Als je je al zo lang schaamt, wordt het een deel van je.

Alleen als ik gebruik, ben ik even vrij.

DEEL 1

1993-2000,
achttien jaar

‘Soms kom ik mezelf tegen,
en dan zeg ik niet eens gedag.’

Peter Oole,
tekst op een vuilnisvrachtwagen,
Rotterdam

1

Ma zit aan de hoge houten eettafel die we uit ons oude huis in de Fresiastraat hebben meegenomen. Haar ellebogen steunen op het verrookte velours tafelkleed dat ze ook al drie verhuizingen heeft meegezeuld. Naast haar staat een bos fresia's, ironisch genoeg haar lievelingsbloemen ondanks alle ellende die we in dat huis in die straat hebben meegemaakt. Ik zou dan toch voor rozen hebben gekozen, of geraniums voor mijn part. Er is niet veel veranderd in dit troosteloze flatje in Spijkenisse-Noord in de Lobeliastraat, dat gevuld is met alle oude meubels uit het huis van toen we nog een gezin waren. Het is net een reizend circus, waarbij ze steeds hetzelfde decor op een andere plek opbouwt. Hoe ze daar dag en nacht in kan zitten, is mij een raadsel. Voor mij is deze plek een steeds terugkerende nachtmerrie.

Zoals altijd draagt ze haar lange rok en vleeskleurige panty en haar voeten gaan schuil in zachte sloffen. Normale schoenen draagt ze al jaren niet meer. Naast haar staan verschillende lege flesjes bier en een bakje met borrelnootjes. Ze rookt een lange Belinda. Af en toe legt ze hem even neer in de asbak en dan hoest ze het slijm in haar longen en luchtpijp los. Bij elke ademhaling hoor je de vastgekoekte wanhoop daarbinnen rommelen. Ik steek ook een sigaret op. Op mijn twaalfde rookte ik mijn eerste, en ik ben nooit meer gestopt. Eerst bietste ik altijd bij anderen, en toen ma doorhad dat ik niet van plan was ermee op te houden, gaf ze me elke week een eigen pakje. Ze deelde het pakje shag in tweeën en als de week doormidden was, dan mocht ik de rest.

Volgens mij is ze nog magerder geworden sinds ik hier niet meer woon. Een jaar geleden, toen ik zeventien was, heeft ze me eruit gezet. Het kon niet meer. Dat snap ik ook wel.

Wanneer ik de as van mijn sigaret in de asbak voor haar tik, constateer ik dat ze nog steeds eeltig eczeem op haar ellebogen en handen heeft zitten. Daar heeft ze al jaren last van.

'Zit je nog op kamertraining?' vraagt ze.

Ik ben bij kamertraining terechtgekomen, omdat ik niet meer thuis kan wonen. Bij kamertraining proberen ze me praktische dingen aan te leren als koken, wassen en afspraken nakomen, zodat ik uiteindelijk op mezelf kan wonen. Ergens waar niemand last van me heeft. Ik pulk aan de ringetjes in mijn oor en zit een beetje onderuitgezakt op de stoel. Mijn lange benen bungelen wat onhandig voor me uit. Ik ben altijd al lang geweest, net als pa. Mensen zeggen dat ik op hem lijk. Daar was ik als kind enorm trots op, nu vind ik het een belediging.

'Nee, daar ben ik mee gestopt,' zeg ik.

'O? waarom?'

'Ik woon nu bij mijn vriendin, zij was al klaar met het traject en kreeg een eigen kamer toegewezen. Quinevere heet ze.'

Bloedmooi vind ik haar, zo mooi dat ik dus voortijdig ben gestopt met het traject. Ik kon toch alleen maar aan haar denken, en dat hele systeem staat zo onder druk dat begeleiders je liever kwijt zijn dan rijk. Quinevere heeft hennarood haar tot haar billen en draagt altijd strakke spijkerbroeken. Daarboven van die wijde blouses met franjes, net een hippie. Op haar kamer draaide ze steeds muziek van Boudewijn de Groot en als ik langs haar deur liep rook het naar wierook of patchoeli. Ik was direct omvergeblazen. Dat heb ik overigens wel vaker bij meisjes, dat ik nergens anders meer aan kan denken. Toen ik met een flesje wijn naar haar kamer kwam om naar muziek te luisteren, was ze om. We maakten wandelingen in de buurt en deden meer van die dingen die verliefde mensen doen. Toen Quinevere haar eigen appartement kreeg, heb ik meteen mijn biezen gepakt. Ik wilde niet per se al bij haar intrekken, maar heel die controlerende omgeving van de kamertraining vond ik niks, en naar ma kon ik ook niet terug. Dat was wel duidelijk nadat ik mijn huissleutel had moeten inleveren en alleen nog maar op afspraak mocht langskomen. Niet dat ik dat zou willen, huizen en de regels die erin gelden vind ik verstikkend. Toch wil ik ma nog wel blijven opzoeken, al is het maar om een glimp hoop op te vangen dat het nog goed komt.

Ma kijkt bezorgd, zoals altijd. Ze wil wat zeggen, maar begint te hoesten en slikt haar woorden met het slijm in. Als ze dat doet, worden haar ogen nog groter dan ze al zijn. Net een vis die naar adem snakt, schiet er door me heen, of zo'n speelgoeddiertje waarvan de ogen uitpuilen als je het indrukt.

'Ga je nog wel naar school? Je was weer begonnen met de mavo toch?' vraagt ze als ze weer op adem gekomen is.

'Nee, het lukte niet. Ik ben niet slim genoeg.' Ik wiebel onrustig heen en weer. We voeren al jaren hetzelfde gesprek en elke keer is de uitkomst hetzelfde: nee, ik heb geen baan, nee, ik ben niet bezig met mijn toekomst. Hoeveel lessen iemand ook volgt, een dommerik wordt niet opeens een slimmerik. Mijn woordenschat is ook waardeloos. Als ik lees, schieten alle letters door elkaar. Op de een of andere manier ben ik wel best goed in Engels, maar ik heb geen zin om aan schoolverplichtingen te voldoen. Sowieso kan niemand me meer vertellen wat ik moet doen, nu ik achttien ben. Ik ben er ook klaar mee, dat mensen dat doen, dat ze altijd doen alsof het allemaal goed komt, als je maar naar school gaat.

'En ga je nog weleens naar het CAD? Houden ze je nog in de gaten?'

'Nee, ik ben klaar daar. Ik hoef zelfs mijn pis niet meer in te leveren. Dus dat.'

Dat zeg ik heel vaak, 'dus dat', als ik klaar ben met een gesprek.

'Pat, waarom ga je toch niet werken, en begin je iets met een leuk meisje.'

'Ik heb een leuk meisje.'

'Ik bedoel iemand die je niet uit een kliniek kent, iemand die je helpt een toekomst op te bouwen.' Ma kijkt me aan met haar enorme ogen. Ik vind het lastig om haar aan te kijken. Ik ken niemand die zoveel leed draagt in haar ogen, en een groot deel daarvan is aan mij te wijten. Ma is zo'n verdrietig mens geworden. Ze heeft verdriet over mij, over pa, over haar leven dat een enorme teleurstelling is geworden.

'Ik ken haar niet uit een kliniek, ik ken haar van kamertraining.'

'Je snapt wat ik bedoel. Wees nou eens eerlijk tegen jezelf.'

Ik negeer haar opmerking. 'Hoe is het met pa? Valt hij je nog lastig?'

'Hij belt af en toe... Hij woont nu in Amsterdam en vraagt vaak naar je.'

'Ik hoef hem niet te spreken.'

Ma wilde zo graag dat het goedkwam, dat we weer een gezin zouden worden. Na de scheiding is ze gestopt met leven.

'Bel hem nou toch eens, dat zou hij fijn vinden.'

Ik zwijg.

Hoe ma hier kan wonen, dat begrijp ik echt niet. Ik heb deze ruimte nooit kunnen verdragen, met de schimmelvlekken op de muren, de tochtende ramen, onze ruziënde onderburen, de luide muziek en de stampende gasten van onze bovenbuurman. Voor mij is dit nooit een thuis geweest. Ik had er altijd zo'n hekel aan om hier naar binnen te gaan, dat ik vaak zo lang als ik kon wegbleef. We voerden toch alleen maar discussies over mijn drugsgebruik en alles wat ik niet deed. Dat ik de boodschappen niet deed, het vuilnis niet buitenzette, mijn huiswerk niet deed, enzovoorts, enzovoorts. Soms zei ze: 'Als je het nu niet doet, dan krijg je een pak rammel op je godver.' Dat deed ze op zo'n typisch

Rotterdamse manier, dat het wel grappig was, als het niet zo vervelend was geweest. Maar het ergst vond ik die teleurgestelde blik in ma's ogen, als ze weer een avond met twee borden voor haar neus had zitten wachten tot ik thuiskwam. En dus bleef ik vaak dagen achtereen weg, zodat ik die blik niet hoefde te zien.

Sowieso was ik als kind al lastig binnen te houden, zelfs toen we nog een normaal gezin met mijn ouders, broer en zus vormden was ik altijd buiten. Of misschien waren er toen al dingen die ik thuis wilde ontlopen, zonder dat ik het zelf helemaal doorhad. Samen met een vriendje uit de buurt deden we wedstrijden op onze BMX of wie de scherpste speer kon slijpen. Ik nodigde hem nooit bij ons thuis uit. Toen ik een jaar of veertien was begon ik ook nachten weg te blijven en andere jongens te leren kennen die hetzelfde deden. We moesten verhuizen, waardoor ik van school moest wisselen en het niveau niet meer kon bijbenen. Nog nooit had ik grammaticales gehad, en alle andere kinderen in de klas begrepen het wel. Ik vond de oudere jongens interessanter, die ook veel op straat hingen en naar nachtclubs in Rotterdam gingen. Zij waren ook nooit ergens thuis, en ze leefden zo onafhankelijk dat het voelde alsof de buitenwereld van hen was. Mijn dagen vulde ik met doelloos rondlopen. Ik ging nog weleens naar het eerste uur van school, maar daarna glipte ik naar buiten en zwierf wat door Spijkenisse tot de pauze begon. Dan rookte ik een sigaretje met vrienden van me en ging dan weer.

'Hoe is het met Anton? En Miranda?' vraag ik. Anton is mijn oudere broer. Hij heeft de koksopleiding gedaan (en afgemaakt), in militaire dienst gezeten, zijn rijbewijs gehaald en ook nog eens een leuke vriendin met wie hij samenwoont. Ik ben ook eens begonnen met de koksopleiding, maar ik heb die nooit afgemaakt. We spreken elkaar eigenlijk nooit meer, ik denk dat hij bang is dat ik hem meesleur in mijn ellende. Miranda is mijn twaalf jaar oudere zus. Ze is doof, heeft altijd op het speciaal onderwijs gezeten en was eigenlijk zelden thuis toen ik opgroeide. Miranda is inmiddels getrouwd en woont in Oostvoorne.

'Het gaat goed met ze.' Ma krabt nu aan het eczeem op de knokkels van haar handen, ik krijg er de kriebels van.

'Fijn.' Ik weet niet of ik dat echt meen. Om eerlijk te zijn ben ik heel jaloers, en vooral op Anton. Ma snapt ook niet hoe haar twee zoons zo kunnen verschillen. Waarom ik niet wat meer op Anton kan lijken, is een vraag die ze me al vaak heeft gesteld.

Ik sta op van de stoel en loop richting de buffetkast. Even ben ik geneigd om de glazen olifantjes die op de buffetkast staan aan te raken, maar dan krijg ik sowieso op mijn kop. Dus ik trek mijn hand terug en zeg maar: 'Ik ga even in mijn kamer kijken.'

Geen idee waarom, want ik heb er niets te zoeken. Maar dat heb ik wel vaker, dat ik nogal impulsief iets onderneem. Alsof mijn lijf het voortouw neemt en mijn brein volgt.

Mijn kamer is niets veranderd, aan de muren kleven nog steeds de posters van The Police, UB40 en Bob Marley, en op mijn bureau staan verschillende vreemde beeldjes die ik ooit verzameld heb. Zelfs het Jezusbeeld is er nog. Mijn ogen schieten direct naar het raam, waar inmiddels nieuw glas in zit.

Net alsof er niets gebeurd is.

2

De metro terug naar Rotterdam maakt een enorm kabaal en schudt onrustig heen en weer. Ik ben gauw weggegaan bij ma toen ik dat Jezusbeeld zag. Eigenlijk heb ik spijt dat ik ben langsgegaan.

Over een paar minuten passeert de metro het station waar het allemaal begon. Ik was twaalf, mijn ouders lagen midden in hun scheiding, en ik had voor het eerst geblowd. Samen met wat andere jongens uit de klas hadden we gespijbeld om naar een coffeeshop in Rotterdam te gaan. Mijn broer Anton had ik al meerdere malen joints zien rollen, maar ik mocht nooit een trekje van hem. En dus had ik geld uit ma's spaarpot gejat, en waren een paar klasgenoten en ik met het openbaar vervoer naar Dijkzicht gegaan. Nadat we de joint hadden gerookt, en weer terug naar Spijkenisse reden, werd ik er in de metro terug naar huis helemaal ziek van.

'Ik moet eruit!' riep ik naar de anderen. Nog net voor de deuren sloten, sprong ik het perron op en kreeg ik direct een hyperventilatieaanval. Toen dat eenmaal voorbij was ging ik over mijn nek. Voor een ander zou dat misschien een reden zijn om het niet meer te doen, maar ik vond dat ik er gewoon aan moest wennen. Die ellendige bijwerkingen zouden vanzelf wel voorbijgaan. De wiet was een afleiding om niet aan thuis te denken. Ik bepaalde nu zelf wat ik met mijn leven deed. De oudere jongens uit de buurt zeiden allemaal dat het heel lekker was, dus dat moment zou vast ook wel een keertje komen voor mij.

Na de eerste keer blowen met mijn klasgenoten, ben ik nog een paar keer met een jongen uit de buurt naar de coffeeshop gegaan. Hij was al in de twintig, dus hij kon me mooi met de auto ernaartoe brengen. Op een gegeven moment, toen Anton het ook wist, gaf hij het op en zijn we samen gaan blowen. Anton werkte bij de Queensburger, en na sluitingstijd verzamelden we daar met wat jongens uit de wijk om te roken.

Tussen mijn twaalfde en veertiende blowde ik vooral, net zolang tot het eindelijk lekker werd, en daarna ging ik ook wat andere dingen proberen. Eerst gebruikte ik speed, coke en xtc als ik meeging naar feestjes of bij mijn oudere vrienden thuis rondhing, wat steeds vaker gebeurde, en daarna ging ik ook amfetamine, ketamine en lsd gebruiken. Vaak was ik zo uit mijn plaat, dat ik niet eens thuis kon komen. Dan bleef ik een paar dagen weg. Beter dat, dan weer een ruzie. Speed en lsd gebruik ik het liefste, mede omdat het lekker goedkoop is. Als ik trip op lsd, dan ben ik vierentwintig uur lang high. Dat gevoel alsof ik elektrisch geladen ben is onbeschrijfelijk, je bent écht weg uit de werkelijkheid. Een van mijn vrienden, Sander, heeft me leren trippen, zo werkt het namelijk. Je moet dat leren, net zoals je moet leren fietsen of voor wiskunde iets moet leren begrijpen. Hij hield er maar niet over op hoe mooi het leven erdoor werd. En dat kon ik wel gebruiken, want ik vond er niks moois aan.

Ik vind het heerlijk om te trippen of om alcohol te drinken, om even in een andere wereld te zijn. Dan dooft de woede op thuis eindelijk, waardoor ik ma niet meer zie huilen en die alcoholgeur van pa niet meer ruik. Ik word naar die middelen toe gezogen, als een soort innerlijke drift.

Misschien is het wel iets erfelijks.

Ik ben allang de tel kwijtgeraakt dat ma en ik hebben geruzied over mijn drugsgebruik, of de andere dingen die ik niet goed doe. Wat ik wel weet, is dat ma een nogal lange adem heeft. Niemand die ik ken heeft zo hard gewerkt om het gezin bij elkaar te houden of haar kinderen op het rechte pad te houden. Maar als je met een stok als bescherming de trap op moet rennen wanneer je zeventienjarige zoon door het lint gaat omdat een vriendinnetje hem gedumpt heeft en hij onder invloed is van drugs, dan realiseer je je wel dat er dingen anders moeten.

En dat is wat er gebeurde, iets meer dan een jaar geleden.

Ma en ik woonden toen nog samen in dat aftandse flatje. Pa probeerde zich in die tijd met man en macht terug te werken in ma's leven. Hij glipte regelmatig achter medebewoners aan ons flatgebouw in en bleef dan op de deur bonzen tot ma opendeed. Dan smeekte hij om vergiffenis en zweerde hij dat hij zijn leven zou beteren, waarna ma begon te huilen en ik hem de deur uit moest werken. Een paar keer hebben we de politie gebeld en toen kreeg hij een straatverbod. Niet veel later besloot ma het toch weer met hem te proberen en zaten ze samen lachend aan de hoge tafel.

Ik had zo'n gruwelijke hekel aan die flat in de Lobeliastraat, en alles wat daarmee verbonden was, dat ik er alles aan deed om niet in de buurt te zijn. Die dag dat ik gedumpt werd, had ik in de spiegel gekeken en toen bleek mijn gezicht voor de helft veranderd in een doodshoofd. Ik wist natuurlijk dat het niet echt was, dat het een slechte lsd-trip was, maar toch. Ik sloeg mijn raam in met een Jezusbeeld. Dat klinkt nogal dramatisch, als je gelovig bent, maar dat ben ik niet. Ik ben dat soort spirituele troep gaan verzamelen, nadat ik was begonnen met lsd. Die drug heeft iets magisch, en dus vond ik het grappig om een magische sfeer op mijn slaapkamer te creëren. Er is geen god die bepaalt wat goed of slecht is, er zijn alleen mensen die goede of slechte dingen doen.

Ma schrok zich natuurlijk een ongeluk, omdat ze beneden glas hoorde breken en ze kwam met die stok de trap op rennen. Toen ze eenmaal in mijn kamer was, greep ik de stok vast en riep ik:

‘Sla me dan, sla me dan!’ Ze was totaal verstard van angst, terwijl ik maar aan die stok bleef trekken. Het was vreselijk: ik blééf maar schreeuwen dat ze me moest slaan. Uiteindelijk luisterde ze naar me en sloeg ze me twee keer.

Een lsd-trip kan wel vierentwintig uur duren, dus het duurde wel een tijdje voor ik doorhad wat er was gebeurd. Dit agressieve gedrag was niet iets voor mij. Ook al had ik haar niet aangeraakt, ik had wel uitgelokt dat ze mij moest slaan. Ik zou nooit mijn hand opheffen tegen ma. Ik doe nooit mee aan de vechtpartijen op straat en ik zoek ook geen ruzie met die vervelende controleurs in de metro als ze vinden dat we een kaartje moeten kopen.

Toen de rust eenmaal iets was teruggekeerd, zat ma huilend op mijn bed en zei ze: ‘Patrick, ik hou van je, maar ik kan het niet meer. Ik ga helemaal kapot zo. Je bent alleen maar weg en drugs aan het gebruiken, en weet ik wat aan het uitvreten. Je bent altijd onder invloed. Zo kan ik je niet in huis hebben.’

En ze had ook gelijk, ik zag het aan haar dat ze helemaal kapotging. Op dat moment moest ik ook onwijs huilen en wist ik dat ik moest vertrekken. Als er iets erg is, is het om te zien dat je moeder wegkwijnt door jouw toedoen. Dat vond ik nog erger dan toen ze wegkwijnde vanwege pa. Pa en ik hebben haar compleet verteerd, vanbinnen en vanbuiten.

En zo belandde ik dus op mijn zeventiende in een afkickkliniek, waar ze continu ermee bezig zijn een plan te maken voor je toekomst, met je potje urine voor hen op hun bureau. Ze zitten te wroeten in je verleden om te kijken wat er in godsnaam met je aan de hand is dat je op zo’n jonge leeftijd daar al tussen de verslaafden zit. Zeventien, véél te jong, vinden ze. Alsof het allemaal minder treurig is als je ouder bent.

Toen pa in de kliniek zat, dacht ik echt niet ineens: goh, nou, hij is in ieder geval niet pas zeventien.

3

Ik wil mijn vader heus niet de schuld geven dat ik mijn leven zo verkloot. Zo mans ben ik dan weer wel. Eerlijk is eerlijk, ik ben gewoon een mislukkeling, maar een goed voorbeeld heb ik niet gehad. Overdag hang ik elke dag een beetje op de bank en wacht ik tot Quinevere terugkomt van haar opleiding. Ik weet ook niet echt wat ik anders moet.

Als kind waren mijn ouders precies zoals ouders zouden moeten zijn, en mijn ouders zouden niet doodgaan. Dat is zoiets wat ik als kind nog kon, hen blind aanbidden. Toen ik ouder werd, dacht ik dat mijn vader mij wel een waardeloze zoon moest vinden, want een vader die van zijn kinderen houdt, zuipt zichzelf niet keer op keer bijna dood. Misschien is opgroeien wel je realiseren dat dat allemaal niet waar is, dat je ouders niet perfect zijn. Dat je vader ook een mislukkeling kan zijn.

Tot mijn zevende kan ik me ook eigenlijk niets vervelends herinneren van mijn jeugd. Voor zover ik kon inschatten als zevenjarige had ik een prima jeugd, behalve dan dat ik ontzettend lang in bed geplast heb. Mijn ouders kwamen kijken als ik moest voetballen, schreeuwden even fanatiek als andere ouders aan de zijlijn, en ik speelde altijd in de buurt of bij mijn vriend Billy in de achtertuin. Eigenlijk heeft hij een andere naam, maar de grote jongens uit de wijk noemden hem Billy, van Billy Turf, dus sinds die dag ging hij als Billy door het leven. Ik was Flap, omdat ik – net als pa – nogal flaporen heb.

Billy had van zijn ouders een complete schuur vol speelgoed gekregen. Onze ouders waren compleet anders, de zijne waren nogal beschermend terwijl de mijne ons compleet vrijlieten. Billy en ik schepten nogal vaak op over wiens vader de stoerste baan had. In mijn hoofd kon niemand het winnen van mijn pa. Terwijl Billy's vader als heftruckmachinist werkte, stortte pa zich elke dag tussen de gevaarlijkste criminelen in het huis van bewaring. Op vrijdagen kwam hij thuis met zijn lange leren jas, gummiknuppel en politiepet en vertelde hij de stoerste verhalen over criminelen die drugs de gevangenis in probeerden te smokkelen. 'Daar moet je met je klauwen vanaf blijven,' zei hij dan tegen ons. Ik knikte altijd hevig, want als pa zei dat je iets niet moest doen, dan deed je het niet. Ik vond hem ook ongelooflijk slim, echt, hij was mijn maatstaf voor hoe een intelligent persoon moest zijn. Hij was altijd aan het puzzelen, lezen en het nieuws aan het kijken. Het maakte niet uit waar ik hem iets over vroeg, hij had altijd het antwoord. En hij was ook nog eens zo'n vader die sprookjes voorlas voor het slapengaan.

Maar alles veranderde op die ene dag, of vanaf toen drong alles in ieder geval beter tot me door.

Pa en ma zaten met neergeslagen ogen aan de hoge tafel toen ik thuiskwam van school. Hij was zo lang dat hij, ondanks de hoge stoelpoten, toch de grond met zijn voeten raakte. Dat kon ik bij lange na niet en ik hoopte altijd dat ik ook ooit zo groot zou worden.

'Wat is er aan de hand?' vroeg ik.

'Pa moet misschien ander werk gaan doen,' zei ma. Ze vertelde dat hij niet door de medische keuring heen was gekomen en arbeidsongeschikt werd verklaard (dat woord begreep ik toen natuurlijk nog niet). Ik wist direct dat het kwam door wat er een paar weken daarvoor gebeurd was.

In 1981 waren de kernwapens overal op het nieuws en ook in de buurt waren mensen aan het demonstreren. Zelfs bij mij op school hadden de leraren posters opgehangen. Ik weet niet meer wat erop stond, ik was ook pas zes. Die bewuste nacht schrok ik wakker van lawaai. Dat moesten de kruisrakketten zijn, ik wist het zeker, en ze waren op ons huis afgeschoten. Ma en Anton stonden tegen elkaar te schreeuwen en er werd zo te horen druk heen en weer gerend. Ik glipte uit bed om te kijken wat er aan de hand was. Beneden was ma met iemand aan het bellen.

'Ja, de Fresiastraat.'

Niet veel later kwamen er allerlei vreemde mannen ons huis binnen. Ze gingen direct naar pa en ma's slaapkamer en ik ging er stilletjes achteraan. Daar lag pa volledig buiten westen, op een manier die ik nog nooit eerder had gezien. Er zit een duidelijk verschil tussen iemand die gewoon slaapt en wat er met pa was. Hij lag doodstil en was compleet weggezakt in zijn beddengoed, maar hij zag ook lijkbleek. Hij leek wel iemand anders. Een van de vreemde mannen knipte met één beweging zijn T-shirt kapot. Ook daar reageerde hij niet op, wat ik nogal vreemd vond. Ik zou het sowieso merken als iemand dat bij mij in mijn slaap deed. Ze pakten een apparaat dat ik nog nooit gezien had (het leek op een tosti-ijzer). Ze plakten twee zuignapjes met elektriciteitsdraden eraan op zijn borst en zetten toen het apparaat aan. Een dame met een robotachtige stem gaf vanuit het tosti-ijzer instructies. Pa bleef roerloos liggen. Het enige wat ik toen kon denken: pa is dood. Dat zinnetje bleef als een cassettebandje in mijn hoofd afspelen.

Pa is dood.

Pa is dood.

En ons leven zal nooit meer hetzelfde zijn.

Maar hij ging niet dood, ze hadden hem weer tot leven gebracht. En dat gebeurde daarna nog vijf of zes keer. Ik ben de tel kwijt hoe vaak we hem dood hebben zien vertrekken en weer levend zien terugkeren. Je vraagt je af of zijn lichaam ijzersterk is of zijn geest enorm zwak. Op school leren ze je altijd dat iets of goed of slecht is. Bij repetities is altijd maar één antwoord goed, liefst zo letterlijk mogelijk overgenomen uit het lesboek, en historische figuren stonden altijd aan de goede of de slechte kant. Wat mij betreft klopt daar echt niets van in het echte leven. Ik zou het bij mijn eigen vader niet eens weten.

Sinds hij arbeidsongeschikt werd verklaard, werd zuipen zijn levensdoel, en was ons leven inderdaad nooit meer hetzelfde. Hij had natuurlijk best een andere baan kunnen nemen, maar daar voelde hij niet veel voor. Ma probeerde met alle macht geld te verdienen als schoonmaakster van bedrijfspanden en scholen om ons gezin te kunnen onderhouden.

Pa bracht zijn dagen door op zijn volkstuintje (waar hij een fles jenever aan een touwtje gebonden in de sloot had gelegd) en in de kroeg. Nadat we hem meerdere keren laveloos in een steeg om de hoek vonden, of omdat andere kinderen uit de straat aanbelden dat pa voor hun deur lag, en hij zijn eigen auto in de prak had gereden was ma's koek op.

Ze wilde scheiden of hij moest naar een afkickkliniek. Beide bleken onvermijdelijk.

4

Quinevere is woest op me. Ik heb er een hekel aan als mensen boos worden, en Quinevere wordt het nogal vaak, omdat ik nogal vaak dingen doe die *fucking* irritant zijn. Toen ik gisteravond thuiskwam van ma, heb ik wat boodschappen gedaan.

'Je hebt weer geld van mijn rekening opgenomen!' roept ze.

'Ja, voor boodschappen,' zeg ik. Ik steek een sigaret op en drink mijn flesje bier leeg. Het raam staat open, want het is voor het eerst dit jaar weer eens een zonnige dag. In de verte klinkt het getrompetter van een of ander orkest. Het is Koninginnedag, dus een goede reden om vroeg te beginnen met drinken.

'Nee, je hebt alleen maar drank en peuken gehaald.'

'Alsof jij zelf niet rookt en drinkt,' zeg ik alsof ik pa ben. Deze spiegelmethode heb ik hem zo vaak zien gebruiken, dat die ook bij mij is ingesleten. Het lukt me verder ook niet goed om mijn aandacht bij het gesprek te houden, dat kan komen door wat ik allemaal al heb gedronken vandaag. Sowieso gaan ruzies bij mij het ene oor in en het andere oor uit. Alsof de informatietoevoer blokkeert op het moment dat de spanning stijgt.

Quinevere gaat ergens ver op de achtergrond door, over dat het zo niet werkt, dat ze geld nodig heeft voor andere dingen. Haar stem verdwijnt steeds verder, een zoemende ruis, en ik krijg er hoofdpijn van. Bij mijn ouders was het elke dag hetzelfde liedje, elke dag ruzie, elke dag boze mensen, en ik heb nooit gezien dat iemand er beter van werd. Als pa bezopen thuiskwam, lag hij eerst een paar uur voor pampus op de bank. Dat alleen al begreep ik nooit, we hadden zo'n groene, jarenzeventigbank van ruw fluweel. Als je daarop kon slapen, dan moest je wel echt heel ver weg zijn. Maar wanneer hij wakker werd, en de kater insloeg, was hij echt niet te genieten. Als je te veel lawaai maakte of iets aan hem vroeg, gooide hij zijn pantoffel met houten hak naar je toe. Dan moesten we zorgen dat je die niet tegen je hoofd kreeg, want dat deed flink zeer. Een keer, toen ik op mijn kamer naar 'Aces high' van Iron Maiden aan het luisteren was, was pa zo boos geworden van de muziek dat hij in één ruk het apparaat met stekker en al uit het stopcontact had getrokken en tegen de muur kapotgegooid. Ik had die speler net een maand ervoor gekregen voor mijn tiende verjaardag. Ik vond het echt erg, want muziek hielp me juist om mijn eigen gevoelens te begrijpen. Met die ene klap gooide de boze dronken man die ooit mijn vader was mijn enige reden kapot om wel thuis te zijn. En daardoor maakte hij ook iets kapot in mij.

'Luister je überhaupt wel?' Quinevere loopt rood aan. Ze is nu echt boos. Ik krijg nu de neiging om nog meer olie op het vuur te gooien. Ik weet dat dat vervelend is, maar het lijkt alsof ik niet anders kan.

Ik snap ook niet meer wat ik daar doe, in háár huis. Ik teer op haar leven, en ik maak het haar alleen maar moeilijk. Ik wil niet ook haar leven verprutsen.

'Hou toch op met dat gelul,' bijt ik desondanks van me af. Niet alweer ruzie, boze mensen. Alles is weer zoals vroeger. Ik moet hier weg. Mijn jas hangt over de keukenstoel. Ik probeer hem te pakken, maar verlies even mijn evenwicht, waardoor ik mezelf aan de tafel moet vastgrijpen en een aantal bierflesjes omstoot. Het maakt een enorm kabaal en er loopt bier over de tafel. Eentje rolt ervanaf en breekt kapot op de grond.

'Jezus, Pat, doe eens even normaal,' zegt ze. Nu kijkt ze alsof ze medelijden met me heeft. Dat vind ik nog erger. Ik lees gewoon in hun blik dat ze denken: die jongen gaat toch nergens komen. Ze denken het allemaal, ma, leraren, hulpverleners. Maar het allerergste vind ik als ze met spot naar je kijken. Ik ken die blik. Eén keer, voor een repetitie Frans, kreeg ik als enige een wit vel papier. 'Zodat je lekker kunt tekenen tijdens de repetitie,' zei de docent lachend met zijn bruine koffietanden. Ik was zo boos op hem, alsof ik er iets aan kan doen dat ik geen voldoendes haal. De volgende dag ben ik nog wel teruggegaan, naar de Franse les, en toen heb ik een glas water over zijn stoel gegooid. Toen hij was gaan zitten en weer opstond, was het net alsof hij in zijn broek gezeken had.

'Zoek het uit!' roep ik terwijl ik de deur uit stamp. Met een harde klap zwaai ik de deur dicht. Ik ren het rijtjeshuis uit naar buiten en ik meng me in de oranje geklede menigte.

5

Het felle daglicht maakt me duizelig. Het bier dat ik vanmorgen gedronken heb begint zwaar te vallen en ik heb wat nodig om weer wakker te worden, maar vooral om me wat beter te voelen. Ik overweeg kort wat ik zal doen, en besluit dan de metro te nemen naar Rotterdam Centraal.

Elke keer als ik bij ma ben geweest, kruipt pa vanzelf weer in mijn hoofd.

Meestal sliep ik nog niet als hij 's nachts mijn kamer in glipte. Als hij in de kroeg was, durfde ik niet in slaap te vallen. Ma probeerde hem altijd tevergeefs tegen te houden, en zei dat hij me met rust moest laten, maar hij luisterde niet. Mijn hart begon elke nacht weer flink te bonzen, en dan fluisterde ik tegen mezelf dat ik me niet zo moest aanstellen. Doe alsof je slaapt. De deur ging langzaam open en dan zag ik zijn pikzwarte silhouet in het licht van de gang. Eerst zijn hoofd, dat hij door de deur stak, en dan zijn hele lijf. Hij was zo groot dat hij amper door de deurpost paste.

Ga weg. Ga alsjeblíéft weg.

Eerst ging hij altijd aan mijn bureau zitten dat veel te klein voor hem was.

'Patrick… Ben je wakker?' zei hij met een dubbele tong. Een walm van alcohol kringelde om hem heen.

'Ja,' fluisterde ik terug.

'Luister, Patrick. Je moet één ding onthouden.' Zo begon hij zijn monoloog altijd, waarbij hij mijn naam extra nadrukkelijk uitsprak, alsof ik hem anders zou vergeten. En dan: 'Jíj bent Patrick van der Jagt, níét de buurman, níét de buurvrouw. Je bent jezelf en je moet het doen, je moet je best doen, je kunt het gewoon.' Hij sloeg met zijn vuist op het bureaublad waardoor al mijn pennen trillend protesteerden. Wat een gelul. Volgens mij had hij het tegen zichzelf, wilde hij zichzelf wijsmaken dat hij niet zo'n alcoholistische nietsnut was die zijn gezin kapotmaakte.

Hij stond op en streek met zijn vingers over mijn haar. 'Ik hou echt zielsveel van je, dat weet je toch.' Ik hield dan altijd mijn adem in, want ik kon die woorden wel uitkotsen, deels ook door de alcohollucht die erachteraan kwam.

Ik heb hem nu in geen jaren gezien, maar volgens mij giet hij zichzelf nog steeds elke dag vol. Hij is gezakt voor zijn eigen pleidooi, hij kon het niet. In die zin doe ik het beter. Als je geen dromen hebt, kun je er ook niet in blijven hangen. Eigenlijk heb ik nog nooit dromen gehad of misschien ben ik ze wel vergeten.

•

Naast me in de metro gaat een moeder met twee jonge kinderen zitten die in oranje boa's gewikkeld zijn. Telkens als ze een beweging maken, vliegen er veertjes vanaf die door de metro dwarrelen. Een paar keer komen ze in mijn gezicht, en moet ik even krabben omdat het kriebelt. Hun schelle kinderstemmen steken in mijn oren. Als ik mijn hand in mijn jaszak steek, voel ik dat de pinpas van Quinevere er nog steeds in zit.

Ik zit opgesloten in die herinneringen aan vroeger. En vervolgens zoek ik dan weer ruzie met Quinevere. Quinevere heeft er ook moeite mee, dat merk ik al weken. Ze is zelf bezig met een opleiding en haar ouders vinden het niet prettig dat ze samen is met een jongen zoals ik. Ze willen iemand die bezig is met zijn toekomst.

Iedereen is altijd maar bezig met het woordje 'toekomst'.

De deuren piepen en ik volg de meute de metro uit. Het is ontzettend druk op het station, alsof heel Nederland naar Rotterdam is gekomen om Koninginnedag te vieren. Her en der zie ik ook wat politieagenten staan die de boel in de gaten houden. Ik loop naar buiten, het stationsplein op. Als een drugshond die mijn wensen geroken heeft, stapt er een man op me af.

'Zoek je wat?' vraagt hij vriendelijk, alsof hij me aanbiedt me de weg ergens naartoe te wijzen. Maar iedereen die een beetje verstand heeft, weet natuurlijk wel wat 'wat' betekent in zijn taal. Ja, tuurlijk zoek ik wat. Mijn oogleden voelen zwaar, en het is pas tegen twaalven. Ik knik bevestigend. Op zijn voorhoofd, precies tussen zijn wenkbrauwen en boven zijn neus, heeft hij een tatoeage van een zwarte stip.

'Waar kan ik iets halen?' vraag ik. De man lacht zijn gouden tanden bloot. Het is een beetje een spottende lach, alsof ik naïef ben.

'Dat gaat niet zo makkelijk vandaag, hoor. Er zijn veel wouten op de been, vanwege Koninginnedag.' Hij wijst naar een groepje politieagenten die het plein in de gaten houden.

'Zelfs de ME is aan het werk vandaag.' Hij blijft even stil. 'Maar als je wilt, kan ik helpen.'

'Graag,' zeg ik.

'De dealer wil niet te veel mensen om zich heen hebben. Dus je moet wel hier blijven. Wat heb je nodig?'

'Iets om wakker te worden. Coke of speed of zo.'

Hij gebaart met zijn hand dat ik hem geld moet geven, en ik druk er vijftig gulden in. Hij steekt het vlug in zijn jas en loopt weg richting Perron Nul. Ik ben er nog nooit geweest, maar het schijnt een gedoogplek te zijn voor junks, dealers en prostituees. De afvoerput van de maatschappij. Hopelijk gaat hij er niet met mijn geld vandoor. Ik besluit maar van het goede van de mens uit te gaan.

Na een paar minuten komt de man terug. Hij grijnst tevreden en steekt subtiel zijn duim op als hij naar me toe loopt. De buit omvat allerlei kleine zakjes met witte balletjes. Het ziet er anders uit dan ik gewend ben van coke of speed.

'Wil je bij Perron Nul gebruiken?' vraagt hij.

'Liever niet.'

'Laten we dan naar mijn huis gaan,' stelt hij voor. Dat vind ik een goed plan, ik heb geen idee hoe je dit spul gebruikt. Bovendien staan we op een plek vol mensen en zou ik niet weten waar ik daarvoor naartoe zou moeten.

We lopen naar de tramhalte, waar we de tram naar Noord nemen.

'Hoe heet je trouwens?' vraag ik als we ingestapt zijn.

'Voice.'

We stappen ergens uit in Rotterdam-Noord. Voice leidt me in een oude rijtjeswoning naar de bovenste verdieping. Hij woont in een klein kamertje onder het puntdak. Het is er echt bloedheet, dus ik trek meteen mijn jas uit. Mijn shirt plakt aan mijn lijf. Ik veeg met mijn arm langs mijn bezwete bovenlip.

'Alle hitte stijgt naar boven,' zegt hij. Zijn meubels zien eruit alsof ze van de straat geplukt zijn. In de hoek staat een oude fauteuil vol vlekken waar op sommige plekken een beetje voering uit komt. In de ruimte hangt een zure zweetlucht. Ik zie geen televisie, boeken, radio of iets anders wat erop duidt dat hij weleens tijd in zijn kamer doorbrengt. Zijn koffieapparaat staat er meer voor de sier, want die zit zo vol met oude, aangekoekte koffieresten dat ik me niet kan voorstellen dat hij nog werkt.

Voice neemt plaats aan een rond keukentafeltje en pakt een ijzeren pijpje uit zijn zak.

'Heb je dit al weleens gedaan?' vraagt hij.

Ik schud mijn hoofd. Jezus, wat heb ik het warm. Mijn hoofdhuid begint te jeuken van het zweet.

'Het is crack, dat noemen we wit. Je hebt nog nooit zoiets

meegemaakt.' Mijn wangen gloeien van de hitte en van de opwinding. Ik heb er nog nooit van gehoord, maar ik ben wel benieuwd. Voice pakt de bolletjes uit zijn zak en legt ze op tafel. Het is duidelijk geen snuifcoke, het is een verharde substantie. Een soort gestolde witte olie lijkt het. Hij brokkelt de coke in de grote opening van het pijpje en houdt er een brandende aansteker onder. Na een paar seconden neemt hij een trekje uit de pijp en ademt de rook in. Zijn gezicht ontspant en hij kreunt. Wat overdreven, denk ik nog even, maar ik word er ook nieuwsgierig van.

Hij brokkelt er opnieuw wat wit in en geeft dan de pijp en de aansteker aan mij. Ik volg zijn voorbeeld, en verhit de pijp een paar seconden, en neem dan een diepe haal. De rook stijgt direct naar mijn hoofd en verspreidt zich dan door mijn longen en ledematen. Mijn hele lichaam wordt warm en tintelt. Na een paar tellen voelt het alsof alle pijn, ellende, boosheid en verdriet mijn lichaam verlaten en plaatsmaken voor het beste orgasme dat ik ooit heb gehad. Warmte en gemoedsrust stromen door me heen, alsof ik voor het eerst in mijn leven ergens ben waar ik wil zijn. Ik kan weer ademhalen zonder angst, zonder dat het pijn doet. Ik ben vrij, verlost, ik besta opnieuw. Ineens heb ik ook geen hekel meer aan mezelf, of aan pa, of aan wie dan ook. Alles is goed. Voor het eerst begrijp ik waarom mensen het leven mooi vinden.

'Goed, hè,' zegt Voice alsof hij mijn gedachten kan lezen. Hij brengt me weer even naar de realiteit, maar de euforie zweeft nog door mijn hoofd.

'Eén keer wit en je wilt nooit meer anders.'

6

Voice en ik zijn weer onderweg naar Rotterdam Centraal. We hebben al het wit samen opgerookt. Ik denk dat we wel uren met zijn tweeën op dat kamertje hebben gezeten. Geen van ons voelde echt de behoefte om iets met elkaar te delen.

Mijn hart begint sneller te kloppen en ik voel me nerveus en angstig. Mijn ogen schieten heen en weer. We zitten opnieuw tussen de oranje feestgangers en ze praten luid. Het klinkt allemaal veel te intens en ik heb de neiging om mijn handen tegen mijn oren te drukken. Het voelt alsof ik aan het slaapwandelen ben en in een nachtmerrie ben beland. Alles schiet uit proportie, de stemmen, de hoofden, de bewegingen. In mijn ooghoek beweegt een schim. Een hand grijpt me in mijn nek. Snel draai ik me om. Ik schrik me een ongeluk, maar ik zie niets. Mijn hart bonst zo luid, dat ik het idee heb dat iedereen het kan horen. Ineens denk ik aan Quinevere.

Zou ze zich afvragen waar ik uithang?

Natuurlijk niet, schiet er door me heen. Ze vindt je waardeloos en is blij dat je weg bent. Ze hoopt dat je nooit meer terugkomt met die idiote acties van je. Je brengt haar leven niets goeds.

'Je moet er met je klauwen vanaf blijven,' hoor ik mijn vader zeggen. Het blijft door mijn hoofd galmen.

Je moet er met je klauwen vanaf blijven. Pa ligt dood op bed.

Je moet er met je klauwen vanaf blijven. Pa sluipt mijn slaapkamer in.

Je moet er met je klauwen vanaf blijven. Pa ligt bewusteloos in de steeg.

Weer dat cassettebandje dat vastloopt.

Ik word misselijk en kijk schichtig om me heen. Volgens mij zijn er overal politieagenten. Als ik met mijn ogen knipper zie ik hun blauwe jassen. Ik tel de haltes tot Centraal, nog drie. De tram beweegt in slow motion. De deuren piepen, tergend langzaam. *Piiiiiep. Piiiiiep. Piiiiiep.* Traag staan wat mensen op en sjokken de deur uit. Zo langzaam als maar kan, trekt de tram weer op en kachelt door naar de volgende halte. Dit rijmt totaal niet met wat er allemaal in mijn hoofd gebeurt, waar alles van hot naar her tolt. Nog twee haltes.

'Je moet rustig worden, man,' zegt Voice. 'We zijn er bijna.'

Als de halte in zicht komt, staan Voice en ik al bij de deuren om uit te stappen. Nog voor ze helemaal open zijn, staan we buiten. Voice loopt voor me naar de uitgang van het station. Eerst moeten we geld pinnen. Ik pak Quineveres pinpas en neem vijftig gulden op van haar rekening. Ik lees op het scherm dat ze nog tweehonderd gulden op haar bankrekening heeft staan. We passeren de kiosk en slaan rechts af naar de zijkant van het station naar Perron Nul. De zon is al ondergegaan, maar verder heb ik geen idee hoe laat het is. Het voelt alsof we een ander universum binnenstappen, een schemerwereld waar geen wetten of regels gelden. Dit voelt heel anders dan lsd gebruiken in een woonkamer of speed in de discotheek.

Het is er erg druk, en ik huiver een beetje. Er staan twee oude bushokjes waar mensen op een bankje zitten, of eerder, mensfiguren, want er is niet veel menselijks van over. Ze zitten met messen hun pijpjes uit te krabben en dragen om hun nek grote kettingen die je gebruikt om een hek mee te sluiten. Iemand loopt langs ons, zwalkend, ook met een mes in zijn hand. Ik hoor een mengeling van Rotterdamse, Antilliaanse en Marokkaanse accenten.

Moet ik hier blijven?

'Blijf even hier,' zegt Voice. Ik leun met mijn rug tegen het handelsgebouw. Voice loopt weg en verdwijnt in een groepje met mensen. Ik gok dat de dealer zich daar bevindt, verscholen achter die mensen. Naast mij staan allerlei jongens in een rij te wachten. Het is een komen en gaan van auto's waar ze instappen om vervolgens te vertrekken. Iemand pakt me bij mijn schouder.

'Heb je wat nodig?' vraagt hij. Zijn mond en ogen zijn veel te groot voor zijn magere, met scherpe lijnen getekende gelaat. Hij heeft bijna zwarte ogen waarmee hij me doordringend aankijkt. Er hangt een mix van een soort chemische lucht en zweet om hem heen.

'Ik regel wat voor je, kom, kom.'

'Hé, laat me met rust,' snauw ik. Ik zet een stap opzij om iets uit zijn buurt te zijn, maar hij begrijpt de hint niet en komt weer dichterbij staan. Van de andere kant dringt zich ook iemand op.

'Wat heb je nodig? Ik regel het.'

'Nee, kom met mij mee, ik was hier eerst,' zegt de man met de grote zwarte ogen. Er komen nog twee mannen aan lopen. Als een stel bedelende, jengelende kinderen drommen ze om me heen.

'Ik hoef niets,' zeg ik. 'Laat me met rust.'

'Ja, hoor, wat doe je hier dan?'

Ik word ongeduldig. Waar blijft Voice? Straks is hij er gewoon met mijn poen vandoor en zit hij stiekem ergens te roken. Ik probeer hem te vinden in de menigte, maar zie hem nergens.

'Niemand komt hier zonder ergens naar op zoek te zijn.'

'We waren allemaal ergens naar op zoek.'

Plots zie ik Voice op me toe komen. Gelukkig. Nog even en ik ben weg van deze verdorde plek. Weg van deze zombies. Ze zijn niet echt levend en niet echt dood, alsof ze in een tussenwereld bestaan.

'Voor je het weet, ben je een van ons,' zegt de man met de zwarte ogen.

'Kom,' zegt Voice en hij trekt me weg bij de groep. 'Ga daar in die auto zitten.' Hij wijst naar een donkerrode auto die op een plek voor bussen staat geparkeerd. Volgens mij komen de internationale bussen hier aan. Wat een entree in Nederland zullen die toeristen hebben. Ik loop naar de auto toe en ga op de bijrijdersstoel zitten. Het is een beetje een rare situatie zo, maar ik heb wel het gevoel dat die Voice te vertrouwen is. Het maakt me ook niet zoveel meer uit, als ik me maar weer wat rustiger ga voelen. Mijn mond is droog en ik proef de alcohol van vanmorgen bij Quinevere nog in mijn mond. Zou ze zich afvragen waar ik ben?

Voice is weer verdwenen. Er lopen wat mannen vlak langs het raam van de auto. Ik duw mijn hoofd tegen het raam en probeer de mensen een beetje te observeren. Ergens voelt het, nu ik hier zo verscholen in die auto zit, alsof ik in de dierentuin mensen aan het bekijken ben. Een vrouw met lang lijzig haar zit op de grond en bindt haar arm strak af met een riem. Voor haar ligt een krant met wat drugszakjes, een lepel, een citroen, een aansteker en een spuit. Ze doet de drugs op de lepel, samen met wat citroensap en warmt het mengsel op. Dan zuigt ze de vloeistof op met haar spuit, en leegt die in haar arm. Ik krijg er de rillingen van. Naalden vind ik doodeng.

Voice klopt op het raam. Ik schrik me echt een ongeluk. Hij stapt in.

'Waarom zitten al die mensen met die messen te krabben?' vraag ik een beetje onnozel.

'Om wit uit de basepijp te krabben. Dat is het meest pure concentraat van de crack, dus het is zonde als je het niet oprookt. En er is laatst iemand doodgestoken. Ze moeten zichzelf ook kunnen beschermen.'

Hij wijst naar een van de bushokjes. 'Daarzo was het.'

'Echt?' vraag ik verbaasd, alsof dit heel gek is op een plek als deze.

'Dealers en junks zijn meedogenloos. Ze hebben allemaal maar één doel. Geld en drugs. Zo houden ze elkaar mooi in stand.'

'Het voelt niet echt oké, om drugs aan zulke verslaafde mensen te verkopen,' zeg ik.

'Die gasten zouden zelfs aan hun moeder verkopen. Ze geven om niets anders dan geld.' Voice graait in zijn zak. Hij is wel weer klaar met dit gesprek.

'Ik heb iets wat je lekker zult vinden. En waar je minder para van wordt, dat krijg je vaak door wit. Wil je het proberen?' Hij haalt een bruin zakje tevoorschijn.

Ik ben wel nieuwsgierig, dus ik knik. Volgens mij is het heroïne. Dat heb ik net als crack nog niet eerder gedaan, maar ik wil het wel proberen. Waarom weet ik eigenlijk niet, maar op de een of andere manier voelt dit, iets roken waar anderen van gruwen, als de ultieme vorm van vrijheid, van totale zeggenschap over mijn leven. We roken eerst opnieuw wat wit, en ik krijg dat heerlijke gevoel weer terug. Ik zet de leuning van de bijrijdersstoel iets naar achteren, zodat ik een beetje onderuitgezakt kan zitten.

'Wat lekker,' zeg ik.

Voice knikt en pakt dan een ijzeren buisje en wat aluminiumfolie waar hij wat bruin poeder op strooit.

'Hou je gezicht zo meteen heel dicht bij dat van mij, en open dan je mond.' Hij verhit het folie en het poeder verandert in olie. Het ruikt heel zuur, azijnachtig als kattenurine. Ik herken de geur, het is dezelfde lucht als die om de man met de grote zwarte ogen hing. Voice inhaleert de rook uit het buisje en buigt zijn hoofd naar mijn gezicht toe. Ik open mijn mond en hij blaast de rook in mijn mond.

Godverdomme. Dit is nog duizend keer beter dan alles wat ik ooit heb gebruikt. Ik zak weg in mijn stoel en de hele buitenwereld verdwijnt. Ik voel warmte, knusheid, welbehagen. Dit moet zijn wat mensen bedoelen als ze het over een thuis hebben. Voor het eerst in mijn leven begrijp ik waar mensen met normale achtergronden en stabiele, gelukkige gezinnen het over hebben.

Dit is thuis, en het maakt me niet uit waar ik ben.

7

De wc van Rotterdam Centraal bevindt zich naast de trap van perron 1. Voor het hokje zitten twee oudere dames op een stoel met een bakje met munten voor zich. Ik graai in mijn zak en geef ze mijn laatste rondslingerende kleingeld. Mijn buik rommelt en zegt dat ik nú direct naar de wc moet.

'Dank u wel, jongeman,' zegt een van hen met een zware stem. Ze draaien Hollandse muziek en ruiken naar sigaretten. Ik loop gehaast door. De wc's ruiken naar oude urine. Geen enkele poetsbeurt krijgt dat meer weg. Ik draai de deur op slot, trek mijn broek omlaag en ga op de bril zitten. Meteen komt de diarree eruit. Ik begin een beetje te rillen en mijn buik laat ook flink van zich horen. Ik wacht tot alles eruit is, tot er echt niets meer in mijn lichaam zit, behalve de drugs, dan veeg ik alles schoon en spoel door.

Ik hang inmiddels al twee dagen rond bij Perron Nul. Voice heb ik niet meer gezien nadat we samen in de auto gerookt hebben. Ik was mezelf en poep elke dag op de wc van Rotterdam Centraal en eten doe ik bijna niet. Sinds ik er ben aangekomen, heb ik non-stop crack en heroïne gerookt van mijn en Quineveres geld en eigenlijk niet geslapen. Ik wilde het gevoel niet loslaten, maar mijn oogleden zijn zwaar en mijn voeten doen pijn, dus ik móét even een paar uur slapen. Eerst wil ik mezelf wassen, want dat heb ik ook al twee dagen niet gedaan en ik voel me vies. Ik plens wat water in mijn gezicht en neem het af met een papiertje. Daarna trek ik mijn oude gympen en sokken uit, zet de kraan open en steek mijn voeten onder de wasbak. Ik sop ze in met wat zeep en spoel ze af. Daarna was ik mijn oksels en mijn billen met zeep, water en papier. Ook al zijn mijn kleren niet zo fris meer, ik ben nu zelf in ieder geval weer schoon.

Aan de zijkant van het Hilton hotel vind ik een steeg met twee grote containers. Ik loop de steeg in en zie dat achter de tweede container een inham met een stalen trap zit met erboven een klein plateau. Het lijkt me een nooduitgang, dus ik ga ervan uit dat het niet regelmatig gebruikt wordt. In ieder geval niet door de bewoners van het bijbehorende pand, want op de muren zitten de ingedroogde afdrukken van urine en ik ruik de geur van oud bier. Aan alle duivenpoep te zien, vinden ook zij het een veilige plek, zo uit het zicht van de mens. Het is niet heel koud buiten, maar toch begin ik te rillen. Ik wrijf over mijn trui heen over mijn armen, maar het maakt geen verschil. De kou blijft. In mijn broekzak zit nog een beetje bruin, maar mijn geld is op en dat van Quinevere ook. Als ik het nu opmaak, heb ik morgen niets meer. Het beven wordt steeds heviger. Ik kan alleen nog maar aan dat beetje heroïne denken. Als ik het rook, krijg ik het sowieso weer warm en ik weet dat het me helpt om zelfs op een plek als deze in slaap te vallen.

Heroïne is na ongeveer zes uur uitgewerkt, dus als ik het nu gebruik voel ik me in ieder geval de komende uren top. Crack is veel sneller uitgewerkt, maar de heroïne helpt me om rustig te blijven en niet paranoia te worden. Een gouden combinatie. Mijn hoofd en mijn lijf smelten samen en verwelkomen de nieuwe vriend die ik in de drugs gevonden heb.

Binnenkort, als ik genoeg moed heb verzameld, zal ik bij Quinevere langsgaan voor schone en warme kleren en misschien nog wat geld. Daarmee kan ik de tijd overbruggen tot ik weet waar ik kan gaan wonen. Ik voel me schuldig over het geld dat ik van haar gestolen heb, maar ik weet ook niet wat ik anders moet. Af en toe, maar niet vaak, denk ik aan haar. Ik ben er nog niet over uit wat ik zal doen. Eigenlijk heb ik er weinig behoefte aan om haar te zien. Bij de gedachte dat ik naar het appartement terugga, bekruipen me gevoelens van angst en stress. Ik ben geen expert, maar volgens mij is dat niet hoe liefde hoort te voelen. Hoe ik me de afgelopen dagen voelde, dat komt dichter in de buurt. Ik vind het ook wel iets romantisch hebben, om alles los te laten en zonder verantwoordelijkheden of belasting een nieuw leven in te stappen.

Ik pak het zakje uit mijn broek en verwarm het op aluminiumfolie dat ik bij de supermarkt gestolen heb. Morgen verzin ik wel iets om geld te verdienen. Na een paar hijsen voel ik de warmte terugkeren in mijn lichaam. Beter dan een warm bed, denk ik. De grond voelt zacht als een heerlijk matras, mijn spieren ontspannen en niets doet meer pijn. Zonder dat ik het doorheb val ik zittend in slaap.

'Hallo, hallo, goedemorgen, politie,' zegt een harde stem. Ik open een oog, het andere knijp ik dicht om het daglicht tegen te houden. Ik zie het uniform van een agent.

'Kunt u wakker worden? Het is weer ochtend, er moeten mensen naar hun werk en ze hebben last van u.'

Ik kijk een beetje warrig om me heen. Het buisje en de snipper aluminiumfolie waar ik het bruin mee heb gerookt, liggen nog op mijn schoot, maar de agent heeft het geloof ik niet gezien. Snel steek ik dat in mijn zak.

'Ja, bent u wakker? Kunt u alstublieft opstaan?'

'Sorry, ik ben hartstikke moe. Ik ga weg.' Ik sta op, loop achter de agent aan de trap af en volg hem de steeg uit.

'Je kunt over een uurtje naar de Pauluskerk,' zegt hij. 'Deze steeg hoort bij mijn vaste route. Ik kom hier straks nog eens langs, dus ik zou er niet weer gaan liggen. Dan ga ik je op de bon sleuren. Oké?'

Ik knik.

Het is al druk in de stad, maar ik heb geen idee hoe laat het is. Ik ruik allemaal frisse vlagen van douchegel en parfums van de mensen die haastig langslopen.

Met één been sta ik nog in hun wereld, in de wereld die ze delen met ma, Anton, Miranda en Quinevere, en met het andere sta ik in de onderwereld van drugsgebruikers en dealers. Deze tussenwereld is vreselijk lelijk en onwerkelijk prachtig tegelijk. Net als al die doorleefde koppen van de verslaafden, die indrukwekkend zijn in hun griezeligheid. Op het ene moment glij ik weg, gewichtloos in het stralende licht, en op het andere moment zak ik door drekkig drijfzand. Dan zuigen mijn voeten zich vast in de aarde, en dan moet ik net zolang vechten, tot ik weer dope heb en weer bovenkom.

Niemand hier praat over vroeger, het kan ook niemand iets schelen. Iedereen deelt de ballast van een gefaald leven. Op deze plek geldt het verleden niet meer. De meeste gesprekken gaan over dope of zijn verhalen waar ik geen touw aan vast kan knopen. Maar dat maakt me niet uit, ik weet allang dat woorden niets waard zijn.

Ik loop richting Rotterdam Centraal, en begin mensen om geld te vragen. Ze kijken me vreemd aan. Voor de passanten zie ik er niet uit als een drugsgebruiker die in geldnood zit. Toch geven ze mij eerder geld dan een dakloze die verderop staat. Nog steeds ben ik moe. Ik fantaseer over een bed of een bank waar ik op kan liggen.

Wanneer ik genoeg heb verzameld, ga ik direct naar Perron Nul toe, waar de verslaafden zich om me heen verzamelen. Sinds kort weet ik dat ze dat doen omdat ze een soort commissie (gratis drugs) krijgen van de dealer als ze nieuwe klanten aanbrengen. Dit is een epidemie waarbij iedereen zo veel mogelijk anderen probeert te besmetten.

Ik haal een zakje wit en bruin en rook het in een bushokje. Nadat ik wat bruin op heb, worden mijn oogleden heel zwaar.

Ik moet slapen. Maar waar? Ik kijk om me heen, en loop plots, haast instinctief, naar het metrostation toe. Daar stap ik zonder een kaartje te kopen in de metro richting Spijkenisse.

Ik val vrijwel direct in slaap en word gewekt door een controleur. Of ik een kaartje heb, vraagt hij me. Ik zeg nee, en hij bekeurt me met een boete. Dat is prima, zeg ik, en dan val ik weer in slaap.

Bij de halte Spijkenisse Centrum, ma's halte, word ik wakker van de omroepstem.

Moet ik uitstappen?

En dan?

In deze staat zal ik juist de bevestiging zijn van alle dingen die ma me altijd heeft verweten. En ze heeft me ook duidelijk gemaakt dat ik niet meer bij haar kan wonen. Misschien belt ze de politie wel, als ik voor de deur sta, net zoals we voor pa deden.

Onderuitgezakt kijk ik uit het raam of ik bekenden zie. Ergens hoop ik, als ik uit het raam kijk, weer ons gezin te zien zoals het ooit was. Of vooral zoals ik altijd hoopte dat het zou worden. Hoe onze levens ook hadden kunnen zijn. Ik voel een soort heimwee naar een thuis dat er nooit geweest is. Ik zie het voor me als een soort film. Maar het is onmogelijk. Er is te veel gebeurd.

Voor ik mijn besluit heb genomen, vertrekt de metro weer, en word ik terug naar Perron Nul gezogen.

8

Het appartement voelt kleiner dan ik me herinner, ook al ben ik hier een week geleden nog geweest. Ik voel me opgesloten binnen de muren. Quinevere is niet thuis, gelukkig, dat scheelt me weer een ongemakkelijke ontmoeting. Toch had ik wel ergens gehoopt dat ze, ondanks het feit dat ze ongetwijfeld ook boos op me is, zich zorgen om me maakte, dat ze al dagen op me aan het wachten was. Ik ben blij dat ze de sloten niet veranderd heeft. Maar nu ik hier in het appartement sta, is het juist alsof ze me al uit haar leven heeft gewist. Ze heeft de bierflesjes opgeruimd en mijn asbak geleegd. De kamer ruikt weer naar wierook. Ik kwam hier om wat spullen te halen. Even snel naar binnen en weer weg, maar stiekem had ik gehoopt haar te zien, dat ze mijn hand zou vastpakken en me zou vragen om te blijven, of dat ze tenminste een briefje had achtergelaten. Alles wijst erop dat ze is doorgegaan zonder mij.

Ik trek alle lades open en steek wat rondslingerende munten in mijn zakken. Veel is het niet, maar het is genoeg om in ieder geval wat wit en bruin te halen. Ik pak mijn rugzak en prop er tandpasta, mijn tandenborstel, spijkerbroeken, onderbroeken, mijn trainingsbroek, een warme jas en wat shirts in, en dan zit de rugzak voor driekwart vol. In een lade vind ik foto's van mij en Quinevere en oude familiefoto's.

Op een van de foto's staan we met het gezin voor de caravan in Elspeet. Ik moet denken aan de keren dat mijn broer Anton en ik gingen kijken bij militaire oefeningen op het militaire terrein dat er in de buurt lag. Soms verzamelden we de koperen kogels, die de militairen afgeschoten hadden, en dan bonden we ze om onze borst als een kogelriem. Jarenlang heb ik die kogels op mijn slaapkamer bewaard. Er zit ook een foto van mij en pa tussen, we zitten voor onze caravan. We gingen in alle vroegte daar in de ochtendmist de damherten spotten. Hij wist zoveel over de natuur. In die tijd had ik soms nog een echte vader, zo herinner ik me hem tenminste, als iemand die me dingen kon vertellen over de wereld. Die me iets kon bijbrengen. Later werd hij een groot vervelend kind, die alleen maar aan zichzelf dacht.

Ik duw de foto's een beetje aan tot de tas propvol zit en til hem even op. Mijn arm begint te trillen van het gewicht. Het is niet anders, daar zal ik gewoon even aan moeten wennen.

Ik spring ook nog even snel onder de douche, om mezelf goed te wassen voor ik weer de straat op ga. Met een scheermesje scheer ik mijn baard eraf. De warme straal klettert op mijn hoofd, maar ik voel dat ik hier niet te lang moet blijven. Ik word een beetje rillerig, alsof ik koorts krijg. Het water doet pijn aan mijn huid, alsof het kokend heet is en mijn lichaam onderkoeld. Gauw spring ik uit de douche, kleed ik me aan en doe ik mijn rugzak om. Het is tijd om weer naar Perron Nul te gaan.

9

In de avonduren verzamelen alle randfiguren van de maatschappij zich op Perron Nul. Het zijn de piekuren voor de jonge jongens. Auto's rijden stapvoets langs, draaien hun raam omlaag, en onderhandelen met ze. Soms rijdt de auto door naar een volgende jongen, soms stapt er iemand in. Hoe jonger ze zijn, hoe meer geïnteresseerden ze hebben en hoe meer ze zelf te zeggen hebben.

Met een van hen heb ik een paar keer gepraat. Mohammed heet hij. Ik denk dat hij iets jonger is dan ik, een jaar of zestien, zeventien, en het is best een aardige gast, voor wat er nog van hem over is. Hij is heel mager en heeft van dat zwarte sluike haar dat langs zijn wangen hangt. Het is een beetje vettig en er zitten huidschilfers en korstjes in. Dat komt omdat hij continu op dezelfde plek op zijn hoofd aan het krabben is. Het lijkt een soort tic, maar ik zie het veel mensen hier doen. Daardoor heeft hij ook een kale plek op zijn kruin. Hij is al meerdere malen op me afgestapt, omdat er auto's naar me vragen. Ik denk dat het komt omdat ik er nog zo fris uitzie en ook pas achttien ben, net een maagd in een veilinghuis.

'Ze vragen weer naar je,' zegt Mohammed. Hij wandelt bij een auto vandaan. Ik leun tegen het handelsgebouw, mijn vaste plek hier, vanwaar ik alles goed in de gaten kan houden. Hij begint weer te krabben.

'Ik moet er niet aan denken,' zeg ik stug. Ik wrijf met mijn hand over mijn gladgeschoren gezicht, dat zo zacht is als dat van een baby.

'Het is goed verdienen, hoor. Je zit nooit meer zonder.' De witte schilfertjes glimmen in zijn zwarte haar door de straatlantaarn die erop schijnt.

'Ben geen vuile homo.' Ik voel me meteen naar als ik dit zeg. Ik moet denken aan pa, die homo's altijd vuile kontenbonkers noemde. Hij sprak het altijd uit alsof hij een bittere slok jenever in zijn mond had. Op de een of andere manier keerde dat onderwerp regelmatig terug als hij dronken was. Hij kon er gewoon met zijn hoofd niet bij dat een man zoiets zou doen met een andere man.

Mohammed slaat zijn ogen neer.

'Dat zijn wij allemaal niet,' zegt hij zacht. Hij kijkt me eigenlijk nooit aan, niemand hier doet dat. Ze kijken altijd schuin langs je heen en als ze je wel recht aankijken, heb ik alsnog het gevoel dat ze me door de doffe blik in hun ogen niet echt zien.

'Maar dat wil je dan toch niet doen?' vraag ik.

'Je kunt meestal zelf bepalen hoever je wilt gaan. Als je jong bent zoals wij zijn er genoeg geïnteresseerden. En jij ziet er ook nog een stuk frisser uit dan de meesten hier. Je kunt flink wat vragen.'

Er mindert een auto gas en stopt voor onze neuzen. Mohammed draait zich om, en herkent blijkbaar de passagier in de auto.

'O, dat is de Volvo. Moet gaan!' Ze werken hier niet met de voornamen van hun klanten, maar met de autonamen.

Mohammed steekt zijn hand naar me op en stapt in de auto.

10

Het felle licht van de witte tl-lampen in de parkeergarage schijnt venijnig in mijn ogen. Zelfs als ik mijn ogen een tijd gesloten houd, blijft het licht erdoorheen komen. Ik lig in een foetushouding op wat karton op de betonnen vloer. Het lukt me niet om op te houden met trillen en ik ben kotsmisselijk.

Het is begonnen. Mijn lichaam kan niet meer zonder.

Hoelang geleden ben ik ermee begonnen? Drie, vier weken? Het zweet staat op mijn lippen en toch heb ik het ijskoud. Ik trek alles aan wat in mijn rugzak zit. Mijn trainingsbroek gaat over mijn spijkerbroek, drie T-shirts, twee truien en een winterjas over mijn regenjas. Ik weet dat het zinloos is. De kou komt niet vanbuiten, die zit in mijn eigen lichaam.

Afgelopen dagen ben ik in de nacht voor het grootste deel onderweg geweest. Ik pendelde heen en weer tussen het station en de uitgaansgebieden om mensen om geld te vragen. Daardoor heb ik zo weinig geslapen, dat ik afgelopen nacht na het roken onbewust in een diepe slaap was weggezakt. Mijn bezwete lichaam wekte me. Alles doet pijn en alles in me gilt dat ik nú iets moet gebruiken. Zo voelt het dus, als ik een halve dag geen heroïne heb gerookt.

Ik verlies de controle over mijn ademhaling. In, uit, in, uit, in, uit. Die gaat steeds sneller. Ik klink als zo'n piepend hondenspeeltje als je hem heel snel indrukt. Mijn kaken kraken als ik mijn mond open, snakkend naar zuurstof, maar het lijkt alsof er geen lucht binnenkomt. Ik wil schreeuwen, het uitschreeuwen, maar ik kan het niet. Mijn misselijkheid neemt de overhand en mijn maag trekt zich samen. Het komt door de geur, door die azijnzure lucht die uit mijn poriën komt. Ik word er misselijk van en toch wil ik die weer opsnuiven, oproken, inademen. Met alle kracht probeert mijn lichaam de drugs uit zich te persen, maar er komt alleen wat gal uit. Ik lig met mijn gezicht op de betonnen vloer van de garage, terwijl ik probeer over te geven. Mijn rug trekt zich krom, en dan weer bol, terwijl mijn wang over de vloer schuurt. Het lukt me niet om op te staan, ik heb geen controle meer over mijn lichaam. Met schuddende armen probeer ik mijn heroïnebuisje dat naast me ligt te pakken te krijgen. In de jaszak van mijn regenjas heb ik een gat in de voering gemaakt, en daar de restjes van mijn drugs diep in verstopt. De mensen bij Perron Nul hebben me namelijk gewaarschuwd voor de politie, dat ze zomaar je spul innemen wanneer ze daar zin in hebben. Ik steek mijn vingers in het gat in de voering, maar ze trillen zo erg dat ik het zakje steeds loslaat dat vervolgens in de voering verdwijnt.

Kom op, krijg jezelf onder controle.

Na een paar pogingen heb ik het zakje heroïne te pakken. Ik strooi het spul over een beetje aluminiumfolie heen en steek het aan. Het poeder wordt langzaamaan vloeibaar en ik neem gulzig een diepe haal. De rook stijgt direct naar mijn hoofd en vloeit door mijn lichaam heen. Binnen een paar tellen wordt mijn ademhaling rustiger en voel ik me weer beter. Het is bizar hoe groot het verschil is, maar ik vrees dat dit niet voldoende is om niet weer ziek te worden. Met de mouw van mijn jas veeg ik het glibberige speeksel van mijn wang af.

Ik waag nog een poging en vis een aantal zakjes uit mijn jaszak, maar ze zijn allemaal leeg. Ik controleer ze driedubbel, of er niet toch nog wat in zit, of ik niet wat gemist heb, maar ik kan er niets meer uit halen. Nog steeds voel ik me rillerig, maar er zit niets anders op. Ik moet aan de slag voor ik weer ziek word.

11

De banden van mijn rugzak snijden in mijn schouderbladen. Ik heb alle extra kleding, die ik had aangetrokken om het iets warmer te krijgen, weer terug in mijn tas gestopt en ben onderweg naar het Stadhuisplein om daar te gaan bedelen. Daar zijn vanwege de terrassen altijd veel mensen. Ik ben gesloopt, en het liefst zou ik ergens even gaan slapen, echt slapen, bijkomen, in een bed met dekens, maar dat kan niet. Deze moeheid is niet te vergelijken met de keren dat ik een paar nachten had doorgehaald op speed of coke. Toen wist ik dat er een bed en een bank op me stonden te wachten waar ik de rest van de week op kon liggen rotten tot ik weer voldoende energie had om de hort op te gaan. Zo'n hekel had ma daaraan.

'Moet je niet eens een baan zoeken?'

'Kun je niet de boodschappen voor me doen?'

'Waarom ga je nou niet terug naar school?'

Met dat soort gezeik kwam ze elke dag aanzetten. Nee, ma, daar heb ik totaal geen zin in. En ik heb het weleens geprobeerd, om te werken. Via een uitzendbureau kon ik af en toe een klus regelen voor werk dat niemand met een normaal verstand wil doen, zoals werken in de chemische reiniging. Ma zei elke keer: 'We zullen zien of je dit wel kunt volhouden', omdat ik meestal na een paar dagen niet meer op het werk kwam opdagen. Ik heb dan nu misschien geen huis of gevulde spaarrekening, maar ik word in ieder geval niet meer omgeven door mensen die ik kan teleurstellen. Er is niemand die mij teleurstelt. Een plek zonder hoop of dromen, alleen nog de vrijheid die op me wacht.

Alleen het gewicht van die rugzak belemmert me in mijn bewegingsvrijheid. Ik moet hem ergens verstoppen, dan zal ik hem later op de dag weer ophalen. Langs de Heemraadsingel vind ik hoge, dichte bosjes waar ik de tas diep in het struikgewas duw. Van een afstandje bekijk ik de bosjes. Hij moet nu onvindbaar zijn voor anderen, oordeel ik. Ik rol even met mijn schouders, die ineens veel lichter voelen.

Zoals verwacht is het druk op de terrassen bij het Stadhuisplein. De kleine tafels staan vol met hoge glazen bier of kopjes koffie. Mensen proberen elkaar met luid buldergelach en sterke verhalen te overtroeven.

Ik probeer mensen aan te spreken, maar de meesten doen alsof ik onzichtbaar ben en lopen zonder te reageren door.

'Alsjeblieft, hebt u een gulden voor mij?' smeek ik keer ik op keer. Niemand geeft me wat.

Soms zie ik de alarmbellen bij hen afgaan, als ze de wanhoop in mijn ogen zien. Dit zijn mensen die graag ver weg blijven van de drab en derrie waar ik volgens hen deel van uitmaak, het vuil waar ze af en toe per ongeluk in stappen. Maar dat klopt niet, ik hoor juist bij hen, alleen weet ik even niet waar ik heen moet.

Ik kan echt niet langer, ik móét nu iets hebben.

Na een uur ben ik er klaar mee, dit werkt zo niet. Een stukje verderop is een ander komen staan, een concurrent. Van een afstandje schat ik hem een jaar of veertig. Hij draagt een versleten spijkerbroek vol vlekken, die los om zijn benen hangt. Naast hem ligt een grote rugzak en in zijn handen heeft hij allerlei spulletjes. Hij lijkt meer succes te hebben dan ik, want mensen blijven voor hem wel stilstaan en steken hem geld toe. Plots krijgt hij in de gaten dat ik hem zit te begluren. Hij pakt zijn rugzak van de grond, hangt hem aan één schouder en stapt op me af.

'Jou ken ik niet. Wie ben je?' Het valt me nu op dat hij scherpe groeven in zijn gezicht heeft. Hij ziet er verweerd uit, maar hij lijkt toch een stuk jonger dan ik net dacht, eerder ergens eind twintig. Rond de leeftijd van Miranda.

'Patrick.'

'Leef je op straat?'

'Ik denk het. Voor nu even.'

De man kijkt me een beetje bedenkelijk aan, lijkt iets te willen zeggen, maar slikt het toch in. Hij steekt zijn hand uit. Zijn nagels zijn lang en er zit viezigheid onder.

'Gerard, maar iedereen noemt me Jerry.'

Ik schud hem de hand, onze handen blijven een beetje aan elkaar plakken. Hij blijft hem vasthouden en bekijkt me met een kritische blik.

'Je ziet er niet goed uit. Ben je ziek?'

'Ja.' Zodra ik het zeg voel ik het zweet uitbreken en alle kleur uit mijn gezicht wegtrekken.

'Zet even door. Probeer wat geld te verdienen en kom over een uurtje naar Station Blaak. Bij de trappen naar beneden, tussen de metro en de treinen, op de bankjes. Daar zitten we.'

'Oké.' Ook al heb ik geen idee wie het is, ik besluit hem te vertrouwen.

Als ik de trap bij Blaak af loop, zie ik Jerry al met wat andere mannen zitten. Het is me niet gelukt om genoeg geld te verdienen voor wit en bruin. Ze zitten op bankjes om een grote pilaar die een beetje futuristisch eruitziet. Hij is smal in het midden en lijkt een beetje op dat speelgoed, een diabolo. De bankjes staan rondom de vreemde pilaar. Op het station is het druk met mensen die ons niet opmerken. Als Jerry doorheeft dat ik aan kom lopen, steekt hij zijn hand op.

'Mannen, dit is Patrick,' zegt hij terwijl hij wat M&M's in zijn mond gooit. Hij knaagt er langzaam op, een beetje als een konijn.

De anderen steken hun handen kort op naar me en richten dan weer hun blik naar beneden.

'Ik zal de anderen even aan je voorstellen. Die daar, die zit altijd te tekenen. Dus we noemen hem de Tekenaar.' Jerry wijst met zijn gele M&M-zakje naar een man die aan het tekenen is, en dan houdt hij mij het zakje voor. Ik pak er een handje uit en stop ze allemaal tegelijk in mijn mond.

'Hé, vreet je niet alles op?'

'Sorry.'

Ik probeer te zien wat de man aan het tekenen is, maar ik zie vooral wat krullerige lijnen.

'En dan, die kleine daar, die noemen we Kleine Patrick. Dus nu hebben we een grote en een kleine Patrick.' Jerry buldert van het lachen. Hij mist tanden aan de zijkanten van zijn gebit, waar nu wat pinda's tussen zitten. Hij heeft een aanstekelijke lach.

De meeste mannen die hier zitten zijn een stuk ouder dan ik, op Kleine Patrick na. Ik gok dat hij een jaar of twintig is, iets ouder dan ik ben, maar hij ziet er slecht uit. Hij zit met gebogen schouders, neemt me even in zich op en knikt dan naar me.

'Heb je nog wat?' vraagt Jerry.

'Nee, het lukte niet vandaag.'

'Ik heb wel wat, dan geef je volgende keer wat aan mij. Kom, we gaan wat roken.'

'O, bedankt,' zeg ik. Ik mag hem wel, hopelijk kan ik vaker met hem rondhangen.

We lopen met zijn allen de trappen af naar beneden, richting spoor 2. Het spoor is ondergronds, dus bij gebrek aan buitenlicht wordt alles hier verlicht door witte lampen. De sporen worden gescheiden door een dikke betonnen muur met open cirkels erin. Als ik door een van die gaten kijk, zie ik een man een beetje over het perron ronddwalen.

'Is dat ook een bekende?' vraag ik aan Jerry.

'Dat is Jimmy, die hebben we liever niet in de buurt.'

'Hoezo niet?'

'Hij kan nogal agressief worden als hij niks heeft.'

Aan het einde van het perron staat een bord, dat aangeeft dat het verboden is voor voetgangers, dat we negeren. We nemen een trapje naar beneden en komen in een donkere tunnel uit. Het ruikt er vochtig zoals in een grot.

'Hier kunnen we even rustig gebruiken,' zegt Jerry. En dan ernstiger: 'Alleen niet te lang, want een machinist kan ons zo naaien als hij ons ziet zitten.'

Jerry, de Tekenaar, Kleine Patrick en ik gaan op een rijtje naast elkaar zitten. Jerry verwarmt zijn bruin, neemt eerst zelf een haal en geeft het dan aan mij. Kleine Patrick steekt zijn basepijp aan.

'Dank je wel,' zeg ik. Direct voel ik de kleur in mijn gezicht weer terugkeren, en meteen vergeet ik weer hoe slecht ik me vandaag voelde. Ik sluit mijn ogen. De pijn verdwijnt en ik heb het idee dat ik er weer helemaal tegenaan kan. Het leven is eigenlijk heel eenvoudig, als je elke dag maar een beetje bruin hebt.

Na een paar minuten hoor ik een vreemd gekreun van rechts komen. Kleine Patrick begint te bibberen en uit zijn mond loopt een sliert kwijl. Zijn spieren beginnen oncontroleerbaar te trekken en hij kan zijn basepijp nog amper vasthouden.

'Godverdomme, kap dan ook eens met dat wit. Je wordt er helemaal niet goed van,' zegt Jerry geërgerd. 'Hou het gewoon bij wat bruin. Dat is veel beter voor jou, Patje.'

Kleine Patrick kreunt bij wijze van reactie en begint dan te kokhalzen.

'Moeten we iets doen?' vraag ik geschrokken.

'Het gaat zo wel weer beter met hem. Hij kan niet tegen wit, maar hij vindt het gevoel zo lekker dat hij het elke keer gebruikt als hij de kans krijgt,' zegt Jerry.

Het valt me nu op dat de Tekenaar de hele tijd nog niets heeft gezegd. Hij zit onverstoord over zijn tekening heen gebogen en rookt rustig wat bruin op folie. Ook deze hele toestand met Kleine Patrick lijkt hem niets te doen, alsof hij het niet eens doorheeft.

Ineens valt mijn blik op de rugzakken van de mannen die ze tussen hun knieën geklemd houden.

'Sorry, ik moet gaan,' zeg ik. 'Zijn jullie morgen weer hier?'

Jerry trekt zijn grijze wenkbrauw op. 'Waar zouden we anders zijn?'

'Geen idee.'

'Kom anders vannacht terug, na één uur. Ik zal je laten zien hoe je binnenkomt als de rolluiken de ingang blokkeren. Dan slapen we hier samen.'

Ik steek mijn hand op en loop weg.

Wanneer ik in de buurt van de bosjes kom, zie ik mijn tas niet meer liggen. Had ik hem zo diep verstopt? Ik kruip op mijn knieën door de bosjes, duw alle takken opzij, en kruip de hele rij af, maar hij is nergens te bekennen. Iemand heeft hem gejat. Welke idioot wil er nou zo'n oude rugzak vol troep hebben?

'Godverdomme!' roep ik uit. Ik klauter uit de bosjes en veeg de aarde op mijn handen af aan mijn broek. Mijn knieën zijn ook bruin geworden van de vochtige aarde. Mijn oog valt op een prullenbak een paar meter verderop.

Ik steek mijn arm erin, maar ik voel alleen lege koffiebekers, servetjes en afgedankt voedsel. Wat een ongelooflijke sukkel ben ik, dat ik mijn tas zo heb achtergelaten. Ik veeg mijn hand weer af aan mijn broek, het vuil uit de vuilniszak vermengt zich met de aarde.

'Hebben jullie een rugzak gezien?' vraag ik wanhopig aan mensen die me passeren. Ze schudden allemaal van nee. Ik kruip nog eens de bosjes in, maar hij ligt er echt niet meer.

Alles wat ik nog had, wie ik was, is weg. Mijn kleding, weg. Mijn paspoort, mijn identiteit, weg. Mijn foto's, mijn herinneringen, weg. De laatste wortels die ik nog had, van wie ik ooit was, zijn verdwenen. Het enige wat ik nog heb is mijn slappe, verslaafde lijf en de vuile kleren die eromheen hangen.

Maar ergens voel ik me gek genoeg ook vrij, nu ik niets meer heb.

12

Die avond zie ik Jerry buiten bij Station Blaak. Ik had me eigenlijk nog even willen wassen op Centraal voor ik erheen ging, maar ik had geen tijd. Het kostte me de hele dag om voldoende geld bij elkaar te bedelen voor een zakje wit en bruin. Morgen weer een dag.

Jerry zit al te wachten op een bankje als ik aan kom lopen. Waar de andere mannen zijn, weet ik niet. Jerry heeft ook geen idee. Ik voel me verloren zonder mijn rugzak. We komen een man tegen die Jerry blijkt te kennen, maar ik vergeet zijn naam direct als hij zich voorstelt. In mijn hoofd ben ik alweer aan het gebruiken. De kennis van Jerry is nogal klein, hij haalt mijn schouders niet, en heeft een plastic zak in zijn hand. Als hij de tas beweegt, hoor je de blikken tegen elkaar klinken. De man vertelt dat hij een goedlopend bedrijf heeft in de bouw met wel veertig Polen in dienst. Zijn omzet is veertig miljoen. Ja, het gaat onwijs goed met de zaken, drukt hij ons op het hart. Jerry knikt enthousiast mee. Ook is hij van plan om weer naar het oosten van het land te verhuizen, naar zijn geboorteplek. Daar is hij nu een huis aan het bouwen. Wie ik ben? Ik ben Patrick. Verder zeg ik niks.

We nemen afscheid van de man, die ons wel drie keer heeft verzekerd dat hij niet dakloos is, en lopen naar de ingang van het station. De rolluiken zijn inmiddels dicht, maar we kunnen over een reling klimmen en zo via een betonnen rand de trap achter de rolluiken bereiken. Jerry gaat eerst, ik volg.

‘Heb je trouwens geen spullen?’ vraagt Jerry als we beneden staan.

‘Nee, mijn tas is vandaag gejat.’

‘Dat is klote.’

‘Dat kun je wel zeggen.’

‘We kunnen wel even rondkijken, misschien heeft iemand iets achtergelaten.’

We struinen het station af. Het is er stil. Bij een glazen wand tussen een snoepautomaat en een kaartjesautomaat vinden we een oude deken. Hij is wat vochtig, en ik hoop maar dat het niet van de urine is. Door de dope kan ik niet meer goed ruiken. Ik klem de deken tussen mijn armen en we lopen naar de tunnel aan het perron waar we eerder gerookt hebben vandaag.

‘Komen de Tekenaar en Kleine Patrick nog?’ vraag ik als we zitten.

We steken allebei onze basepijpen aan en verwarmen ons wit. Alsof we elkaar spiegelen, nemen we tegelijk een trekje. We houden onze adem in en laten de crack door ons lijf trekken. Mijn hart begint snel te kloppen en ik voel me onverslaanbaar. Het voelt alsof het hele station van ons is.

‘Geen idee, je weet eigenlijk nooit of iemand komt. Als iemand geen geld heeft, zijn ze meestal de hele nacht op pad om wat te verdienen. Maar het gebeurt ook vaak zat dat een van ons in de bak zit, dat zal jou ook nog wel gaan overkomen.’

Ik haal mijn schouders op. ‘Wel lekker warm.’ Ik pak mijn bruin erbij en warm het op. Ik geef Jerry een trekje, omdat hij me eerder vandaag wat heeft gegeven. Het opgewonden gevoel van het wit verdwijnt een beetje, en maakt plaats voor een warme, zachte deken. Ineens voel ik hoe moe ik ben. Jerry begint ook glazig uit zijn ogen te kijken.

‘Ja, maar ze laten je wel eerst vierentwintig uur ontwennen, en ik kan je vertellen, ziek zijn in een cel is echt afschuwelijk,’ zegt hij.

'Dat geloof ik wel,' zeg ik.

'Daarom probeer ik altijd iets mee te smokkelen.' Hij lacht zijn laatste tanden bloot. Als Jerry lacht, is het net een kind dat iets stouts heeft gedaan in het lichaam van een volwassene. Ik lach met hem mee.

'Je krijgt ook een flinke boete. En als je hem niet betaalt bekeuren ze je nog eens, en nog eens, tot ze de boete naar een incassobureau sturen. En dat zijn pas echt schoften. Elke boete die je hebt, wordt bij hen tweeduizend gulden. Die eikels sturen je boetes naar adressen, maar we hebben geen adressen. Ik zou niet eens weten hoe hoog mijn schulden zijn.'

'Dus al zou je van straat willen...'

'Ja, wat moet ik doen dan? Ik heb voor duizenden guldens aan schuld, en ik heb niets. Ik beland direct opnieuw op straat. Ze bekeuren me voor alles, als ik ergens slaap bekeuren ze me voor 140 gulden, als ik ergens zit voor 90. Ik kan nergens zijn zonder bekeurd te worden.'

'Daar klopt toch niets van,' zeg ik.

'Nee, maar zo is het wel.'

'En waarom slaap je eigenlijk niet in een opvang?'

'Die plekken zijn de hel op aarde. Mensen draaien er door, ze schreeuwen en stinken, en je mag er niet weg 's nachts. Als je zo leeft als ik, heb je ook geen tijd om een hele nacht vast te zitten of te slapen. Je moet aan het werk, geld verdienen. Ik slaap op zijn langst twee uur.'

'Dus slaap je elke nacht buiten.'

Jerry knikt.

'Wil jij eigenlijk niet terug naar huis? Dat moet jou nog wel lukken, toch? Je bent nog jong zat.'

'Ik vind dit leven voor nu wel best, ik ben niemand tot last hier. Dat is ook weleens fijn.'

'Dat zeiden we ooit allemaal, tot je al je tanden verloren bent en je zo erg stinkt dat zelfs je moeder je niet meer wil aanraken.'

'Dat gebeurt mij niet. Over een paar weken kap ik hiermee, maar voor nu vind ik het wel best zo.'

Ik kijk even voor me uit. Het station heeft iets grimmigs zo in de nacht. Nu het niet gevuld is met mensen, heb ik pas door hoe groot het eigenlijk is. Het is vreemd om hier met zijn tweeën te zijn. Onze stemmen blijven lang in de ruimte hangen en als we zwijgen hangt hier een ander soort stilte.

Jerry pakt een deken uit zijn tas en trekt een extra jas aan. Hij geeft mij een trui.

'Hier, het kan koud worden. Je wilt niet doodvriezen.'

Ik trek de trui aan en ga onder het natte dekentje zitten met mijn rug tegen een betonnen pilaar.

'Morgen moet je op zoek naar andere spullen. Het belangrijkste is dat ze droog zijn. Anders overleef je het nooit. Je kunt kijken of je misschien iets uit een kledingcontainer kunt halen,' zegt Jerry.

'Goed idee.'

Jerry draait zijn rug naar me toe.

'Hoe was jouw leven eigenlijk hiervoor?' vraag ik.

Jerry reageert niet meer, maar ik weet niet of hij al slaapt.

13

Zowat elke dag verzamelen we bij de bankjes van Blaak. Het is een punt waar ik ook al veel andere daklozen heb ontmoet. In de vreemde pilaar zit een deurtje waar de schoonmaakster haar emmer, dweil en andere schoonmaakspullen achterlaat. Soms kruipen we daarin om even te gebruiken. De nachten breng ik het liefst samen door met een ander, want die tijden vind ik het moeilijkste. Dat zijn de momenten dat mijn verleden in mijn oren suist. Ik probeer de gedachten eraan weg te stoppen, want ergens weet ik dat er geen weg meer terug is. Ik moet vooruit, ik moet rennen en niet achteromkijken.

Overdag denk ik weinig aan mijn ouders, dan ben ik druk bezig met bedelen op straat, en wanneer ik genoeg geld heb maak ik het direct op. Ik jaag constant dat heerlijke gevoel van wit na, daar kan echt niets aan tippen, maar ik heb het bruin nodig om ervan te kalmeren en niet ziek te worden. Soms, als ik te weinig geld heb, kies ik wit, ook al weet ik dat ik later ziek ga worden, puur omdat ik zo'n onstilbaar verlangen heb naar die flash.

Vandaag zit ik weer met Jerry, de Tekenaar en Kleine Patrick op de bankjes om de pilaar heen. Jerry heeft zoals elke dag een zak gele M&M's bij zich. De Tekenaar tekent wat poppetjes in een schriftje. Ik eet een boterham die ik uit de prullenbak heb gevist. Je wilt niet weten hoeveel studenten hun boterhamzakjes wegflikkeren. Bij de eurowinkel heb ik een rugzak en een grijptang gestolen en uit de kledingcontainer heb ik wat kleren gevist: een spijkerbroek, regenjas, trainingsbroek, trui en shirt. Mijn nieuwe, oude spijkerbroek past best goed, hij is alleen wat kort bij de enkels. Omdat ik maar één paar sokken heb, heb ik ze met zeep uitgespoeld op de wc van het station. Ze liggen nu buiten in de zon te drogen. We hebben net bij het spoor gerookt, wit en bruin, en ik voel me geweldig.

Er komt een bekende van hen aan lopen, iemand die ik nog niet eerder gezien heb. Ze steken hun hand op en roepen hem, ik vergeet zijn naam direct. Hij schudt mijn hand en stelt zich voor, ik vergeet zijn naam opnieuw. Hij heeft dure kleren aan en draagt een mooie koptelefoon om zijn nek. Tussen zijn vingers heeft hij een joint geklemd, op zo'n natuurlijke wijze, dat het bijna een verlengde van hemzelf lijkt. De man ploft neer op een bankje.

'Hoe is het met jullie dan?' vraagt hij.

'We leven nog,' zegt Jerry. 'Waar was jij dan? Je bent lang niet hier geweest.'

'Ja, ik zat in een safehouse, weet je toch, in Rotterdam-West.'

Ik kan me niet voorstellen dat deze man op straat leeft. Hij draagt een schone spijkerbroek en nieuwe Nikes. Het ziet er allemaal duur uit.

'Ja, ja,' reageren de Tekenaar en Jerry, maar ik weet zeker dat ze geen idee hebben.

De man steekt zijn joint op. 'Ik heb veel geleerd daar, hoor.'

'O?' vraagt Jerry.

'Ja, je weet toch, die maffia van Caracas. Mensen hebben toch allemaal frequenties, energieën, en veel echt slechte, nare.' Hij stopt even met praten om een trekje van zijn joint te nemen. Van de helft snap ik niet wat hij bedoelt, maar dat laatste begrijp ik wel een beetje.

'Met die gore hoerenmonden,' gaat hij verder. Dan houdt hij zijn joint in de lucht. 'Daarom heb ik dit nodig, dat moet wel met al die negatieve energieën, anders word ik agressief van die gore hoerenmonden.' Hij neemt een trekje.

We knikken alle drie begrijpend.

'Pats-boem!' zegt hij ineens. We lachen.

Na een paar minuten staat hij weer op en gaat hij weer weg. Hij maakt plaats voor een andere figuur die de trap af loopt. Ik zie de mannen een beetje verstarren. Wanneer het buitenlicht zijn lichaam niet meer donker kleurt, zie ik wie het is. De man stapt op ons af en ploft neer naast Kleine Patrick.

'Heeft iemand iets?' vraagt Jimmy, de man die we eerder op het perron van Blaak zagen. Jerry had me toen voor hem gewaarschuwd, dat ik uit zijn buurt moest blijven. Hij heeft zijn ogen wijd opengesperd en hij buigt zijn hoofd opzij naar Kleine Patrick, die een beetje ineenkrimpt.

'Het is een lastige dag, we hebben allemaal niets,' liegt Jerry. We hebben allemaal wel wat, maar niemand wil zijn dope aan een ander geven. Tenzij je erop kunt vertrouwen dat je het de volgende keer weer terugkrijgt.

'En hij?' Jimmy wijst nu naar mij. Ik recht mijn rug, gelukkig ben ik een stuk langer dan hij. Ik laat me niet zomaar door hem intimideren.

'Ik heb ook niets meer,' zeg ik.

'Kom op, geef me gewoon wat. Volgende keer krijg je wat van mij.'

'Nee, ik heb niets.'

Jimmy draait zich opnieuw om naar Kleine Patrick, die de hele tijd stilletjes naast hem is gebleven.

'Jij gaat mij wel wat geven, hè?' Kleine Patrick zwijgt en staart voor zich uit. Jimmy is een stuk groter en breder. Jimmy staat op, gaat voor hem staan en knijpt hem stevig in zijn magere schouder.

'Luister eens, jij kunt mij best wat geven. Jij wordt er toch doodziek van.'

Kleine Patrick bevriest, maar niemand doet iets.

'Kom op, schiet 's op. Ik word ziek.'

Kleine Patrick graait wat in zijn jaszak en vist er een klein zakje uit. Jimmy grist het uit zijn handen en beent de stationshal weer uit.

14

Het is hem echt. Hij loopt samen met een vrouw door de winkelstraat. Ze dragen verschillende tassen. Ik leun wat tegen een gebouw aan en probeer hem van een afstand te observeren. Mijn hart bonkt in mijn keel. Ze staan even stil, en hij kijkt wat om zich heen. In een reflex duik ik naar beneden. Hij ziet me niet, gelukkig.

Hij mag me echt niet zien. Als ik iemand niet onder ogen durf te komen, dan is het mijn broer Anton wel.

Toen ik een jaar of vijftien was, hadden mijn broer Anton en ik met twee vrienden afgesproken om in te breken op wat scholen in Spijkenisse. We vonden het ontzettend stoer klinken en waren sowieso continu op zoek naar spanning. Ik denk dat het een soort afleiding was van de spanning die we thuis ervaarden. De scholen in Spijkenisse zijn nogal verwaarloosd, dus we gingen ervan uit dat ze geen alarmsysteem zouden hebben. We spraken 's avonds laat af en droegen allemaal Redskin-petten, alsof we een eigen gang hadden.

Het was eigenlijk best eenvoudig om binnen te komen, het houten kozijn was zo rot dat we het in een mum van tijd konden loswrikken. Er was niets wat we echt wilden hebben, dus we pakten gewoon wat we tegenkwamen en waarvan we dachten dat het wat zou opleveren. Uiteindelijk bestond de buit uit een gitaar, wat radio's en een geldkistje. Niet veel later werden we staande gehouden door de politie en moesten we meekomen naar het bureau, iemand in de buurt had ons gezien en had het gemeld. We baalden ontzettend maar ik geloof dat Anton en ik toen allebei wel beseften dat dit niet echt iets voor ons was. We waren geen dieven. Toch hadden Anton en ik die slechte invloed op elkaar. We spoorden elkaar aan om te blowen en te drinken, terwijl we er beiden niet echt gelukkig van werden. Hij was zo'n jongen die alles gewoon dééd, en het lukte hem allemaal ook nog. Bij hem geen gebakken lucht, zoals bij pa. Ik was jaloers toen hij in dienst ging, zijn rijbewijs haalde, werkte, een vriendinnetje had en zijn opleiding afmaakte. Ik wilde al die dingen ook, alleen ik slaagde er in geen een.

Toch kwam ik er op een dag achter, dat ook hij een flinke knauw van onze jeugd gehad bleek te hebben. Het was al een uur of twaalf in de middag, maar hij was zijn slaapkamer nog niet uit geweest. Een paar keer klopte ik op de deur, maar ik hoorde niets. Normaal gesproken had hij altijd wel wat muziek op staan, maar nu was het stil.

'Joehoe, Anton, word eens wakker, het is al middag,' riep ik door de deur heen.

Toen ik nog steeds niets hoorde, kreeg ik een naar onderbuikgevoel. Ik opende de deur en zag hem levenloos in zijn bed liggen. Zijn mond hing open met een flinke plas kwijl ernaast. Op zijn nachtkastje lag een lege strip kalmeringspillen – zoveel dat je een paard zou kunnen ombrengen als je wilde – en een halflege fles whisky. Hoe erg ik hem ook aan zijn schouder schudde, hij werd niet wakker.

'Anton, word eens wakker!' Ik bleef maar schudden. 'Anton, kom op, dit kun je niet maken.' Ik begon te hijgen en kreeg tranen in mijn ogen. Ik hield mijn duim op de aderen van zijn pols en voelde gelukkig zijn hartslag nog. Hij leefde nog. Ik sprong op en rende de kamer uit. Ma zat op de bank met radio Rijnmond op en een flesje bier op de salontafel.

'Ma, ma, ma! We moeten het ziekenhuis bellen, Anton heeft een overdosis genomen.'

Ma schoot van de bank en belde de huisarts.

'Het komt wel goed,' zei de arts toen hij Anton gecontroleerd had. 'Laat hem zijn roes uitslapen, en als je iets vreemds opmerkt, als hij bijvoorbeeld begint te braken, dan moet je de alarmcentrale bellen.'

We volgden zijn advies op en bleven de hele dag naast zijn bed wachten. Toen Anton ergens die avond weer wakker werd, vertelde hij ons dat hij het gedaan had omdat zijn vriendinnetje het had uitgemaakt. Ze was gaan studeren en daarmee een ander soort leven gaan leiden dan hij, en ze zag niet goed meer in hoe ze dat samen met hem moest doen. Hij vond het verschrikkelijk, want hij was ervan overtuigd geweest dat ze samen zouden eindigen.

Ik denk niet dat je zoiets doet puur omdat je gedumpt wordt. Het ergste van de hele situatie, of waar ik me het meest over schaam, is hoe boos ik op hem was. Dat hij me alleen achter wilde laten, dat was het enige waar ik aan dacht. Ik was boos op iemand die zelfmoord probeerde te plegen, hoe egocentrisch is dat? Hij moest me nu eens zien. Achttien jaar, dakloos op straat, aan de heroïne en crack.

Ik moet hem loslaten, nu écht voorgoed uit zijn leven verdwijnen, al is het maar om te zorgen dat hij zelf ook verder kan. Anton is een personage uit een vorig leven geworden, het leven van een andere Patrick.

Ik moet het zonder hem gaan doen, en dus loop ik de winkelstraat uit. Ik denk niet dat hij me gezien heeft, maar toch voel ik zijn aanwezigheid achter me branden. Het begint te regenen. Iets verderop zie ik op straat in de goot iets roods en pluizigs liggen. Ik wandel ernaartoe, en zie dat het een Elmo-knuffel is. Er zit modder op hem en hij is vochtig, dus ik pak hem op en veeg de aarde ervanaf. Ik kijk hem aan in zijn grote ronde ogen en bind hem vast aan mijn rugzak. Hij verdient het niet om zo op straat te belanden.

15

‘Je moet een verhaal vertellen, iets waardoor je extra zielig overkomt. Aan een gewone dakloze wil niemand iets geven,’ zegt Jerry. Hij heeft het al vaker gezegd. Iedereen op straat loopt inderdaad rond met verhalen, niemand weet meer of ze echt waar zijn of niet.

We bevinden ons in een steegje naast een supermarkt. Er staat een grote vuilcontainer met een slot erop. Jerry pakt een mes uit zijn rugzak en begint in het slot te porren. Na niet al te lang springt het slot open. Hij duwt de klep van de container omhoog. Een zure lucht en een boel vliegen ontsnappen. Met mijn hand mep ik de vliegen uit mijn gezicht. Het kan me niets schelen, ik heb zo’n honger dat mijn buik er pijn van doet. Het is al dagen geleden dat ik iets gegeten heb. Mijn broek begint ook steeds losser te zitten. Elke stap die ik zet moet ik hem opnieuw ophijsen.

We hangen over de container en graaien alles eruit waar we bij kunnen. Worstenbroodjes, pakken brood, vleeswaren, yoghurt, vla, de hele container is gevuld met schatten voor ons. Ik prop een worstenbroodje in twee happen in mijn mond. Waarom dit goede voedsel in de afvalbak terecht is gekomen, kan ik niet begrijpen.

‘Je lijkt wel een hamster,’ zegt Jerry.

‘Dat zeg jij, je hebt alleen je voortanden nog.’

Hij pakt een pak vla, en geeft mij er ook een. ‘Dit moet je nemen, eten en drinken tegelijk.’ Ik klok de vloeistof naar binnen en voel hoe ik een beetje licht in mijn hoofd wordt door de suikers. Er stroomt wat vloeistof langs mijn mond, die blijft hangen in mijn baard.

'Weet je al wat je gaat vertellen?' vraagt Jerry met zijn mond vol.

'Ik heb een verhaal bedacht, dat ik uit Engeland kom en dat mijn portemonnee en paspoort gejat zijn, en dat ik geld nodig heb voor de ambassade.'

Jerry knikt goedkeurend. 'Is je Engels een beetje geloofwaardig?'

'Het was het enige vak waar ik redelijk goed in was.'

'Ik denk dat je er wel mee wegkomt.'

'Ik hoop het,' zeg ik. Even zwijg ik, dan stel ik een vraag waar ik al een tijd mee in mijn maag zit.

'Weet jij waar ik misschien drugs kan halen buiten Perron Nul? Ik word gek daar van die drukte en iedereen die iets van me moet. Ik wil het ergens direct bij een dealer halen, waar ik ook rustig kan gebruiken.'

'Ik ken wel iemand... Ze noemen hem Tarzan. Een brede Marokkaan, geen lieverdje. Hij verkoopt vanuit leegstaande panden. Hij heeft er ook een waar alleen vrouwen mogen komen, zijn hoeren, en waar hij ze laat slapen en hun drugs geeft. Maar zijn dope is goed. Ik neem je vanavond wel mee als we wat geld hebben.'

•

Op de Witte de Withstraat ga ik mijn verhaal testen. Later vandaag hebben Jerry en ik weer bij Blaak afgesproken, waar we de dagopbrengst zullen delen.

'Hello, I'm sorry...' begin ik tegen wat mensen met mijn beste Britse accent. Iemand heeft me meteen door en roept 'kankerjunk' naar me. Een jong stel blijft staan. De jongen ziet eruit als een griezel. Zo'n type dat in een kroeg een bierglas naar je gooit als

je gezicht hem niet aanstaat, maar het meisje lijkt wel oké. Ze heeft een leuke glimlach. Ik steek mijn leugens af, en ze lijken erin te trappen.

Het heeft ook iets prettigs, merk ik. Om iets anders te vertellen dan wat er werkelijk aan de hand is. Ergens stel ik mezelf voor dat het echt zo is, dat ik echt terug naar Engeland moet om daar een gewoon leven te gaan leiden. Het is een fijne afleiding, en bovendien haat ik mezelf ook minder als ik me die dingen voorstel. Zwervers zijn geboren leugenaars, maar het liefste liegen we onszelf voor. We zijn de gewillige slachtoffers van onze eigen leugens, en dus verzinnen we trauma's, toekomstplannen, wat dan ook. Alles wat onszelf het idee geeft dat we niet zulke mislukkelingen zijn als we in werkelijkheid zijn. De leugens die we anderen en onszelf vertellen worden ten slotte onze waarheid. Er is inmiddels te veel gebeurd om nog terug te kijken. Niemand die op straat leeft, wil in die bodemloze put vol ellende blijven turen.

'*That's horrible!*' zegt het meisje. Ze meent het ook echt. De jongen wiebelt ongeduldig heen en weer.

'*I know, I really need to get back to my family in the* UK.'

Ik voel me zo'n ongelooflijke nepper, maar met mijn eigen verhaal kan ik nou eenmaal niet op veel sympathie rekenen. Ik neem het ze ook niet kwalijk. Het meisje zoekt naar haar portemonnee en geeft me twintig gulden.

'*Here you go.*'

Haar vriend trekt aan haar arm. 'Kom, we gaan.'

16

De verslaafden die schuchter rondlopen verraden de dealer in de straat. Sinds Jerry me mee heeft genomen naar Tarzan, zoek ik hem de afgelopen weken elke dag op. Jerry had gelijk, de dope die hij verkoopt is goed en ik vind het heel fijn dat ik niet meer met die wanhopige junks op Perron Nul te maken heb. Via via hoor je op straat waar Tarzan die dag te vinden is. Hij verkast regelmatig, want hij weet dat de politie hem in de gaten houdt. Soms dealt hij vanuit een kamer die iemand (een verslaafde) van een stichting toegewezen heeft gekregen.

Vandaag zit Tarzan ergens in Rotterdam-West in een nette straat met mooie arbeiderswoningen. Ik ril en zweet. Het liefst wil ik in bed liggen, maar het enige waar ik beter van word bevindt zich achter een van de deuren in deze straat. Ik raak al opgewonden van de gedachte, hoe ik me straks weer ga voelen, alsof ik een afspraakje heb met een meisje op wie ik smoorverliefd ben. Beter nog, een meisje dat me van elke ziekte en ellende kan genezen. Ik heb er zo ongelooflijk veel zin in. Iedere stap die ik in de straat zet, voel ik dat mijn benen lichter worden. Ik wil zo graag daarbinnen zijn, dat ik bang word van mezelf. Iedere dag wordt het moeilijker om mezelf te zien als een persoon die ooit los van drugs ook iemand was. Die persoon glijdt steeds een beetje verder weg, wordt vager, onduidelijker.

Wanneer ben ik een van hen geworden? Was dat het moment dat ik de deur bij Quinevere dichttrok? Het moment dat ik crack en heroïne begon te roken? Het moment dat ik ermee doorging? Het moment dat ik voor het eerst op straat sliep? Het moment dat ik voor het eerst ziek werd? Of al jaren daarvoor toen ik voor het eerst begon met blowen?

Het ging allemaal zo geleidelijk in elkaar over, zo makkelijk, alsof het allemaal vanzelfsprekend was. Ik ben de dagen kwijt dat ik op straat leef, maar het zal iets meer dan twee maanden zijn. Sindsdien ben ik nergens ingeschreven, niet bekend bij hulpinstanties, en ik betaal mijn zorgverzekering ook al die tijd niet meer. Voor de maatschappij ben ik compleet van de radar verdwenen, opgegaan in het niets. Ik zou niet eens meer weten hoe ik het zou moeten aanpakken als ik van de straat af zou willen. Er is niemand die op me wacht en niets wat op me wacht.

Ik hou de straat even van een afstandje in de gaten, en na een minuut heb ik door bij welke voordeur ik moet zijn. De voordeur gaat steeds zachtjes op een kier open, waarna er een gebruiker naar buiten, en een ander naar binnen glipt. Normaal gesproken moet je eerst kloppen, en dan doet een soort uitsmijter (meestal een van de grote, sterke gebruikers op straat) de deur open. Zij houden de boel in de gaten voor het geval dat er politie komt of er binnen heisa ontstaat. Ik volg een andere verslaafde naar binnen en glip de trap op. Er brandt geen licht in huis, alleen de straatlantaarn schijnt door het glas in lood boven de voordeur. Ik moet opletten dat ik geen geluid maak, maar het oude hout van de trap kraakt hard. Verder hangt er een doodse stilte. Iedereen is bang dat de politie komt.

In de huiskamer zit Tarzan aan een tafeltje met een kaarsje. Hij heeft lang, krullend zwart haar en draagt altijd strakke zwarte T-shirts die zijn biceps goed laten zien, een soort extra waarschuwing voor ons. Het is echt zo'n vent die zichzelf heel wat vindt, en die er totaal geen kwaad in ziet wat hij doet. Voor hem zijn wij afval waar hij flink aan kan verdienen.

Op de tafel staat een weegschaal en er liggen wat boterhamzakjes met crack en heroïne. We staan in de rij en hij weegt de hoeveelheden wit en bruin af. Dat is iets wat gebruikers fijn vinden; je weet precies hoeveel je krijgt. Meestal is er een aparte gebruikersruimte, maar in dit pand wordt er in dezelfde ruimte gebruikt als dat er gehaald wordt. Naast mijn schoen ligt een gebruikte heroïnespuit. Ik trap ertegenaan. Spuiten is iets wat ik nooit zal doen, dat weet ik zeker. Om me heen zitten mensen op de grond. Ik zie ze bijna niet, omdat het zo donker is binnen. Ik denk dat er zich een man of dertig in de ruimte bevinden. Ze zijn bezig met het roken van hun crack, heroïne of injecteren de heroïne. De shotters zitten met hun rug naar de rest toe in een kleine kring. Er liggen wat oude veters van shotters die er eerder zijn geweest. Als er al wordt gepraat, dan is het heel zachtjes. We hebben het allemaal nodig, dus niemand wil dat de politie een inval doet. Niemand wil zijn spul kwijtraken. Niemand in deze ruimte is ooit verzadigd.

Ik hoor een aantal mensen Tarzan zachtjes smeken om een voorschot, dat hun geld op is. Op zich is Tarzan daar de moeilijkste niet in als je je loyaliteit hebt bewezen. Hij begrijpt ook wel dat hij soms beter alvast iets kan geven, dan dat ze naar een ander gaan. Bovendien wordt iedereen met elk gebruik beetje bij beetje verslaafder, en beetje bij beetje afhankelijker. Ik ook.

Als ik mijn drugs in handen heb, ga ik op de grond zitten en steek ik mijn basepijp aan. In mijn broekzakken zitten twee flesjes pepperspray, die ik eerder vandaag in ruil voor een puntje wit en bruin heb gekocht. Met het bedelen lukt het me nog steeds niet om goed rond te komen, dus ik moet andere dingen verzinnen. Ik blijf in de knel komen met de klok die maar doortikt en het weinige geld dat ik verdien. Ik was niet van plan de pepperspray te gebruiken, maar als ik even een rekensom maak dan heb ik er veel minder voor betaald dan ik er in de winkel voor zou moeten betalen, dus misschien kan ik er nog wat aan verdienen. Naast me zit een man met een grote zwarte snor en een wollen pet. Ik besluit te peilen of hij interesse erin heeft.

'Weet jij iemand die pepperspray zou willen kopen?' fluister ik. Zijn ogen worden groot. Op zijn gezicht zitten allerlei rode plekjes, sommige zijn een beetje ontstoken. 'O! Ik wil het wel hebben.' Hij krabt even aan een van de wondjes.

'Ik wil er twee zakjes wit en een bruin voor hebben,' zeg ik zakelijk.

Hij geeft me direct twee strepen wit en kruipt dan naar iemand anders toe, een bekende van hem schat ik in, fluistert wat in zijn oor, en krijgt dan een streep bruin.

Ik overhandig hem de flesjes en de man omklemt ze met zijn handen. Hij springt op, stapt over wat gebruikers heen, en gaat recht op Tarzan af. Af en toe geeft hij iemand die in de rij staat een zetje, zodat hij sneller door kan lopen. Ik houd mijn hart vast. Gaat hij doen wat ik denk dat hij gaat doen? Als je zoiets durft te flikken, dan ben je echt klaar. Dan kun je er wel van uitgaan dat je harses met een hamer ingeslagen worden als je even een moment niet oplet.

Maar hij doet het toch.

Hij komt tot stilstand voor Tarzan zijn neus, en houdt de flessen voor zijn hoofd, en spuit de pepperspray in Tarzans gezicht. Zonder enige aarzeling, alsof hij iets met primer aan het bedekken is, laat hij geen enkel plekje onbespoten.

Tarzan weet niet wat hem overkomt, schreeuwt het uit en gooit de tafel op zijn kant. De weegschaal valt met een kabaal van jewelste op de grond. De kaars rolt ook van de tafel af, en dooft gelukkig direct uit als hij de vloer raakt. De hele ruimte is nu zo goed als donker. Iedereen zwijgt, behalve Tarzan.

'Kankerlijer! Je gaat dood!'

Tarzan houdt een arm voor zijn gezicht, om te beschermen wat er nog te beschermen valt, en pakt met zijn andere arm een stoel waarmee hij in het rond begint te zwaaien.

De man pakt, nonchalant maar snel, de zakjes drugs van de grond en rent ermee de deur uit.

17

Het is 's avonds laat en ik hang een beetje rond bij Perron Nul. Vandaag ben ik hier niet om drugs te halen, maar om een andere reden. Ik leun tegen het handelsgebouw, in de rij van jongens die altijd in de auto's stappen. Ik hoor dat er een zware auto aan komt rijden. Als ik opkijk, zie ik een Landrover vaart minderen en pal voor mij tot stilstand komen. Een aantal jongens schieten eropaf om met de automobilist te praten. Ik heb ze al weleens meer over deze Landrover gehoord. Het schijnt een man te zijn die hier wel vaker komt en die nogal kritisch is, maar de jongens wel goed behandelt.

Mohammed, die blijkbaar ook in het groepje stond, loopt mijn kant op.

'Hij vraagt naar jou,' zegt hij. 'Alweer.'

De anderen druipen af en ik loop richting de auto. Ik ben zenuwachtig, ondanks het feit dat ik net bruin gerookt heb, en veel ook. Zelfs de sterkste verdoving kan mijn stress op dit moment niet temperen. De vraag die de afgelopen maand als een flipperkast door mijn hoofd schiet, blijft terugkeren: ga ik het doen? Het voelt alsof ik hiermee wéér een grens over ga, nog verder weg van wie ik ooit was. Alsof dit een definitieve afslag is, waar geen normaal leven, een vrouw of wat dan ook meer bij past.

De automobilist heeft zijn raam omlaag gedaan en nu kan ik hem voor het eerst zien. Ik schrik even. Voor het eerst krijg ik een gezicht te zien bij de auto's die hier altijd langsrijden. Het is een oudere, nogal forse man van een jaar of zestig. Hij ziet eruit als een brave opa, hij heeft ook de vriendelijke, zachte uitstraling die opa's vaak hebben. De man draagt een grappig brilletje, dat veel te klein is voor zijn gezicht.

Ga ik het doen?

Ik hoef nooit meer bang te zijn om ziek te worden.

Alles wordt makkelijker als ik het doe.

Mijn benen bewegen naar de auto, terwijl ik nog steeds twijfel. Ik kan altijd nog terug, bedenk ik. Ik kan altijd meegaan, en niets doen, dan is er in feite niets gebeurd, en dan ben ik het niet.

Dan ben ik geen hoer.

De man kijkt wat treurig uit zijn ogen. 'Goedenavond. Wil je instappen?' vraagt hij. Niet dwingend, eerder een beetje onzeker. Zonder iets te zeggen loop ik naar de andere kant van de auto en stap in. We zwijgen allebei terwijl hij een stuk door Rotterdam rijdt. Ik probeer mijn aandacht af te leiden door te focussen op de moderne gebouwen, met hun speelse en hoekige vormen. In de nacht en de vroege ochtend, als er niemand meer is, zie ik de straten en gebouwen zoals ze echt zijn, zonder afleiding of drukte van mensen, gewoon hun pure, naakte vormen.

'Hou je van architectuur?' vraagt de man om de stilte te doorbreken.

Ik haal mijn schouders op.

'Ik hou van kunst,' zegt hij.

'Ah, oké,' zeg ik zo ongeïnteresseerd als ik kan.

'Kom je uit Rotterdam?'

'Nee, Spijkenisse.'

De man stopt bij een hotel en regelt een kamer voor een paar uur onder de naam Jan de Wit, overduidelijk een schuilnaam. Wat een vuile schijn is het ook allemaal. Het hotel is een prachtige façade, waar blijkbaar allerlei schimmige dingen achter schuilgaan. Zolang je maar betaalt is alles mogelijk.

We lopen de hotelkamer in en ik heb spijt dat ik ben meegekomen. Ik twijfel of ik moet omkeren en wegrennen. Als ik deze weg bewandel, kan ik echt niet meer terug.

'Ga daar maar zitten,' zegt de Landrover. Hij wijst naar het bed.

Ik gehoorzaam en voel me onwennig in deze vreemde rol. Ik moet gewoon gaan acteren, bedenk ik. Deze persoon hier, die hier zit, dat is niet Patrick, dit is iemand anders. De man gaat op een stoel zitten. Hij past er amper in, zo breed is hij. Hij draagt een nette wollen trui met een overhemd eronder en zo'n kaki broek. Alles aan hem ziet er degelijk uit, tot je naar zijn voeten kijkt. Hij draagt sandalen met sokken, net zoals ma.

Niet aan ma denken.

'Waarom hang je rond daar op die plek?' Hij klinkt zoals hij eruitziet, een beetje bekakt.

'Daar wil ik het niet over hebben,' zeg ik. Het bed is veel te zacht, ik zak er helemaal in weg. Ik zou me niet goed kunnen afzetten als ik besluit om ineens de benen te nemen.

'Oké,' zegt hij. 'En je ouders? Weten die waar je bent?'

'Nee, natuurlijk niet,' zeg ik geërgerd. Ik ben deze parendans aardig zat. Als dit te lang duurt, dan durf ik niet meer. En het laatste wat ik nu wil, nu ik met deze vreemde vent in een hotelkamer zit, is nadenken over mijn ouders. Ma zou echt sterven van verdriet als ze hierachter zou komen. Dit is nog vele malen erger dan wat ze waarschijnlijk denkt dat ik aan het uitspoken ben. Hiervoor heeft ze haar leven opgeofferd en laten verpesten, zichzelf kapotgewerkt tot ze niet meer kon. Ik ben de rotte kers op een beschimmelde taart.

'Hoeveel wil je van me hebben?'

'Honderdvijftig gulden, maar ik doe niet alles, hoor.'

De man knikt en slaat zijn armen over elkaar. Hij komt best aardig over voor een oude vent, als ik even vergeet waarom we hier zitten. Alleen ik krijg er de kriebels van hoe hij naar me zit te kijken. Soms blijft zijn blik ergens heel lang aan haken. De man gaat even verzitten, maar maakt alsnog geen aanstalten om naar me toe te komen. Het duurt me allemaal veel en veel te lang.

'Zullen we alsjeblieft beginnen?' zeg ik bijna smekend.

'Dat is goed.'

Met een kreun staat hij op van de stoel en maakt hij de knoop van zijn broek open.

18

'We worden in de gaten gehouden,' fluistert de uitsmijter. 'Allemaal stil zijn.' De gebruikersruimte van het kraakpand zit tot de nok vol. Volgens mij is het midden in de nacht.

Ik ben doodop. Mijn oogleden hangen en alles doet zeer. Overdag loop ik de hele stad af, en 's nachts ga ik meestal met klanten mee. Op die momenten probeer ik buiten mezelf te treden. De drugs helpen erbij, om mijn lichaam en mijn geest te verdoven, maar de verslaving helpt nog meer, en die vertelt me dat dit werk nou eenmaal nodig is. Met vreemden meegaan en genoeg geld verdienen is beter dan ziek worden, zegt de verslaving keer op keer en die wordt elke dag overtuigender. Als je maar gebruikt, dan is alles goed. En dus blijf ik in die loopgraven lopen, die dieper en dieper worden. En het is ook zo, sinds ik dit doe, ben ik niet meer ziek geworden omdat ik altijd genoeg geld heb. Als ik mazzel heb, regel ik in het weekend drie klanten per nacht. Doordeweeks is het lastiger, dan zijn er nachten dat er niemand komt. Soms probeer ik overdag even te slapen in parkeergarages, langs het spoor, tussen containers of in de metro, maar de politie is erg oplettend en probeert ons hun wijk uit te jagen. We zijn het vuil dat van de ene naar de andere buurt wordt verschoven. Net duiven, ooit gedomesticeerd, vriend van de mens, en nu bestempeld als ratten van de stad.

Tarzan is vandaag niet aanwezig, dus een gebruiker doet zijn werk en verkoopt de drugs. De uitsmijter, een grote man met een lange leren jas aan, loopt naar de ramen toe en trekt de gordijnen dicht. Hij blaast de kaars uit die voor de verkoper op tafel staat. Er schijnt alleen nog wat licht van de straatlantaarns naar binnen. Op sommige plekken zie je nog wat vlammetjes en hoor je het geklik van aanstekers. We zitten opgepropt naast elkaar op de grond. Iemand gaat verzitten en belandt daarbij per ongeluk op de hand van een ander.

'Au!' roept hij.

De ogen van de uitsmijter schieten vuur.

'Ik zei godverdómme dat jullie stil moeten zijn,' sist hij. 'Idioten.'

Mijn hart bonkt als een gek, en ik hoop echt dat het loos alarm is. In de hele ruimte is het nu stil, op ons nerveuze geadem na. Iemand spoelt de wc door, waarschijnlijk om van zijn drugs af te komen, en mensen klakken met hun tong van frustratie. Ik scan de ruimte om te zien waar ik mijn dope zou kunnen verstoppen als de politie zou komen. Gelukkig zit ik tegen een muur, tegen zo'n houten schrootjeswand, die voor een deel zo gammel is dat het hout loslaat. Mocht het nodig zijn, kan ik het spul daarachter verstoppen. We wachten. En wachten. Iedereen blijft stil, maar het duurt allemaal veel te lang en we worden onrustig.

'Ze komen echt niet, hoor,' fluistert iemand.

En dan ineens klinkt er luid gestomp. *Boem, boem, boem.*

'Politie!' hoor ik.

De hele ruimte schiet in de stress. We springen allemaal op en proberen gehaast onze drugs te verstoppen. Mensen gooien ze uit het raam, de wc wordt weer doorgespoeld en sommigen stoppen het in hun broek. Ik verstop mijn dope snel achter de schrootjeswand.

Een hele groep politieagenten komt de ruimte binnen. Ze kunnen haast geen stap verzetten doordat we met zovelen zijn. Ze zijn in burger, maar dragen kogelvrije vesten over hun normale kleding. Met zaklampen schijnen ze op onze hoofden terwijl wij weer ineengebukt op de grond gaan zitten. Ze hebben allemaal een pistool in hun hand.

'Iedereen tegen de muur!' wordt er geroepen. Ik sta op en ga tegen de muur staan. Met een wang leun ik tegen het korrelige stucwerk. Met mijn rechteroog probeer ik de boel in de gaten te houden. De agenten houden hun pistolen op ons gericht.

'Handen achter je!'

Ik vouw mijn handen achter mijn rug en voel dat iemand mijn handen vastpakt. Ik schrik ervan en draai me uit automatisme om. Een agent en ik staan oog in oog met elkaar, en ik lees in zijn ogen dat hij ook bang is. Ik hoop maar dat er niets geks gaat gebeuren. Als iemand in paniek raakt of probeert te vluchten dan escaleert de hele boel. De agent bindt een tiewrap om mijn polsen en trekt die zo strak mogelijk aan. Het plastic snijdt in mijn polsen die flink op elkaar gedrukt worden. De politie verzamelt alle zakjes dope, shotspuiten, basepijpen en heroïnebuisjes die ze in de gauwigheid kunnen vinden, en oordeelt dat er voldoende bewijsmateriaal gevonden is en dat dit duidelijk een drugspand is. Mijn eigen drugs vinden ze ook direct.

Ze leiden ons naar de politiewagens en rijden naar het bureau. Ik heb geen idee wat dit betekent.

Verhoren doen ze blijkbaar niet, want we worden direct verdeeld over verschillende kleine cellen. Samen met twee anderen zit ik vast. Iedereen zwijgt en baalt van de drugs die we kwijt zijn. Bovendien zijn we bang dat we te lang worden vastgehouden en ziek worden. Als de politie je langer vastzet, laten ze je altijd vierentwintig uur zonder voorgeschreven medicatie zitten.

Ik zit op de grond, met gebogen hoofd, en besluit gebruik te maken van de situatie door even te slapen. Gelukkig kan ik dat ook steeds beter, in vreemde houdingen op oncomfortabele plekken slapen. Alleen niet voor heel lang, want als ik niet al wakker word van de nek- of rugpijn, dan is het wel doordat iemand anders me wakker maakt en wegstuurt. Laatst sliep ik in de buurt van het Stadhuisplein, waar veel kroegen zitten, en toen gooide de uitsmijter van de Skihut een emmer koud water over me heen. Hij vond het de grap van de eeuw. Ik schrok me een ongeluk en sprong meteen op. 'En nu oprotten!' riep hij, maar ik was allang weggerend. IJskoud had ik het, zo midden in de nacht met die doorweekte kleren. Het enige wat me warm hield was de dope die ik nog op zak had.

Ik begin nu ook te rillen, maar ik weet dat het niet echt koud in de cel is. Nog even, en het is weer zover.

Gelukkig worden we na een paar uur vrijgelaten uit de cellen. Blijkbaar hadden ze er geen zin in om zoveel man vast te houden. Waarschijnlijk hebben ze boetes op onze namen gezet. Ik luister niet eens meer als ze daarover beginnen. Ik heb geen idee hoeveel schulden er al aan mijn lijf kleven. Alle verslaafden spreiden zich als een olievlek weer uit over de stad, en zetten hun werkzaamheden voort om geld te verdienen, want iedereen is immers zijn drugs kwijt, maar ik blijf nog even hangen.

Ik loop langs de administratie, sta even een paar seconden stil en loop dan weer terug.

'Mag ik iets vragen?'

De agente achter de balie kijkt me streng aan. Ze heeft er duidelijk geen zin in om mij te helpen.

'Wat is er?'

'Ik zou willen weten of er misschien iemand naar me op zoek is.'

'Naam?'

'Patrick van der Jagt.'

Ze staat op en loopt naar een andere agent toe. Ik hoor ze wat praten en ze gaan samen achter een computer zitten. Na een paar minuten komt ze weer terug.

'Nee, sorry, er staat niemand in ons systeem die naar je heeft gevraagd.'

19

Het is een rustige avond op Perron Nul. Normaal gesproken heb ik het drukker. De mannen die hier komen hebben veel interesse in me, dus de laatste tijd zit ik niet meer verlegen om geld of dope. Maar vanavond verveel ik me. Ik voel mijn maag rammelen, maar ik heb geen trek. Mijn broek zakt af, ook al draag ik een riem. Om de tijd te doden ga ik op de grond zitten, pak een mes uit mijn rugzak en prik een extra gaatje in het leer. Ik trek de riem strak aan, de rand van mijn broek klapt op verschillende plekken dubbel, maar de riem doet zijn werk. De broek zakt niet meer af.

Over het algemeen zijn er eigenlijk twee soorten mannen die hier iets komen zoeken. De ene is op zoek naar macht, en wil graag een dood vogeltje hebben, waarmee hij kan doen wat hij wil voor de prijs die hij bepaalt. De andere zoekt jonge jongens. De tweede categorie is natuurlijk maar tijdelijk, want als je gebruikt val je binnen een mum van tijd in de eerste categorie. Sommige mannen leiden dubbellevens, die hebben een vrouw en kinderen thuis, dat zie je aan het kinderzitje achter in de auto of de stickers die op de ramen zijn geplakt. Een aantal vertelt eerlijk dat het een stiekeme fantasie is. Anderen hebben specifieke seksuele wensen. Een van mijn klanten is advocaat, de Saab, hij houdt er nogal van om gepijnigd te worden in de slaapkamer. Ik begrijp daar dus helemaal niets van, maar goed, geld is geld. Hij heeft een keer laten vallen waar hij werkt, dus soms hang ik een beetje rond bij de receptie van zijn kantoor tot hij naar beneden komt en me een paar honderd gulden oprotgeld betaalt. Een andere klant, de Ford Focus, vraagt me altijd een leren jas aan te doen en wil dan dat ik hem duw en klappen geef. Verder wil hij niets. Hij komt niet eens klaar als ik erbij ben. De rode Toyota Supra is een Brit, die is volgens mij gewoon vooral nieuwsgierig. Maar de Landrover zie ik het vaakst. Hij houdt ervan om een praatje te maken en vraagt ook niet veel gekke dingen van me. Bovendien betaalt hij goed. Volgens mij is hij eenzaam, en valt hij op dunne jongens, die hij kennelijk in het dagelijks leven niet kan vinden. Terwijl ik tegen het handelsgebouw leun, tuur ik naar de hoek van de straat, om te zien of er een Landrover komt aanrijden.

Niet veel later wordt mijn geduld beloond en zitten we samen in de auto.

'We gaan vandaag naar mijn huis,' zegt hij terwijl hij naar de weg blijft staren.

'Jouw huis? Waarom niet naar een hotel?' vraag ik. Ik word er een beetje wantrouwig van, angstig zelfs, want ik begrijp niet zo goed waarom hij een junk zijn veilige domein zou laten betreden. Wat wint hij ermee? In die hotelkamers waande ik me altijd nog een beetje veilig, maar je weet nooit wat voor rare kamertjes iemand in zijn eigen huis heeft. En, wie zou mij überhaupt missen of gaan zoeken als ik verdwijn? Voor mijn familie maakt het kennelijk geen verschil of ik op deze manier leef of dood ben.

De Landrover parkeert zijn auto voor een grote villa in een buitenwijk van Rotterdam. Aan zijn kledingstijl had ik al gemerkt dat hij het niet slecht had, maar ik had niet verwacht dat hij zóveel geld zou hebben. Bij de entree worden we verwelkomd door een aantal bronzen naaktfiguren en als ik verder loop zie ik een vitrinekast waar glasgeblazen kunst in staat. Aan de muren hangen kleurrijke, abstracte schilderijen en op verschillende sokkels staan bronzen sculpturen.

'Je houdt wel van kunst,' merk ik op.

'Ik ben kunstenaar,' zegt hij. Dat vind ik wel interessant. Ik ben altijd enorm onder de indruk van wat mensen met hun handen kunnen maken.

'Echt? Wat maak je dan?'

Hij loopt richting een bronzen sculptuur. 'Ik ben beeldhouwer. Ik boetseer en daarna giet ik er een bronssculptuur van zoals deze.'

'Je bent er goed in,' zeg ik. 'Een van mijn vrienden is ook kunstenaar. Hij kan enorm goed tekenen en is altijd bezig met graffiti. Hij bekijkt de wereld echt met een unieke blik, zoals een kind de wereld ziet. Gaaf vind ik dat. Hij is oprecht overal, maar dan bedoel ik echt overal, in geïnteresseerd. Allerlei dingen waar normale mensen overheen kijken of hun neus voor ophalen, dat vindt hij práchtig.' Jezus, wat ben ik ineens openhartig aan het ratelen.

'Zoals wat dan?'

'De ijsblauwe ogen van een kauw, kleurrijke posters onder een viaduct, een mooie zonsopkomst, echt, noem maar op.'

'Woont hij ook op straat?' vraagt de man.

'Nee, hij was een vriend uit mijn vorige leven, toen ik nog thuis woonde. Hij heeft me leren trippen op lsd, daar werd hij natuurlijk enorm creatief van. Dat spul gingen we halen bij Arie Heinz, een oude hippie met een cowboyhoed op. Geweldig vond Sander hem. Zo heet hij, Sander.'

De man glimlacht. 'Volgens mij hou je zelf ook wel van kunst.'

'Dat klopt wel, denk ik.'

'Wil je wat drinken?'

'Een biertje.'

Hij staat op en gaat naar de keuken. Als ik in de kamer rondloop zie ik verschillende geboetseerde lijven van fijngebouwde mannen met uitstekende schouderbladen, knokige ribbenkasten en ingevallen buiken. Ik word me ineens extra bewust van mezelf, van mijn magere lichaam, en voel me een beetje ongemakkelijk.

Het voelt alsof de kamer gevuld is met allemaal replica's van mijn lichaam.

Hij komt terug de woonkamer in en zet een biertje voor me neer.

'Waarom zijn al je beelden zo mager?' vraag ik. Hij neemt plaats op de bank en zakt diep weg in de zachte kussens. Hij lijkt even na te denken.

'Ik hou van de menselijke anatomie, de uitgesproken vormen.' Hij blijft even stil, maar ik voel dat hij nog wat wil zeggen.

'En ik denk dat je altijd iets wilt, wat je zelf nooit zult zijn,' zegt hij uiteindelijk.

'Aha.'

'Ik zou jou ook graag eens willen boetseren, tegen betaling natuurlijk.'

'Dat kunnen we wel doen,' zeg ik droog. Voor geld doe ik tegenwoordig alles.

'Misschien ga je dan, als je jezelf van een afstandje ziet, ook wat meer van jezelf houden.'

We zeggen allebei niets.

'Ik snap het gewoon niet... Waarom kies je toch voor zo'n verschrikkelijk leven?' Hij kijkt me zorgelijk aan. Altijd weer die zorgelijke blik. Het irriteert me mateloos. 'Je bent een lieve, intelligente man, waarom laat je je zo de afgrond in storten?'

'Omdat ik al heel mijn leven de neiging heb om mezelf daarin te duwen, en ik het nu eindelijk ook eens doe.'

20

Het is midden in de nacht als ik over de Overblaak tussen de kubuswoningen door loop. De weg die onder de gebouwen door loopt is nog stil. Het is donker, terwijl het afgelopen weken vaak al vroeg begon te schemeren. Ook de nachten worden steeds kouder, dus ik denk dat de herfst eraan komt. Ik wil er niet aan denken.

Voor me zie ik het gekke potloodvormige gebouw. Ik heb geen geld meer en mijn dealer wil me niets op krediet geven. Toch zing ik vrolijk een lied van Marvin Gaye, lach ik soms en groet ik een andere dakloze vriendelijk. Tegenover het kubusgebouw ga ik op een trappetje naast het hostel zitten. Dronken jongeren slenteren luid pratend langs me heen. Ik verschuil mijn hoofd tussen mijn knieën. Als ze me zien, als ze mijn blik vangen, dan zullen ze me in elkaar slaan of bier over me heen gooien.

Maar gelukkig, ik ben onzichtbaar. Het geouwehoer sterft weg in de verte. Ze zijn gelukkig weg. Ik steek mijn basepijp aan en neem een eerste hijs. De vertrouwde rook verspreidt zich door mijn lichaam. Ik voel me weer fit, wakker, goed. Nog een hijs. Ik ben sterk. Vandaag kan ik alles aan.

Er rijdt een politiewagen onder me langs. Overal waar ik kijk zie ik nu agenten. Het zweet breekt me uit. Nog meer dronken mensen passeren me. Ik houd mijn hoofd weer tussen mijn knieën geklemd. Als ik ze niet meer hoor, rook ik wat bruin, en dan val ik in een diepe slaap.

Ik schrik wakker van een geluid. Een agent? Als ik mijn ogen open, zie ik niemand en ik kan me ook niet herinneren wat het is dat ik gehoord heb. Zat het in mijn hoofd? Het is doodstil. Mijn oren suizen. Voor me ligt nog een zakje bruin. Gauw gris ik het van de grond, en steek het diep in de voering van mijn jas. Ik krab met een mes in mijn pijp het puurste concentraat crack los en steek mijn base aan, want ik verlang de hele tijd naar dat euforische gevoel. Ik mis het gevoel dat ik er de allereerste keer van kreeg. Nooit is het meer zo fijn geweest als toen, nooit raak ik verzadigd. Ik wil meer en meer. De pijp druk ik tussen mijn lippen. Adem in. De rook stijgt direct naar mijn hoofd en ik voel me elektrisch geladen. Even heb ik het gevoel dat ik hem gedood heb, het monster dat in mijn hoofd zit. Rust. Ik kan alles aan.

Maar hij komt altijd weer tot leven. Ze zijn er weer, overal zie ik flitsen van agenten, en dan verdwijnen ze. Zijn ze echt?

Had ik nog bruin?

Ik weet het niet meer.

Ik steek mijn vingers in het gat van de voering. Met mijn vingertoppen probeer ik te voelen of ik nog wat heb. Mijn hart begint flink te bonken. Als ik geen bruin meer heb, dan word ik ziek. Ik kan het niet aan om nog één keer ziek te worden. Ik voel geen plastic in mijn zak. Ik begin te huilen. Tranen rollen over mijn wangen. Ik kijk op de grond, sta op en kijk onder mijn billen of het daar misschien ligt. Er ligt niets.

'Alsjeblieft,' fluister ik.

Ik heb het echt nodig.

Opnieuw steek ik mijn vingers in mijn zak. En dan voel ik het ribbelige randje van de sluiting van een zakje. Ik vis het zakje uit mijn jas en begin te huilen van geluk, ik zal niet ziek worden vandaag. Ook vind ik nog twee gulden in mijn voering. Ik zou zweren dat dat geld er net nog niet was.

'Yes!' roep ik gelukkig.

Ik rook mijn laatste beetje bruin op en kijk dan op de klok van de Laurenskerk. Nog twee uur tot de supermarkt opengaat.

Hopelijk kan ik gratis koffie halen vandaag. In ieder geval kan ik een pak koekjes kopen van mijn geld. Om de tijd te doden probeer ik de *Uitkrant* te slijten aan chagrijnige mensen.

Ineens herinner ik me de fles whisky in mijn rugzak. Haastig sla ik die in zijn geheel achterover. De alcohol brandt aangenaam in mijn slokdarm en na een paar minuten zakt de kou een beetje weg.

Ik begin 'Only you' van de The Platters te zingen en zwalk rond door de straten. Hier en daar probeer ik wat geld te verdienen, terwijl ik continu op de klok kijk.

'Hebt u wat geld over?' vraag ik de mensen op straat. Ze kijken me niet eens aan.

De tijd gaat ontzettend traag. Ik moet nog steeds meer dan twee uur wachten. Toevallig gaat de deur van de parkeergarage open als ik erlangs loop. Een auto rijdt naar buiten. Ik glip naar binnen. De garage is warm. Ik pak de lift, druk de knop in om naar beneden te gaan en rook nog wat bruin. Ik haal diep adem door mijn buisje. De rook wordt mijn adem en mijn adem wordt de lucht. Met gesloten ogen blijf ik nog een tijd in de lift zitten, die ik naar boven en beneden laat gaan.

Eindelijk heb ik genoeg gehad.

Ik wacht tot de Albert Heijn opengaat, en als het zover is loop ik ernaartoe.

Aan de gepikeerde gezichten van de andere daklozen te zien, is er geen koffie vandaag. En ik denk er niet aan om koffie te kopen van mijn eigen geld. Ik haal een pak koekjes en een sterke halve liter bier met tien procent alcohol. Al voor ik de schuifdeuren door ben, schrans ik de koekjes naar binnen. De kruimels blijven hangen in mijn baard. De tien procent sla ik achterover, dat gaat me straks helpen. Hoe erg ik ook word uitgekotst, ik moet altijd vriendelijk blijven.

Maar vandaag is een mooie dag. En elke dag gun ik mezelf opnieuw de kans om voor deze hel te kiezen.

21

'Je mag hier niet zitten, en dat weet je best.'

Een zaklamp schijnt in mijn gezicht. Ik moet mijn ogen samenknijpen om niet verblind te raken. Even weet ik niet waar ik ben, en dan zie ik mijn heroïnebuisje op mijn schoot liggen en voel ik de koude granieten stenen onder mijn billen. O ja, ik was nog even aan het roken, ik ben vast in slaap gevallen in een portiek. Er staan twee politieagenten voor me. Mijn rugzak, die ik nog steeds om heb, trekt aan mijn rug.

'De buren hebben geklaagd, je moet hier weg.'

'Alstublieft, ik ben zo moe. Ik ben al dagen wakker, mag ik hier niet nog heel even blijven?'

Ik ben tussen de uitgaanscircuits heen en weer gelopen om daar te bedelen tot de cafés zouden sluiten. Daarna ging ik naar de nachtclubs, gaybars en eethuizen in de buurt van de Witte de Withstraat. Om zes, zeven uur rook ik de eerste werklieden al. Dus ging ik naar Centraal Station en omliggende supermarkten, om hen om geld te vragen. Uiteindelijk ben ik even in dit portiek gaan zitten om te roken en in slaap gevallen.

'Nee, je moet hier weg, en anders bekeuren we je. En volgens mij heb jij al een waslijst aan boetes aan je broek hangen.'

'Maar, ik kan echt niet meer. Mijn hele lichaam doet ontzettend veel pijn.'

'Kom op, anders bekeuren we je voor ophouding. Wegwezen hier.'

Langzaam sta ik op. Het gewicht van de rugzak werkt tegen. De banden snijden in mijn schouders.

'Ruim ook al je zooi op.'

Ik kijk om me heen op de grond, maar er ligt niets, behalve een oude platgetrapte sigarettenpeuk.

'Ik heb alles,' zeg ik.

De agent knikt naar de peuk. 'En dat dan?'

'Die is niet van mij.'

'Als je je afval niet opruimt, bekeuren we je daar ook voor.'

Ik pak de sigaret op en steek hem in mijn zak.

Ik heb geen idee hoeveel boetes ik inmiddels al op mijn naam heb staan, maar ik verwacht dat de schulden al wel in de duizenden euro's op zijn gelopen. Mijn aanmaningen komen binnen bij Stichting Ontmoeting, een instelling waar ik regelmatig gebruik in de gebruikersruimte. Dan geven ze me een stapel aanmaningen mee. Meestal gooi ik ze direct in de prullenbak, maar soms gebruik ik de brieven om bruin op te roken. Het slaat toch allemaal nergens op. Ze willen allemaal geld van me, maar ik heb niets. Ik heb niet eens een schone onderbroek.

Ik loop de trap af van het portiek en de agenten volgen me een stukje zodat ze weten dat ik niet weer terugga.

Ik kruip de dichtstbijzijnde bosjes in om even wat te roken zodat ik de pijn in mijn voeten minder voel. Plots hoor ik de bellen van de tram. Daar kan ik wel in slapen, daar is het in ieder geval ook warm. Ik loop naar de tramhalte en glip achter in de tram zonder te betalen. Ik ga op het achterste bankje zitten en leun tevreden met mijn hoofd tegen het glas. Het bankje zit heerlijk, dus blijf ik hier zitten tot iemand me wegstuurt.

Een chemische lucht dringt mijn neus binnen. Langzaam open ik mijn ogen. Ik moet weggevallen zijn, geen idee hoelang. Het ruikt alsof er iets verbrand is. Ik kijk om me heen om te zien wat dat kan zijn, ineens zie ik een schroeiplek op mijn been. Vlug trek hem weg. Ik zie dat mijn broek is verbrand aan de kachel van de tram, en flink ook. De synthetische stof is weggesmolten tot een krater met randjes hard plastic eromheen. Ik pak de stof zachtjes beet, en zie dat deze vastplakt aan een brandblaar op mijn been. Tranen schieten in mijn ogen van de pijn.

Ik wacht tot de tram weer in het centrum komt, en dan hink ik de tram uit. Ergens in de buurt is een leegstaand kraakpand, waar ik even tot rust kan komen. Bij iedere stap die ik zet smeken mijn voeten dat ik moet stoppen, dat ik ze met rust moet laten. Maar ik loop door.

In het pand is al een raam ingetikt, dus ik kom makkelijk binnen. Het behang hangt met losse vellen aan de muur en het tapijt is deels losgewrikt. Als ik mijn broek omlaag probeer te doen, blijft de stof aan de blaar plakken. Ik rook wat bruin om de pijn te verdoven. Direct na het eerste trekje worden mijn oogleden zo zwaar dat ik ze niet meer open kan houden. Ik zak onderuit tot ik in de diepst mogelijke slaap val.

22

Iemand zet zijn voet in mijn zij. Heel zachtjes. Ik ben doorweekt van het zweet. Het grove profiel van de zool doet pijn. Ik trek mijn knieën in en lig bibberend op de grond.

'Wakker worden!'

Ik heb echt geen idee hoe laat het is of hoelang ik heb geslapen. Weer krijg ik een zetje in mijn zij. Weer die stekende pijn, en die straalt uit naar de rest van mijn lijf. Ik kreun wat en houd mijn arm voor mijn gezicht. Opnieuw schijnt er zo'n vervelende zaklamp in mijn gezicht.

'Hallóóó, word eens wakker.'

Ik haal mijn arm weg en open mijn ogen. Een agent hangt voorovergebogen over me heen. Een ander observeert de boel van een afstandje. Ik heb het echt ijskoud, ik kan niet stoppen met trillen. *Laat me alsjeblieft met rust.* De paniek bekruipt me. Ik heb echt veel te lang geslapen, en ik heb veel te lang zonder dope gezeten. Als ik niet nu iets gebruik, dan gaat het helemaal mis.

'Je weet dat je hier niet mag zijn. Heb je drugs bij je?' vraagt de agent. Zijn adem ruikt naar sigaretten.

'Alstublieft. Ik moet echt wat gebruiken, ik voel me doodziek,' smeek ik. Alle kleur is uit mijn gezicht weggetrokken. Mijn lippen voelen droog aan.

De agent lacht even. 'We gaan je natuurlijk niet laten gebruiken. Wat is je naam?'

'Patrick van der Jagt.'

‘Geboortedatum?’

‘24 januari 1975.’

De agent loopt even weg om de centrale te bellen. Waarschijnlijk moet ik straks een flink bedrag gaan betalen – wat ik natuurlijk niet heb – of ik moet de gevangenis in. Na een paar minuten komt hij terug met mijn vonnis.

‘Ik zie dat je nog een week open hebt staan. Meekomen.’

‘Alstublieft, neem me de volgende keer mee. Ik ben al zo ziek.’ De tranen springen in mijn ogen. ‘Laat me gaan, ik móét beter worden. Anders ga ik dood.’

Ze nemen me mee naar het bureau en stoppen me in een cel. De agenten hebben me verteld dat ze me vierentwintig uur laten detoxen voordat een arts zal bepalen of ik methadon krijg. Methadon is een sterke pijnstiller die lijkt op heroïne, alleen dan zonder de flash, waardoor je je minder ziek voelt als je geen heroïne meer gebruikt.

Ik lig op het dunne matras. Mijn lichaam is oncontroleerbaar aan het rillen en mijn kleren zijn kletsnat van het zweet. Wanneer ik de kracht heb, druk ik op het belletje in de cel waarmee ik contact krijg met de agenten, en dan smeek ik voor mijn leven. Al meerdere malen heb ik om extra dekens gevraagd. Nog nooit heb ik het zo koud gehad, en er is niets wat me warm kan krijgen. Op de grond staat een bordje met een boterham met wat salami. De vleesgeur maakt me kotsmisselijk. Naast mijn hoofd, op het kussen, heb ik gebraakt. Mijn lichaam probeert met al zijn kracht alles eruit te persen wat erin zit. De hele ruimte draait. Ik wist niet dat een mens door zo’n hel kon gaan. Dat een mens zo eenzaam kon zijn. Ik haat mezelf, dat ik mezelf dit aandoe, maar ik kan er niets aan doen.

Na vierentwintig uur is er alsnog geen dokter gekomen.

‘Wanneer komt de dokter?’ vraag ik voor de zoveelste keer door de intercom. Maar het antwoord blijft elke keer hetzelfde: we kunnen geen arts vinden.

Ik denk echt dat ik doodga hier, opgesloten in deze kleurloze cel. Soms gil ik het uit, soms ben ik stil. Ik denk continu aan mijn familie.

Hoe heb je het zo ver kunnen laten komen? vraagt ma.

Je bent een junk en een hoer geworden! zegt Anton.

Je bent een vieze, vuile kontenbonker, zegt pa.

Vind je het gek dat we je nooit hebben gezocht? vragen ze allemaal.

Niemand wil zo iemand als jij in hun leven hebben.

Ben ik de enige die niet wil dat ik doodga?

Het duurt zo ontzettend lang. Ik haat de agenten. Ik haat het systeem. Al deze mensen kunnen mij beter maken, waarschijnlijk ligt er zelfs methadon op dit bureau, maar niemand doet iets. Het maakt niemand iets uit. Straks ga ik hier dood. Maar ze zouden het niet eens erg vinden.

Een agent komt de cel binnen. Er is hoop.

'Hebben jullie een arts gevonden?' vraag ik.

'Nee, het spijt me, we kunnen niemand vinden die je methadon kan geven. Je moet nog even geduld hebben.'

Ik begin te huilen en te krijsen, met een beestachtig oergeluid stoot ik kreten uit.

'Laat me alsjeblieft gaan. Ik trek dit niet meer!'

'Dat kunnen we helaas niet.' De agent draait zich om en loopt de cel uit. Ik haat hem. Ik haat hem. Ik haat hem. Die ongelooflijke eikel heeft alle macht.

'Ik ga dood, help me dan toch!'

Na weet ik het hoelang staat er een man voor mijn neus. Een arts? Ben ik aan het hallucineren? Heb ik geslapen? Ik veeg het zweet van mijn gezicht. Mijn huid is er ruw van. Hij heeft pillen in zijn hand.

'Alstublieft… help me…' Ik kan niet meer bewegen. De man komt naar me toe. Hij lijkt onmenselijk groot, als een reus. Alles lijkt in slow motion te gaan, zijn stem komt van ver. Zegt hij iets?

Ik voel zijn grote handen en ze drukken een stripje in mijn hand. Bibberend probeer ik de pillen eruit te drukken. Het folie lijkt gemaakt van staal.

Kom op, kom op, kom op.

Gelukt.

Ik kauw er langzaam op tot ze verpulverd zijn. Het glas water dat de agent me erbij geeft laat ik staan. Ik wil de bittere smaak zo lang mogelijk proeven, ik wil zeker weten dat ik alle medicijnen binnenkrijg. Nog heel even, en dan voel ik me weer beter. Ik slik de verpulverde pillen door en ga liggen op het vochtige matras.

Nog heel even.

23

Ik zit naakt in de woonkamer van de Landrover. Het is 's ochtends vroeg. Hij heeft een krukje neergezet voor me, dat koud aanvoelt onder mijn blote billen. Net het koude steen of hout van portieken en bankjes in de nacht. Ik weet niet of ik die kou ooit nog kwijt zal raken.

Ik zie de Landrover regelmatig. Soms mag ik blijven slapen, douchen, mijn kleren wassen of we kijken wat televisie. We hebben regels afgesproken. Ik mag langskomen, als ik maar voor zes uur 's ochtends weg ben. Als ik wil roken, dan moet ik dat in de tuin doen, waar hij het niet kan zien.

De Landrover staat zo'n twee meter van me af, en is bezig mijn torso te boetseren met donkere klei. Zijn vingers zitten helemaal onder, en ook op zijn schort zitten kleivegen. Hij houdt zijn hoofd dicht bij de uitstekende beenderen van mijn schouderblad. Hij bijt een beetje op zijn lip, in opperste concentratie, en vormt met zijn vingers de knokige vormen van mijn geraamte. Bij ieder drukpunt voelt het alsof hij me echt aanraakt. Zijn blik glijdt over mijn lijf. Ik voel me ongemakkelijk. Ik probeer weg te kijken van mijn geboetseerde lijf en mijn aandacht ergens anders op te richten. Hij heeft het door.

'Ik zou zo graag willen dat je jezelf zou zien zoals ik je zie, zoals velen je denk ik zien. Als de mooie jongen die je eigenlijk bent.'

Ik kijk nu naar het kleiwerk. Het voelt als het lichaam van een ander. Niet dat van mij. Maar mijn lichaam is ook niet meer van mij.

'Ik ben een verslaafde dakloze. Eentje die de hoer uithangt. Heel veel lelijker wordt het niet.'

'Dat ben je niet altijd geweest. En dat hoef je niet altijd te zijn.'

'Ik zou niet weten hoe ik nog een andere richting op kan. Als ik niet gebruik, dan word ik ziek, en ik vind het fijn om te gebruiken. En ik heb nog nooit iets gepresteerd in mijn leven, dus ik kan nergens heen.' Ik wil dat hij erover ophoudt.

'Je kunt altijd ergens heen, als je het wilt.'

'Wie zou ooit nog iets met iemand zoals ik te maken willen hebben?'

'Ik denk dat er meer mensen zijn die om je geven dan jij denkt.'

Dit irriteert me. 'Wie dan?' Ik sla mijn armen om me heen en trek mijn wenkbrauwen op. 'Niemand heeft me ooit geprobeerd te zoeken, dat zegt al wel genoeg, lijkt me.'

De Landrover staat op en loopt naar me toe. 'Je weet niet wat hun beweegredenen waren. Misschien heeft dit alles ze helemaal kapotgemaakt, net als jou, maar zullen ze je met open armen ontvangen als je ze weer opzoekt.'

'Dat denk ik niet,' zeg ik. 'Je kent mijn familie niet, en sowieso, ik was de grootste eikel die je je maar kunt voorstellen. En ik ben ook niet in staat om een normaal leven te leiden... Dus dat.'

Hij begrijpt er niets van. Het leven is niet zo simpel. Waarom zou mijn moeder mij ooit nog willen zien? En als ze me ziet, wat dan? Het enige wat ze tegen me zal zeggen is: ik had gelijk.

'Mag ik opstaan? Ik wil even roken.'

De Landrover knikt naar me. Ik trek wat kleren aan die op een propje op de vloer naast me liggen.

'Als je maar stil doet. Ik wil niet dat de buren doorhebben dat je hier bent.'

'Ik ben altijd al onzichtbaar, dat hoef je niet te vragen, hoor.' Ik pak mijn drugs en loop de tuin in.

24

Met een gestolen schaartje knip ik mijn snor en baard bij in het trappenhuis van de parkeergarage. Ik hou mijn kin naar het raam gericht terwijl er plukjes rossig haar op mijn schoot vallen.

'Let op,' zegt Jerry. Hij tikt met zijn lange nagels op het glaswerk.

'Wat is er?' vraag ik. Ik voel me een beetje wazig, want we zijn vrijwel de hele nacht op pad geweest om te bedelen. Jerry weet niet wat ik er nog naast doe. Ik wil ook niet dat hij het weet.

Ik voel me een beetje vreemd de laatste tijd, alsof ik de grip op mijn geest begin te verliezen. Op sommige momenten voel ik me intens gelukkig, dan zweef ik door de stad, en andere momenten zijn zwaar en duister. Gelukkig hebben we voldoende bij elkaar gebietst om wit en bruin te kunnen kopen en hoeven we komende uren niet ziek te worden.

'Luister...'

Ik hoor het gepiep van een vrachtwagen die achteruitrijdt. Jerry kijkt samenzweerderig naar me.

'Dat is de bakker van de Hema!' roep ik.

Jerry grijnst. 'Precies. We vallen met onze neus in de boter.'

We brengen de afgelopen nachten regelmatig door in deze parkeergarage. Mits de manager van de garage er niet is. Dat is nogal een hork die ons karton wegtrekt of ons een duw geeft. Meestal belt hij direct de politie. De Tekenaar heeft hem al vaak de huid vol gescholden. Jerry blijft meestal rustig en pakt direct zijn spullen op en verdwijnt. De garage is dicht bij het Stadhuisplein, dus soms trekken we er samen opuit om te bedelen of de *Uitkrant* te verkopen. Die kun je gratis meenemen bij de bibliotheek en het gemeentehuis, en daar nemen we dan een stapeltje van mee om te verkopen.

Het is 's ochtends vroeg, maar door de zon die op de glazen wanden van het trappenhuis staat is het al best warm. Dat vinden we – ondanks de sterke urinelucht die er hangt – heel prettig. Mensen zoals wij hebben het eigenlijk altijd koud, tenzij we gebruiken. Dat komt door de heroïne, die ervoor zorgt dat je lichaam altijd verlangt naar de warmte die het middel zelf brengt. Vanuit het trappenhuis heb je een geweldig uitzicht over Rotterdam. Vooral op momenten zoals deze, als de rest van de stad nog slaapt. Dan zijn de straten even van ons. Rauwe, moderne gebouwen naast klassieke herenhuizen, oud en nieuw naast elkaar, willekeurig en chaotisch, zoals het leven zelf. Zoals ik zelf ook altijd het verleden en de toekomst met me meedraag. Op zo'n moment vind ik het zwerversbestaan ook iets romantisch hebben.

Jerry en ik wachten een paar minuten, tot we de rolluiken open horen gaan en de vrachtwagen weer horen vertrekken. Dan hollen we van de zigzaggende trappen naar beneden. De ijzeren trappen maken een flink kabaal, maar het is nog zo vroeg dat er toch niemand is die het hoort. Als we beneden aankomen, pakt Jerry een gasbrander uit zijn rugzak en steekt die tussen de deur zodat we nog naar binnen kunnen. Beneden is een hofje dat aan de parkeergarage grenst en verboden terrein is. Voor ons staan twee enorme koelingen op wielen. We trekken de deuren open. De ene zit vol met zoetigheden als tompoezen, slagroomgebak, vlaaien, bestelde taarten met foto's en de andere zit vol met broodjes, croissantjes en worstenbroodjes. We pakken plastic zakken uit onze rugzakken en proppen die vol.

'Hé, hallo, geef mij ook wat. Niet alle croissantjes zijn voor jou,' roept Jerry.

Ik steek hem wat croissantjes toe. 'Geef mij dan wat van die worstenbroodjes.'

Binnen een halve minuut hebben we de eerste bladerdeegsnacks naar binnen gewerkt. Er zitten snippers van het bladerdeeg in onze snorren en baarden en ook Jerry's trui zit onder. We graaien met onze handen in de taarten en proppen flinke stukken ervan in onze mond. We plukken de marsepeinen roosjes en andere versieringen van de taarten af, kauwen zonder te ademen, en pakken met beide handen een vlaai vast waar we grote happen uit nemen. Nu zitten onze baarden ook nog onder de room en vruchtengelei. De koeling is inmiddels een enorme ravage, maar het kan ons niets schelen. We waren zo uitgehongerd, en dit smaakt allemaal even heerlijk. Ik ben kotsmisselijk nu, maar dat kan me helemaal niets schelen. We raken gehard, verbitterd door de straat, maar eigenlijk zijn we nog steeds diezelfde kinderen die we waren de dag dat we op straat belandden.

'We moeten gauw wegwezen, voor het personeel komt,' zeg ik. We pakken onze rugzakken en plastic tassen en lopen het trappenhuis weer in waar we nog even wat wit roken. Daar eten we nog wat worstenbroodjes tot we echt niet meer kunnen. Verzadigd zitten we een beetje onderuit op de stalen trap. Onze plastic tassen zitten nog bijna helemaal vol, maar wij hebben de komende tijd geen trek meer.

25

1999, vierentwintig jaar

De Pauluskerk is een begrip onder daklozen. Vandaag ga ik er voor het eerst heen, vooral omdat ik er zin in heb om weer eens een normale stoel onder mijn achterste te hebben en niet continu over mijn schouder te hoeven kijken.

Net om het hoekje van de kerk zit al een aantal mensen sigaretten te roken, en ik zie er zelfs een paar wit roken. Ik duw de deur open en het is meteen erg rumoerig. Het halletje staat vol mensen die met grote rugzakken in de weer zijn. Een beetje verloren stap ik verder het gebouw in. Ik was juist op zoek naar rust, maar dit is het tegenovergestelde. Het is er zo vol dat ik mensen moet ontwijken en met mijn schouders tegen anderen aan bots. Sommigen zijn druk in gesprek, anderen zitten in hun eigen gedachtewereld verzonken.

'De bar is beneden,' zegt de vrijwilliger achter de balie. 'Heb je een schone naald nodig?' Hij houdt een verpakking met een naald erin vast.

'Ik heb alleen een bakkie en een boterham nodig,' zeg ik. 'En wat dope.'

'Dat is het enige wat we allemaal nodig hebben,' zegt iemand achter mij.

Ik loop de trap af richting de bar, waar een oudere man staat. Hij draagt een brilletje en een streepjeshemd en heeft wit naar achteren gekamd haar.

‘Goedemorgen,’ zegt hij.

‘Hai. Mag ik een bakkie?’

De man knikt en schenkt de koffie vanuit een thermoskan in een papieren bekertje. Hij houdt het bekertje vast en neemt me even in zich op. Ik word er een beetje argwanend van. Ik kan er steeds slechter tegen als mensen me aankijken, en vooral de blik van mannen vind ik lastig om te ontvangen. In hun ogen zitten alle mannen met wie ik in de nacht meega verscholen.

‘Patrick, zo heet je, toch?’

Wat wil die gast van me?

‘Ja, hoe weet jij dat?’

‘Ik werk hier al een tijd, ook met andere jongens zoals jij. Ik hoopte al dat je eens zou komen.’

Aha. Hij heeft vast gehoord wat voor werk ik doe. Ik ben nu zo erg aan het fronsen dat mijn voorhoofd begint te trekken. Zijn kleine, rimpelige handjes zitten nog steeds om mijn koffiebeker geklemd.

‘Mag ik mijn koffie, alsjeblieft?’ Ik word nu echt ongeduldig. Hij moet toch wel begrijpen dat ik hier geen zin in heb, dat ik hier juist even ben om tot rust te komen. De man negeert mijn vraag. Hij maakt gewoon misbruik van zijn machtspositie. Zelfs koffie uit een thermoskan is een methode om ons zwervers ons minder te laten voelen.

‘Hoe komt het toch, dat je op straat woont? Je bent volgens mij nog hartstikke jong.’

‘Ik word in januari vijfentwintig.’ Wat kan het hem schelen?

‘Wanneer?’

‘De 24e.’

‘Dat duurt nog even.’

‘Welke dag is het nu?’

‘6 oktober.’

Ik heb totaal geen besef meer van de dagen. Soms lees ik op een openbaar televisiescherm of op het station welke datum het is, maar het zegt me weinig meer. Ik voel wel aan het weer of de winter of zomer eraan komt. In het eerste geval weet ik dat ik extra kleren moet verzamelen en moet proberen in gebouwen naar binnen te glippen om daar in ketelruimtes te slapen.

'Als je honger of dorst hebt, moet je het zeggen. Dan geef ik je wat. Of als je een luisterend oor nodig hebt.' Hij pakt een papiertje en krabbelt er een telefoonnummer en een adres op. 'Hier, dan kun je me bellen.'

Ik vraag me af welke tegenprestatie hij verlangt voor dit alles. Ik pak het blaadje aan om er vanaf te zijn. De man schuift me eindelijk mijn koffie toe.

'Ik ben Wim, Wim van Duin.' Hij steekt zijn hand uit. Ik schud hem zo losjes als ik kan de hand, en dan loop ik gauw weg met de lauwe koffie.

'Waarom slaap je vanavond niet hier, in de kerk?' vraagt hij als ik wegloop.

'Het wordt alleen maar kouder en kouder,' zegt hij nog. 'Pas op jezelf!'

Ik haal mijn schouders op.

Nadat ik mijn koffie heb gedronken ga ik naar de kelder waar de gebruikersruimte is, daar mag je gebruiken zonder dat de politie je ervoor bekeurt. Er zijn er twee: een voor de rokers en een voor de shotters. Rokers en shotters zitten niet graag bij elkaar, en door ons van elkaar te scheiden is het ook eenvoudiger om de shotruimte steriel te houden. Er is ook een kamertje waar dealers om beurten hun drugs verkopen. Alles om ons maar uit het straatbeeld te houden. Ik haal wat bruin en wit bij de dealer en ga ermee naar de rookruimte. Daar kom ik Fadi tegen, een jongen die ik al vaker op straat heb gesproken. Hij is gehandicapt en zit in een rolstoel. Door zijn spasmen lukt het hem nooit om zijn eigen heroïnebuis vast te houden als hij wil roken, daarom heeft hij altijd hulp van anderen nodig. Er zijn dan ook jongens die zijn halve zakje oproken, daar kan hij niets aan doen.

'Ha... Patrick, alles goed, man?' Zijn woorden komen traag uit zijn mond. De spieren in zijn arm maken trekkende bewegingen. Hij houdt ze onder de tafel met zijn handen op zijn schoot. 'Kun je me even helpen?'

Ik schuif aan, pak zijn heroïnebuis vast en hou de aansteker onder het aluminiumfolie. Als het bruin vloeibaar is, neemt hij een trekje. Zijn spieren worden iets rustiger.

'Ik zag... dat je met Wim aan het praten was... Goede gast. Hij helpt mij met mijn schulden en zo.'

Ik neem zelf ook een trekje van het buisje.

'Jij kent die man?'

'Ja.'

'Hij helpt je gewoon, zonder tegenprestatie?' Dat lijkt me sterk. Je krijgt niets in dit leven zonder een tegenprestatie. Ik geef hem weer zijn buisje aan, en hij zet hem aan zijn mond en neemt een flinke haal.

'Ja, goede vent... Soort vader voor straatjongens. Hij doet dat gewoon uit een goed hart, of vanuit zijn geloof. Hoe je het noemen wil.'

'Dat dat bestaat,' zeg ik een beetje zuur.

'Slaap je hier ook vanavond?'

•

De slaapzaal in de kerk is een grote kamer met een stuk of dertig veldbedjes. Er klinkt een luid geroezemoes van de andere logees. Het stinkt er echt onwijs, hoewel de meesten zich vandaag wel even gewassen zullen hebben. In de wasruimte staan brede wasbakken waar je je voeten kunt afspoelen of jezelf met een emmer kunt wassen. Maar geen enkele wasbeurt kan die zure geuren nog van ons af spoelen. Die komen uit ons diepste binnenste, en dringen via onze huid, mond en neus naar buiten. Ik wilde ook mijn voeten in de wasbak wassen, maar ik had denk ik al een halfjaar mijn schoenen niet uitgedaan. Op de wc's van het station mag ik niet meer komen. Toen ik mijn schoenen uitdeed, zag ik dat er verschillende blaren in mijn sokken waren geknapt en gele en rode vlekken hadden achtergelaten. Ik wilde mijn sok uittrekken, maar dat deed zoveel pijn dat ik hem maar heb laten zitten. Mijn huid werd meegetrokken, waardoor het voelde alsof ik mijn voeten aan het villen was. Ik kan ze beter niet wassen.

Fadi ligt naast me. Het bedje kraakt doordat zijn spasmen hem niet met rust laten. Aan de andere kant ligt een man die onwijs stinkt. Zijn gezicht en armen zitten onder de abcessen. Er hangt een zurige puslucht om hem heen. Iemand, aan de overkant van de ruimte, is gefrustreerd in zichzelf aan het praten. Soms begint hij ineens te schreeuwen. Nu ik hier lig, heb ik spijt dat ik me heb laten overhalen.

Ik heb lang getwijfeld of ik wel of niet in de opvang wilde slapen. Je mag er 's nachts niet vertrekken of gebruiken, wat ik vervelend vind, want de vrijheid vind ik het beste van dit bestaan. Als dat wegvalt, is er niet veel meer over. Er zijn verschillende hulpverleners dag en nacht aanwezig die ons in de gaten houden. Als je bijvoorbeeld naar de wc gaat, gaan ze meteen luisteren of ze niet een aansteker of iets horen. En als je te lang blijft zitten kloppen ze op de deur. Je hoeft het ook niet eens stilletjes te proberen, de geur van crack en heroïne is onmiskenbaar. Al die regeltjes vind ik maar vervelend.

Ik trek de deken over mijn hoofd heen, om de geuren en de geluiden nog een beetje te blokkeren. Gelukkig ben ik zo uitgeput, dat ik direct in een droomloze slaap val.

Een luide schreeuw haalt me uit mijn slaap. Ik ga rechtop zitten, en zie dat iemand in zijn slaap aan het schreeuwen is. Een aantal mannen mopperen geïrriteerd en draaien zich weer om. Een persoon zit met opgetrokken knieën op het veldbed met zijn ogen wijd open. Die zal wel te veel gebruikt hebben voor het slapengaan.

‘Háááá,’ schreeuwt de man weer. Het klinkt alsof hij stikt. Zijn buurman geeft hem een duw.

‘Laat ons ’s slapen!’ zegt iemand geërgerd. De schreeuwer wordt niet wakker. Hij hijgt luid.

Opnieuw trek ik de deken over mijn hoofd, maar slapen lukt de rest van de nacht niet meer.

Ik lig liever alleen in een portiek.

26

De oude man van de Pauluskerk heeft me gevraagd of ik bij hem langs wil komen. Ik zit op mijn rugzak tussen de struiken in de buurt van zijn huis, naast een soort bebost paadje langs het spoor. Een leuk plan van de gemeente voor wandelaars en hondenbezitters, maar aan al het afval te zien, wordt deze plek voornamelijk gebruikt door verslaafden. Ik zie overal lege flessen met aanstekervloeistof, drugszakjes, poep en wc-papier liggen. Ergens achter een boom ligt een doorweekt, beschimmeld fleecedekentje. Toen ik aankwam, hoorde ik angstig gefluister vanuit de bosjes.

'Ssjt, daar komt iemand!'

Maar ik ben helemaal niet met hen bezig, ik wil nog even gebruiken voordat ik naar mijn afspraak ga, dus ik steek mijn basepijp aan. Hij woont in een mooie straat in de buurt van Blijdorp op nummer 64.

Als ik aanbel, realiseer ik me dat ik zijn naam niet meer weet.

'Sorry, ik ben je naam vergeten,' beken ik als hij opendoet.

'Wim,' zegt hij.

De hal wordt verlicht door grote glas-in-loodramen. Zijn inrichting ziet eruit alsof er sinds de jaren veertig niets aan is gedaan. Het staat er vol met van die zware donkere eikenhouten meubels, die je, als je ze eenmaal naar boven getild hebt, er nooit meer uit krijgt. Op verschillende plekken zijn zilveren lepeltjes en serviesgoed uitgestald. Aan de muur hangt een foto van een jongere Wim met een andere man, ik gok zijn broer, en een oudere vrouw.

'Is dat je moeder?' vraag ik.

'Ja, dit was haar huis. Hier heb ik voor haar gezorgd tot ze doodging en daarna ben ik hier gaan wonen.'

Op de eettafel ligt een schaaltje met zwart-witjes, een stapeltje kleren en een handdoek. Hij trekt een stoel naar achteren.

'Kom, ga even zitten. Dan pak ik wat te drinken voor je.' Hij loopt de huiskamer uit. Ik ga zitten aan tafel en wacht tot hij weer terugkomt. Hij schuift het schaaltje zwart-witjes naar me toe. Ik stop er een paar in mijn mond, maar als ik op de harde mintlaag kauw, voel ik ineens een scherpe pijn in mijn kies. Als ik er met mijn tong langsga voel ik dat hij een beetje loszit en er wat bloed in mijn mond loopt.

'Hier, een bakkie koffie,' zegt Wim wanneer hij de kamer weer in komt. Hij schuift de schaal met snoepjes nog eens naar me toe, maar ik eet ze niet meer. Ik wil niet dat mijn tand losschiet.

'En wat is jouw verhaal dan?' vraag ik. Ik spoel het bloed weg met een slok koffie.

'Hoe bedoel je?'

'Waarom nodig je vreemde verslaafden uit in je huis?'

Wim neemt een slok van zijn koffie.

'Ik heb lange tijd in het bedrijfsleven gewerkt voor grote bedrijven. Samen met een vriend heb ik een bedrijf opgericht, maar ik haalde er geen voldoening uit. En toen hij er met het geld vandoor ging, kon ik twee dingen doen. Of nooit meer iemand vertrouwen of uitgaan van het goede van de mens en de mensen helpen die hulp nodig hebben.'

'Aha.'

'Weet je, er zijn veel jongens op straat die ik help. Soms vraag ik ze om een tientje te wisselen, en ze komen eigenlijk altijd terug met het juiste wisselgeld.'

Ik trek mijn wenkbrauw op. 'Dus je wordt nooit door ze opgelicht?'

'Ach, tuurlijk wel af en toe. Maar voor die ene keer dat ik geld verlies, hoop ik dat er een boel jongens iets beter in het leven staan. De meeste mensen zijn gewoon eerlijk, moet ik dan door die ene persoon het vertrouwen in de rest verliezen?'

'Nee, dat denk ik niet.'

'Precies. Luister. Ik heb hier een douche die je mag gebruiken. Je kunt de handdoek op tafel pakken en de kleren, ze zijn schoon.'

'Douchen?'

'Ja, ik kan me voorstellen dat je dat al een tijd niet gedaan hebt.'

'Ik... ik weet niet of ik wel wil douchen,' stamel ik. 'Het doet heel veel pijn.'

'Dat weet ik, maar je moet voor jezelf blijven zorgen. Hoelang is het geleden dat je je schoenen voor het laatst uit hebt gedaan?'

Ik denk even na. 'Dat moet een paar maanden terug zijn.'

'Dan zullen je voeten er niet best aan toe zijn,' zegt Wim.

Ik blijf zitten. Wim staat op en legt zijn hand op mijn schouder.

'Kom, je zult je er echt beter door voelen.' Wim pakt de spullen van tafel.

Langzaam loop ik achter hem aan richting de badkamer. Hij legt de spullen neer op een krukje, wil weglopen en bedenkt zich dan.

'Wacht, geef me wel even je drugs. Je krijgt ze straks terug, maar ik wil niet dat je daar gaat gebruiken.'

'Die zitten nog in mijn jas,' zeg ik.

'Prima,' zegt hij en dan loopt hij de deur uit. Ik vind het maar een vreemde situatie, en ik weet niet of ik het helemaal moet vertrouwen, maar de badkamer ziet er normaal en schoon uit. Ik zie geen gekke dingen als een verborgen camera of zo.

Langzaam pulk ik de veter van mijn schoen los. Ik trek de schoen over mijn hiel en ruik dan mijn vuile zweetsokken. Ik word er bijna onpasselijk van en ik hoop dat de geur niet buiten de badkamer komt. Ik stroop de bebloede sokken langzaam van mijn voeten af en bijt op mijn lip om geen geluid te maken. Met elke laag die ik verwijder, komen er meer geuren los. Ik gooi de sokken in een hoekje.

Fúcking gore sokken. Aan mijn voeten hangen allemaal losse vellen, eelt en blaren. Mijn voeten zijn helemaal gerimpeld alsof ze uren in een bad hebben geweekt. Aan de zijkanten zitten gele eeltpitten. Ik knijp mijn ogen op elkaar en probeer niet aan de pijn te denken.

Denk aan dope.

Gauw stap ik de douche in en sop ik mezelf van top tot teen in met douchegel en shampoo. Mijn benen beginnen te trillen. Dope. Ik kan niet wachten om weer sokken en schoenen aan te doen, ook al zijn ze dan nat en te klein.

Wanneer ik klaar ben met douchen, loop ik op mijn blote voeten terug naar de huiskamer. Tussen het stapeltje kleding zaten geen schone sokken.

'Ga hier even zitten,' zegt Wim terwijl hij naar een stoel gebaart. Gehoorzaam ga ik zitten met mijn voeten plat op de grond. Ik voel me ongelooflijk naakt met mijn gore poten zo in het zicht.

'Sorry, mijn voeten zien er niet uit. Heb je misschien ook sokken?'

Wim negeert mijn vraag. 'Laat me eens kijken.'

Hij knielt op de grond en pakt mijn voeten vast. Van de schrik trek ik mijn voet weg.

'Rustig, Patrick. We gaan je voeten verzorgen.' Hij pakt opnieuw een voet vast.

Wim pakt er een vijltje bij en begint zacht mijn voetbed te vijlen. Kleine velletjes laten los en vallen op het tapijt.

'Au,' zeg ik. 'Au! Sorry.'

'Je hoeft geen sorry te zeggen. Ik kan me voorstellen dat het pijn doet.'

Met een engelengeduld begint hij weer voorzichtig door te vijlen, over mijn hielen, mijn voetbed, mijn tenen. Ik staar naar de muren, om mezelf iets af te leiden van de pijn. Het brandt verschrikkelijk, maar het lucht ook op, alsof er ook wat van mijn pijn langzaam loslaat en verdwijnt.

Dan geeft hij me een nagelschaartje aan. 'Knip je nagels even, voor je het weet groeien ze in.'

Ik doe wat hij zegt. Wim staat op en loopt de kamer weer uit.

Hij komt terug met een blikje uierzalf. Het deksel glimt van het vet, dus hij heeft een oude theedoek nodig om hem te kunnen openen. Hij smeert mijn voeten ermee in. Ze tintelen een beetje. Ze zijn glad en vettig. Ik wiebel ze heen en weer, als een kind met nieuwe schoenen.

'Passen je schoenen wel of zijn ze te klein?'

'Ze passen niet echt, ik heb ze uit een kledingcontainer gepakt,' beken ik. Mijn eigen schoenen waren al versleten toen ik op straat belandde, dus alles wat ik gratis kan regelen, dat gebruik ik, ook al past het niet.

'Wat is je maat? Dan regel ik wat voor je. Ik geef ze de volgende keer als je bij de Pauluskerk bent.'

'Dank je wel,' zeg ik.

Wat hij doet heeft nog nooit iemand voor me gedaan.

27

Ik zit in een steegje verscholen achter een grote vuilniscontainer met een blik bier en mijn basepijp. Het is druk op straat vandaag, dus er moet goed geld te verdienen zijn, maar mijn lichaam voelt als aan de grond vastgezogen. Bij iedere beweging protesteert ieder ledemaat dat ik heb.

Volgens mij begint er zo meteen een grote voetbalwedstrijd. Supporters met NAC-shirts en Feyenoord-shirts lopen gehaast door het centrum en gooien hun lege bierblikjes op straat. Ze dragen grote vlaggen, waarmee ze zwaaien, en zingen schreeuwerig hun voetballiedjes. Overal klinken luide toeters. De sfeer vandaag is drukkend, alsof de mensen zelf onder hoogspanning staan.

Als ik mijn crack heb opgerookt, ga ik weer de straat op richting het Kruisplein. Ik ga op de plek staan waar veel mensen vanaf het station en uit de trams langskomen.

Een echtpaar komt tot stilstand en maakt aanstalten om hun portemonnee te pakken. Ze geloven mijn ambassadeverhaal, of het maakt ze niet uit dat ik lieg.

'*Thank you,*' zeg ik.

'Hé, jij bent het. Klootzak!' hoor ik ineens achter me.

'Fucking zwerver. Jij gaat fucking klappen krijgen.'

Ik draai me om en zie een grote vent met een kaal hoofd. Ik ken hem ergens van. De man stapt op me af en zijn vrienden, die er niet veel gezelliger uitzien, komen achter hem aan. Ik stap langzaam achteruit, maar binnen een paar tellen staat er nu een groep van een stuk of vijftien grote kale mannen voor me.

'Waar heb je het over? Ik ken jou helemaal niet,' zeg ik. Ik zie een ader kloppen in de nek van die gast.

'Jawel, jij was zogenaamd Engels. En je had geld nodig voor de ambassade. Geef me dat fucking geld terug, gore leugenaar.' Hij spert zijn ogen wijd open, waardoor de huid van zijn kale voorhoofd een beetje naar achter trekt.

'Ik weet echt niet waar je het over hebt.' Mijn stem trilt verschrikkelijk. 'Je... je verwart me denk ik met iemand anders.' Jezus, het lukt me gewoon niet om mijn stem onder controle te krijgen. Er loopt een stoet voorbij met rode stadionfakkels. Alles wordt rood en mistig voor mijn ogen.

'Speel geen spelletjes met mij, fucking, fucking zielige zwerver. Ik zie toch dat je gore kleren aanhebt.' Hij zet een stap naar voren en laat zijn hoofd, als een briesende stier, vlak voor het mijne zweven. Ik voel de adem uit zijn neusgaten op mijn gezicht, heel snel, in en uit, in en uit. Zijn pupillen zijn groot. Die gast zit sowieso aan de coke, denk ik.

Hij geeft me een zet en ik begin te wankelen. Ik ben echt niet klein, maar wel maar de helft zo breed als deze man. Ik heb ook niet veel vlees meer op de botten om me te beschermen. Het bloed stijgt naar zijn hoofd, en hij wordt roder en roder. Hij geeft me nog een duw, nu een stuk harder dan net.

Ik draai me om en probeer weg te rennen, maar mijn voeten doen zo'n pijn dat ik niet hard vooruit kom. Na een paar meter hebben ze me al ingehaald. Een hand grijpt me vast aan mijn jas en slingert me op de grond. Ik schuif over de ruwe tegels en haal mijn handen open. Iemand trapt me in mijn ribben. Een ander in mijn rug. Iemand schopt me in mijn gezicht en trapt daarbij een paar tanden los. Ik tuf ze uit, kwijl en bloed lopen uit mijn mondhoeken. Ik voel een trap tegen mijn benen, en ik weet niet meer waar verder nog meer. Ze duiken allemaal op me als agressieve bloedhonden. Ik hoor ze kreunen en zwaar ademen.

Met mijn armen probeer ik mijn gezicht te beschermen terwijl ik opgekruld met mijn knieën tegen mijn borst op de ruwe stoeptegels lig. Ik voel het profiel van hun schoenen in mijn gezicht. Een van de jongens filmt het tafereel met een camera. Iemand trapt me tegen mijn achterhoofd, en op het moment dat ik mijn armen in een reflex daarnaartoe beweeg, trapt een ander me vol in mijn gezicht. Mijn huid springt open en ik voel het bloed over mijn voorhoofd lopen, over mijn oogleden, door mijn tranen.

En dan ineens wordt alles stil. De harde stemmen verdwijnen naar de achtergrond. Ik voel hun trappen niet meer, alleen nog het harde geklop van alle pijnlijke plekken.

Ik denk dat ze weg zijn, maar misschien ben ik er zelf wel niet meer.

28

‘Arbeid!’ roept de bewaarder terwijl hij met zijn knuppel tegen de cellen tikt. Elke dag hebben we dezelfde routine. Ik sta op na een volledige nacht geslapen te hebben, krijg wat te ontbijten en moet dan aan het werk. Geen enkele nacht hoef ik na te denken over waar ik hem veilig kan doorbrengen, elke dag heb ik genoeg te eten. Onze deuren worden geopend, en ik ga aan het werk in de werkruimte. Ik tel de schroefjes door ze af te wegen. Eerst leg ik ze op een weegschaal en als het gewicht klopt, stop ik ze in de verpakking. Het is een haast meditatieve handeling. Schroefjes pakken, afwegen, schroefjes erbij pakken of juist weghalen, afwegen, schroefjes in de verpakking. Dag in, dag uit, elke ochtend hetzelfde ritme.

Van de periode nadat ik in elkaar ben geslagen kan ik me weinig herinneren. Alles is een waas. Ik geloof niet dat ik naar een ziekenhuis ben gegaan of een straatarts heb gezien. Maar misschien ook wel, ik heb geen idee meer.

Over een paar dagen zal ik voor het eerst sinds zeven jaar nuchter zijn. Drie maanden geleden ben ik naar de gevangenis in Ter Apel gestuurd. Zes maanden heb ik gekregen voor een opeenstapeling van boetes, openbaar dronkenschap, fietsendiefstallen, en weet ik wat nog meer. Nu zijn de artsen de methadon aan het afbouwen. Ik ben er een beetje bang voor, het middel helpt me om beter te slapen ’s nachts en ik weet niet wat er gebeurt als ik weer heel veel zin in dope krijg. Ik heb geen idee meer wie ik ben als ik nuchter ben.

Toen ik werd gearresteerd, zat ik even in de cel in Rotterdam omdat ze me op straat betrapten toen ik aan het roken was. Ze riepen dat ik naar de administratie moest komen. Iedereen weet dat de administratie nooit een goed teken is. Ik liep het hok in en via het schuifraampje werd me medegedeeld dat er nog heel wat maanden van me openstonden. Oftewel, dat ik een aantal maanden de bak in moest. En dus werd ik naar Ter Apel geëscorteerd.

Ik voel de verslaving minder hier, misschien doordat ik totaal afgescheiden leef van mijn leven op straat. Ik heb zelfs een oogje op een van de cipiers, een mooie, blonde vrouw. Die gevoelens krijg ik ineens weer nu ik niet meer onder invloed ben. Ze is erg lief en geeft me tips over cd's en boeken uit de bibliotheek. De geluiden van de werkplaats brengen me tot rust, en ik geniet zelfs van de oppervlakkige gesprekken die ik met mijn medegevangenen voer. De dieven, dealers en moordenaars ontwijk ik zo veel mogelijk. Sommigen scheppen op over hoe ze hun drugs naar binnen smokkelen en dan moet ik aan pa denken, die altijd vertelde over de gevangenen tijdens zijn werk als bewaarder en de drugs die ze naar binnen smokkelden. Aan pa denk ik sowieso veel hier. Misschien komt het door de omgeving, misschien komt het omdat ik niet meer gebruik. Ik ben bang om de gevangenis straks te verlaten. Bijna alsof ik weer van thuis wordt weggestuurd, en daarbuiten heb ik niks om terug naartoe te gaan. Daar ligt alleen de straat op me te wachten. Dat is de enige zekerheid.

Ik weet wel, dat wat ik ook ga doen, ik iets moet met het feit dat ik zoveel aan pa denk. Hoe zou het met hem gaan? Misschien is hij tegenwoordig wel van de drank af. Misschien wil hij mij heel graag spreken, heeft hij geen idee of ik nog leef of niet. Misschien wil hij me wel helpen als ik uit de gevangenis kom. Misschien kunnen we samen nuchter blijven. Misschien, misschien, misschien. Daarom heb ik een maatschappelijk werker gevraagd of ze het nummer van pa kon achterhalen.

Vandaag ga ik bellen. Ma durf ik niet te spreken, maar ik hoop ergens dat pa het begrijpt. Ik heb het gesprek al wel duizend keer in mijn hoofd afgespeeld. De ene keer scheldt hij me uit voor rotte vis, noemt hij me een schande, en vraagt me hoe ik dit alles toch heb kunnen doen, en het andere moment blijft hij rustig en zegt hij dat alles wel goed komt. Dat we er samen uit zullen komen.

Mijn hand trilt een beetje als ik bij de telefoon in de gang sta. Ik had allerlei zinnen in mijn hoofd, die ik als een script had gerepeteerd, maar ik ben alles vergeten. En de dingen die ik nog weet, klinken ineens ongelooflijk stom. Waar begin ik überhaupt?

Ik stop wat muntjes in de gleuf en tik het nummer in. De telefoon lijkt eindeloos over te gaan, maar als ik de moed verloren heb en wil ophangen, wordt er eindelijk opgenomen.

'Met Toon van der Jagt,' klinkt het een beetje koel aan de andere kant van de lijn.

'Pa, met Patrick.' Ik zeg het een beetje zacht. Er kleeft een nare smaak aan mijn eigen naam.

'Met wie? Patrick?'

'Ja.'

'Het is niet te geloven. Hoe gaat het met je? Waar bel je vandaan?'

'Uit de gevangenis.'

'Godverdomme zeg. Anton denkt dat je op straat leeft. Klopt dat?'

'Dat klopt.'

'Jezus Christus.'

'Ik kan niet lang bellen. Zal ik anders eens langskomen, als ik vrijkom?'

'Dat is goed. Bel me maar als je vrijkomt. Heb je mijn adres?'

'Nee.'

Hij geeft me zijn adres en ik herhaal het in mijn hoofd zodat ik het niet vergeet.

'Ik moet hangen,' zeg ik.

'Oké, ik hou van je.' Dat zei hij vroeger ook altijd als hij dronken was. Ik hoop dat hij nu nuchter is als hij het zegt.

'Ik... ook van jou, pa.' Die woorden krijg ik bijna niet mijn strot uit. Ik weet ook niet of ik ze wel meen.

29

Voor de laatste keer gaat mijn celdeur open. Vandaag ben ik weer vrij en sinds twee weken volledig van de methadon af. Een ander zou gezegd hebben dat hij of zij naar huis mocht, maar dat ligt in mijn geval wat lastig. Ik weet dat ik terugga naar Rotterdam, ik weet niet wat ik anders moet. In principe zou ik natuurlijk overal heen kunnen. Dat is mijn vrijheid, maar toch voelt Rotterdam als de enige mogelijkheid.

'Goedemorgen, Patrick. Het zit erop,' zegt de bewaarder opgewekt.

Ik lach even. 'Eindelijk.'

Hij zet een dweil en een emmer neer. 'Maak je cel nog even goed schoon. Dan kun je straks je spullen ophalen.'

Ik zet het raam open en zet het matras rechtop neer, zodat dat kan luchten en haal een dweil door de ruimte.

Als ik klaar ben, loopt de bewaarder een rondje door mijn kamer om te controleren of ik niets gejat heb. Het bestek, de radio, de televisie, de batterijen in de afstandsbediening, alles is er nog.

'Het ziet er netjes uit,' oordeelt hij.

We lopen samen naar de administratie. Het is zo'n hokje met een glazen wand. Ze geven me mijn rugzak vol vuile kleren terug en een plastic zakje met mijn aansteker, basepijp en heroïnebuisje. Ik ruik de heroïnegeur meteen en schrik ervan. Volgens mij zat er nog een restje in.

Ik vind het vreemd dat ze het niet in beslag genomen houden.

Ze doen niet eens alsof ze willen dat ik clean blijf. Ik stop het zakje achter een rits in mijn rugzak. Maar ook al zie ik het niet meer, ik ben me steeds bewust van de aanwezigheid ervan. Het lukte me lange tijd om het verlangen weg te stoppen, maar het is nu weer wakker geworden. Ik weet dat ik het niet moet doen. Misschien wil ik het ook niet eens. Maar ik weet ook niet wat ik anders moet. De vrouw van de administratie steekt me ook wat geld toe.

'Voor het treinkaartje.'

'Dank je wel,' mompel ik. 'Was dat alles?'

De vrouw knikt. 'Het ga je goed!'

Samen met drie anderen verlaat ik de gevangenis en lopen we rechtdoor over een lange weg, langs allerlei nieuwbouwhuizen. Ik haal diep adem en snuif de frisse lucht op. Het is gek om weer in de verte te kunnen kijken, om landschappen te zien in plaats van hoge muren. Met iedere stap die ik verder verwijderd raak van de gevangenis, word ik een tikje nerveuzer. Want ik weet wat er op me wacht.

'Gaan we eerst naar een supermarkt?' vraagt een van de anderen.

Na een minuut of tien kom ik een kruispunt met een brug tegen waar een vrouw staat.

'Weet u waar een supermarkt is?' vraag ik.

'De brug over, naar rechts, de weg volgen en dan aan het einde van die weg naar links.'

Ik steek mijn hand op en we lopen weg. 'Dank u!'

In de supermarkt kopen we allemaal een sixpack bier. Ik reken af met het geld dat ik voor de trein heb gekregen. Voor de supermarkt is een klein kanaal met een kade waaraan we kunnen zitten. Het is een beetje fris, het is ook pas maart, maar de zon schijnt. Aan de overkant van het kanaal staan allerlei vrijstaande huizen in Oudhollandse stijl. Ik trek het lipje van mijn blik bier open. We proosten en nemen grote slokken. Het lauwe koolzuur tintelt in mijn slokdarm en stijgt meteen naar mijn hoofd. Ik word er een beetje duizelig van, maar ik vind het heerlijk. Na een paar grote slokken is het blik leeg. Ik knijp hem plat en open het volgende blikje.

Na mijn derde blikje voel ik me al flink aangeschoten. Ik ben een beetje wazig, maar mijn stemming is top. Ik ben weer vrij. Om het te vieren pak ik mijn heroïnebuisje erbij. Ik verhit de restjes die er nog in zitten en rook de dampen op. Na zes maanden niks gerookt te hebben, word ik hier al heerlijk high van.

30

De oude Fiat Panda rijdt midden in de nacht door de straten van Rotterdam. Het is de auto van een klant. Sinds ik weer terug ben in Rotterdam, heb ik mijn oude leventje opgepakt. Misschien is dat zo eenvoudig, omdat het leven hier altijd stilstaat. Je kunt er altijd zo weer instappen.

Het ruikt een beetje muffig in de auto, dus de bestuurder heeft de ramen opengezet. Ik krijg het er koud van. De man heeft een nogal ongezond gewicht en past amper op zijn stoel. Hij kijkt geërgerd voor zich uit, alsof hij mij tegen zijn zin een enorm plezier doet. Ik denk niet dat hij uit de kast is als homoseksueel. Misschien is hij het ook niet eens, maar is hij zo wanhopig dat hij het met een man moet doen. Soms kiezen ze ons, omdat we goedkoper zijn dan vrouwen. De vrouwen zijn slimmer, weten beter hoe ze mannen moeten verleiden, ze afhankelijk maken, om er zo meer geld uit te krijgen. Ik staar naar buiten en probeer mijn gedachten uit te schakelen.

'Je stinkt.' De man trekt een zuinig mondje. Jij ook, denk ik, maar ik zwijg en draai mijn hoofd naar het raam. Ik wil niet naar hem kijken, het liefst wil ik zo min mogelijk van dit soort mannen zien, zodat ik ze ook het makkelijkst weer vergeet. Eigenlijk moet ik echt slapen, alleen ik heb die tijd nodig om geld te verdienen. Ik weet niet wat er gebeurt als ik morgen ziek word.

'Dus je moet eerst douchen. Anders vind ik je echt te ranzig om aan me te zitten met die vieze poten van je.' Hij glimlacht. Ik zucht in stilte.

'Prima,' zeg ik. Ik doe heel erg mijn best om vriendelijk te blijven, maar soms vind ik het verdomd lastig. Deze man heeft de hele dag al bij de Rozentuin rondgehangen, de plek waar ik tegenwoordig sta nu Perron Nul niet meer bestaat, en heeft met de andere jongens en mij een onderhandelspelletje gespeeld. 'Hoeveel voor pijpen? En aftrekken?' vroeg hij. En als je dan je prijs noemde, reed hij een paar meter verder en vroeg hij het aan de volgende jongen. Vervolgens vertrok hij, kwam terug, en ging hij weer door met het spelletje. Hij probeerde zijn besluit zo lang mogelijk uit te stellen. Ik merkte aan alles dat dit een soort voorspel voor hem was, waarin hij kon laten zien hoeveel macht hij wel niet over ons had. Degene die hij zou kiezen – de goedkoopste natuurlijk – zou de o zo gelukkige uitverkorene zijn. Ik denk dat hij van die positie al bijna klaarkwam in zijn broek. Kotsmisselijk word ik van dit soort mensen, maar nog misselijker word ik van de afspraak die we hebben gemaakt. Twintig euro. Meer kon ik niet loskrijgen, en dat is sowieso de bittere realiteit. Ik ben te verloederd voor de rijkere, en meestal ook, vriendelijkere klanten. Aan het begin was het nog een makkelijke manier om aan geld te komen, toen ik zelf enigszins de touwtjes in eigen handen had, maar de types tegen wie ik vroeger nee zei, zijn nu de enige die mij nog willen. Ik trek het eigenlijk niet meer. Mijn lichaam is altijd van een ander, of van een klant, of van de verslaving.

De man slaat rechts af, we rijden richting Rotterdam-West. Hij parkeert in een straat met een lange reeks appartementengebouwen. De man inspecteert de straat, ik denk om te kijken of er geen bekenden de hond aan het uitlaten zijn of zoiets, en wenkt me dan om uit te stappen. Als we in het huis zijn, doet hij zonder iets te zeggen de deur naar de badkamer open en gaat zelf in een uitgezakte leren fauteuil zitten. De douchecabine ziet eruit alsof die in geen jaren is schoongemaakt. De schimmel staat in de voegen en ik kan amper door de glazen wand kijken vanwege de kalkaanslag. Ik vraag me af of ik hiervan schoner word, maar ik gehoorzaam hem braaf en stap de douche in.

Hij heeft me geen handdoek gegeven, dus ik veeg mezelf af met mijn shirt en stop dat in mijn rugzak. Als ik de badkamer uitkom, zit hij al klaar met zijn broek op zijn knieën. Gelukkig wil hij er ook geen lange zit van maken. Met een beetje geluk sta ik over vijf minuten weer buiten.

'Heb je een condoom?' vraag ik als ik voor hem sta.

'Dat gaan we niet doen,' zegt hij. Hij kijkt me strak aan. Zijn kleine ogen verdwijnen een beetje in zijn opgeblazen gezicht.

'Alsjeblieft, ik wil het niet zonder doen.'

'Dan krijg je je geld niet.'

Met alles wat ik in me heb, probeer ik vriendelijk te blijven, maar vanbinnen ontplof ik. Die gore klootzak weet hoe afhankelijk ik ben van zijn geld en daar maakt hij misbruik van. Een stem klinkt in mijn hoofd: maakt het dan nog iets uit? Wat maak je jezelf nog wijs? Dat je een schone, exclusieve hoer bent? Doe je werk, verricht de daad, en maak dat je zo snel mogelijk wegkomt uit dit vreselijke hol.

'Oké, dan,' zeg ik terwijl ik op mijn knieën ga zitten en mijn hoofd naar hem toe buig.

'Braaf,' zegt hij.

Ik sluit mijn ogen. Even doorbijten, even doorbijten, even doorbijten. Straks ben ik weer even verlost. Zijn kleine vingers drukken op mijn hoofd, en duwen mijn gezicht naar zijn penis. Even doorbijten.

31

De tropische vogels krijsen luid. Boven hun verblijven zijn netten gespannen zodat ze niet weg kunnen. Wim heeft me meegenomen naar Blijdorp. Hij heeft een Rotterdampas voor me geregeld, zodat ik mee kon naar de dierentuin. We hebben allebei een camera vast, ik mocht er een van hem lenen. Wim heeft een abonnement op de dierentuin en maakt er bijna elke dag wel een ommetje. Het is zijn uitlaatklep als hij niet voor anderen zorgt. Ik voel me een beetje vreemd hier in de dierentuin, alsof ik hier niet zou mogen zijn. Ook het fotograferen kost me moeite, ik kan me niet goed concentreren, maar toch voelt het goed. Alsof alles gewoon normaal is, en ik gewoon een normaal persoon ben die met zijn vader een dagje uit is. Wim is druk aan het klikken en laat me regelmatig zijn schermpje zien.

'Kijk 's. Die is goed, hè,' zegt hij. Op het beeld staat een pelikaan die met zijn snavel naar de hemel reikt.

'Goed, hoor,' zeg ik.

'Hoe gaat het bij jou?' vraagt hij.

Ik haal mijn schouders op. 'Mwah. Ik ben er niet zo goed in.'

'Dat zit allemaal tussen je oren. Als je iets wilt leren, kun je alles wat je maar wilt. Als je maar je best doet.'

'Heb jij eigenlijk geen vrouw of kinderen?' vraag ik. In zijn huis heb ik nergens sporen gezien van een vrouw, buiten zijn moeder dan.

'Nee, ik ben redelijk op mezelf. Kom, we gaan naar de gorilla's toe,' zegt hij. Onderweg stopt hij even bij wat kleinere aapjes die van boom naar boom springen.

'Ik snap het nog steeds niet.'

Wim kijkt me vragend aan.

'Waarom help je hopeloze gevallen zoals ik?'

'Ik denk dat veel mensen zoals jij in de ellende belanden omdat ze geen vertrouwen meer hebben in zichzelf of in de toekomst. Ik wil ze laten zien dat er altijd mensen zijn die om ze geven en dat ze altijd een keuze hebben om een ander pad in te slaan.'

'Ik denk niet dat ik nog een keuze heb,' zeg ik.

We staan bij de reling en kijken naar de gorilla's. Ze bewegen zich onbekommerd in hun domein. Voor hen is de wereld niet groter dan dit afgebakende stukje. Ze kennen niet meer dan hun soortgenoten, de verzorgers en de mensen die ze dag in, dag uit begluren. De meeste zullen hier geboren zijn en zullen hier sterven. Misschien dat ze weleens naar boven turen en een vogel zien overvliegen, of dat er eens een merel, meeuw of duif naast ze landt, en dat ze dan doorhebben dat er meer is dan de wereld van hun hok. Mijn wereld is nog kleiner, terwijl ik niet vastzit in een hok. Toch ijsbeer ik elke dag in dezelfde rondjes, van geld verdienen, naar de dealer, naar de dope. Ik gijzel mijn eigen lichaam.

'Tuurlijk heb je dat wel.'

'Mijn vader gaf niks om mij, en dat was mijn vader nota bene. Hij geeft alleen maar om zichzelf.'

'Misschien heeft hij ook nooit iemand gehad die voor hem zorgde. Zou je hem niet eens willen opzoeken? Om te vertellen wat je allemaal dwarszit, zodat je verder kunt.'

'Ik heb hem laatst gebeld toen ik in de gevangenis zat,' zeg ik. Toen ik nuchter was, had ik weer moed gevonden om contact met hem op te nemen. Nu ik weer vol aan het gebruiken ben, durf ik het niet meer. Mocht het er echt van komen dat ik hem weer zou zien, dan wilde ik in ieder geval nuchter zijn. Dat zit er nu niet meer in.

'En?'

'Hij leek blij om me te spreken.'

'Misschien heeft hij ook wel spijt, net als jij.'

'Ik weet het niet. Ik kan daar toch niet zo als junk aankloppen?'

'Ik zou altijd liever hebben dat je wel bij me aanklopt, ook al gaat het niet zo goed met je, in plaats van dat je wacht tot het goed met je gaat. Denk je niet dat je vader daar ook zo over denkt?'

'Geen idee.'

'Wist je dat ik ook contact heb met een moordenaar uit de Verenigde Staten die vastzit? Hij zal de doodstraf krijgen. Ieder mens heeft steun en begrip nodig, wat voor slechte dingen je ook gedaan hebt. Dat geldt net zo goed voor jou en voor je vader.'

Ik krijg een bittere smaak in mijn mond.

'Ik zal erover nadenken.'

Die avond heeft Wim een tafel geregeld in een restaurantje. In het midden van de tafel staat een klein kaarsje. Gek genoeg lijkt Wim zich niet te schamen dat hij hier met een zwerver zit. Voor hem ben ik net als ieder ander, of zo lijkt het in ieder geval. We bestellen allebei stamppot met gehaktbal. Als de serveerster de borden op tafel zet, vouwt Wim zijn handen ineen en begint hij te bidden. Wanneer hij klaar is, pak ik mijn vork en mes en schrok ik zo snel als ik kan alles naar binnen. De aardappels en het vlees zijn gelukkig zacht, waardoor ik het goed kan eten. Nadat ik mijn hap heb doorgeslikt, duw ik zachtjes met mijn tong tegen een kies, die al een paar dagen loszit en al weken ontstoken is. Ik vraag me af wanneer ik die ook ga verliezen.

Wim geeft me een plastic tas. Ik pak hem aan en haal er een pakje shag en een paar schoenen uit.

Er springen tranen in mijn ogen. Het flikkerende kaarsje voor ons wordt wazig.

'Dank je wel.'
'Zeg, geloof jij, Patrick?'
'Nee. Jij?'
Wim begint te lachen. 'Ik geloof het wel.'

32

Ik wiebel een beetje onrustig op mijn voeten op en neer voor de gele deur van het flatgebouw in de Bijlmer. Ik ben er nog steeds niet van overtuigd of ik ga aanbellen of niet. Als ik nu terugga naar Rotterdam, en weer verdwijn in de anonimiteit van het zwerversbestaan, is alles nog precies zoals het was. Dan is vandaag gewoon een dag zoals alle andere, en dan is er gewoon weer een dag voorbijgekropen in de jaren dat ik pa niet heb gezien. Wim heeft me keer op keer gezegd dat ik wel bij pa langs moet gaan. Wim heeft in zijn huis een aparte kamer ingericht waar jongens zoals ik mogen slapen als we in nood zitten. Dat wil ik eigenlijk niet, ik wil hem niet te dicht bij me hebben. Ik wil niet opnieuw iemand in mijn leven hebben die teleurgesteld in me zal raken. Soms laat hij me daar zelfs gebruiken, ook al is hij zelf heel erg tegen drugs.

Misschien heeft Wim ook wel gelijk. Er is iets veranderd sinds ik pa's stem in de gevangenis gehoord heb. Ik móét met hem praten om verder te kunnen. Als ik durf aan te bellen, ga ik hem vertellen wat ik allemaal heb gemist in mijn jeugd, en ik wil hem vragen of hij doorheeft wat voor egocentrische zak hij is geweest. Of juist niet, misschien moet ik het allemaal laten rusten en hem vragen of hij me wil helpen. Ik heb eigenlijk geen idee wat ik ga doen, als ik straks oog in oog met hem sta.

Ik ga aanbellen.

Vastberaden stap ik op de voordeur af, en druk ik op de bel waar zijn naam bij staat.

'Het is Patrick,' zeg ik. Ik krijg geen antwoord, maar de buzzer laat me binnen. Ik loop de trap op naar de derde verdieping. De voordeur staat al op een kier. Ik hoor wat geschuifel, en als ik de deur open zie ik pa staan.

'Ha, Patrick, kom binnen,' zegt hij. Hij wuift met zijn hand naar binnen en draait zich om terwijl hij door de gang zijn huiskamer in loopt. 'Ik had je niet verwacht eigenlijk.'

'Sorry, ik had moeten bellen,' zeg ik.

'Maakt niet uit.'

Hij draagt nog steeds dezelfde wollen sloffen met houten hak, die we als kinderen vaak moesten ontwijken als we hem irriteerden. Hij is oud geworden.

'Biertje?' vraagt pa. Hij glimlacht naar me, en diep vanbinnen voel ik me weer een blij kind. Zijn ogen zijn rood en glazig.

'Ja, lekker,' zeg ik. Hij kreunt terwijl hij iets door zijn knieën gaat om een flesje te pakken. Op zijn kleine eetkamertafel is al een gevuld borrelglaasje te zien. De woning staat vol meubels die ik niet ken. Verschillende warm oranje houten kastjes en rieten stoelen met verkleurde kussens, een oude glazen lamp, een spiegel met zilveren lijst, niks past echt bij elkaar.

Hij duwt het flesje in mijn hand en loopt naar de bank, waar hij op neerploft. Ik snap het gewoon niet. Hij had een huis, een gezin, een baan, en hij heeft het allemaal verloren vanwege zijn verslaving. Hij had toch al die dingen om voor te leven? Hoezo was dat niet voldoende?

'Hoe is het met je?' vraagt hij. Het voelt eerder als een beleefdheidsvraag, dan dat hij er oprecht in geïnteresseerd is.

'Goed, hoor,' lieg ik. 'En met jou?'

'Alles goed,' zegt hij. Pa nipt van zijn jenever. Ze branden op mijn lippen, alle boze woorden. Maar ik durf het niet. Ik ben bang dat hij me zal haten als ik ze uitspreek. Nog meer dan hij nu al doet.

'Hoelang is het geleden?' vraagt hij.

Pa neemt een flinke slok. Zijn hand laat het glaasje niet los.

'Ik denk een jaar of tien. Ik weet het niet precies meer.' Met iedere slok bier die ik zelf drink, slik ik alles in wat ik van plan was te zeggen.

'Ik ook niet,' zegt hij.

Nog een slok, hij krijgt een rode blos op zijn gezicht.

'Je leeft op straat, is het niet?' vraagt hij.

Zijn glaasje is leeg.

'Ja, dat klopt.'

'Kun je nog een borrel voor me pakken? Het lukt me niet meer zo goed om op te staan uit deze bank.'

Ik sta op, pak de fles jenever voor hem en een biertje voor mezelf.

'Ik zet even het nieuws op, dat begint zo.' Hij pakt de afstandsbediening en zet de televisie aan op Nederland 1. We kijken zwijgend naar de televisie. Het halfuur kruipt langzaam voorbij. Pa vult zijn glaasje nog eens bij tijdens het nieuws. Ik denk niet dat ik nog de moed kan vinden om hem met wat dan ook te confronteren. Er is vroeger zoveel gezegd en gebeurd, dat ik ook eigenlijk niet zou weten waar ik moet beginnen.

'Wat een nieuws, hè, over de vuurwerkramp in Enschede,' begint hij als het nieuws voorbij is.

'Ja, vreselijk. Hoeveel doden waren er nou?'

Hij gaat iets onderuit zitten en zet voor het eerst zijn glaasje weg. 'Wel tweeëntwintig. Verschrikkelijk.'

Het blijft even stil. Ik heb geen idee wat ik moet zeggen of hoe ik me moet gedragen in deze situatie. We zijn twee vreemden geworden, maar met één gemene deler.

'Zullen we blowen?' vraag ik ineens.

Hij begint te lachen. 'Prima,' zegt hij.

Ik haal de joint uit mijn broekzak en steek hem aan. Ik neem een trekje en geef hem aan pa. We roken de joint samen op, en praten over niets van wat ik mezelf voorgenomen had. Sterker nog, we praten sowieso nergens over. Misschien is het ook maar beter zo. Het leven rust al zwaar op zijn schouders. Dat voel ik.

Als de joint op is, durf ik het toch te vragen.

'Mag ik hier slapen?'

Stilte.

'Ik kan nergens heen,' probeer ik.

Er is angst in zijn ogen te lezen nu.

'Alsjeblieft, pa, ik zou zo graag eens binnen slapen vannacht.'

Pa staat op en loopt richting de voordeur. 'Patrick, ik kan je niet helpen. Je moet gaan.'

En dan realiseer ik me, voor hem was dit geen weerzien, maar een afscheid.

33

De rij voor de Pauluskerk is al flink lang, ook al is het nog vroeg in de ochtend. We staan allemaal ongeduldig te wachten tot de grote houten deur opengaat, tot we rustig wat bij de dealer mogen halen en de gebruikersruimte in kunnen. Tot we even mogen roken zonder over onze schouder te hoeven kijken. Voor de deur staat een soort uitsmijter.

De deur wordt geopend door een van de vrijwilligers. Een aantal mensen mogen naar binnen. Er ontstaat wat rumoer, en ineens zie ik vooraan Jimmy staan. Hij wordt geweigerd door de uitsmijter. Ik vang op dat hij geen pas heeft om naar binnen te mogen. Je moet lid zijn van de kerk om gebruik te mogen maken van de gebruikersruimte en om wat te kopen van de dealer. Alle koppen kijken nu naar Jimmy. De uitsmijter stuurt hem weg. Jimmy schreeuwt iets onverstaanbaars, en komt in mijn richting lopen. Ik probeer de andere kant op te kijken, maar zie vanuit mijn ooghoek dat hij naar me toe komt snellen. Hij trekt me aan mijn capuchon uit de rij. Ik verlies bijna mijn evenwicht, maar blijf gelukkig op mijn benen staan. Jimmy geeft me een duw tegen de muur en met twee handen pakt hij de rand van mijn capuchon vast.

'Ik zweer het, je gaat me wat geven.'

Er heeft nog nooit iemand zo woedend naar me gekeken. Hij is bezeten, bezeten door zijn verslaving. Bezeten door de angst om ziek te worden. En ik snap hem.

'Ik heb niets!' zeg ik.

'Ik ben ziek, maar niet zó ziek. Ik maak je dood als je me niets geeft.'

'Maar ik ga alleen wat wit halen.'

'Je liegt, je liegt, je liegt!' Jimmy pakt een roestige schroevendraaier uit zijn zak en drukt die tegen mijn nek aan. Met zijn andere arm klemt hij me tegen de muur. De deur van de kerk gaat weer open, er mogen weer mensen naar binnen.

'Oké, ik haal wat bruin voor je,' lieg ik. Hij laat me los en ik spring van de muur vandaan. Vlug loop ik naar de deur.

'Als je me laat zitten, dan maak ik je dood!' schreeuwt hij me na. Ik vind hem helemaal gestoord. Natuurlijk ga ik hem niets geven, ik ben hem niets verschuldigd. En als je er een keer mee begint, dan blijft hij je spul stelen, dat heb ik wel gezien bij Kleine Patrick. Op straat geldt het recht van de sterkste, en geef je een keer toe, dan zullen ze je daarna altijd weer pakken.

Zodra ik binnen sta, vertel ik de hulpverleners wat er gebeurd is. Ze zeggen het tegen de uitsmijter en hij stuurt Jimmy weg. Jimmy gooit zijn armen in de lucht, slaat wat wartaal uit, en loopt dan de hoek om tot ik hem niet meer kan zien. Ik haal wat wit en bruin voor mezelf bij de dealer en ga ermee naar de gebruikersruimte. Ik probeer de tijd te rekken, want ik weet heus wel dat Jimmy niet zomaar opgeeft, maar na anderhalf uur moet ik toch vertrekken. Ze willen niet dat je te lang blijft hangen. Nog even haal ik koffie bij de bar, en kijk ik of Wim aan het werk is. Hij is er helaas niet vandaag.

Mijn koffie is op, dus ik moet er nu echt aan geloven. Ik besluit drukke wegen te pakken, zodat de mensen op straat het zullen zien als Jimmy me weer lastigvalt.

Wanneer ik de deur uit stap, zie ik Jimmy gelukkig nergens. Ik loop de hoek om, de Mauritsstraat in. Ineens word ik vanachter beetgepakt en in mijn zij gestoken. In een reflex draai ik me om en hou ik mijn hand op de wond. Jimmy heeft de roestige schroevendraaier in zijn hand. Er zit bloed op. Mijn bloed.

'Ik heb niks!' roep ik. Hij geeft me een harde klap in mijn gezicht. Mijn wang tintelt. Hij geeft me een duw.

'Vuile leugenaar!' gilt hij. Nog een duw. Jimmy rent weg. Nu zie ik wat mensen die eromheen stonden te kijken. Wanneer ze zien dat Jimmy verdwenen is, lopen ze weer door. Ik druk mijn hand op de wond, en er sijpelt bloed tussen mijn vingers door. De stof van mijn jas kleurt een beetje rood. Ik loop naar Blaak. Hopelijk is Jerry er, of een van de andere mannen.

Jerry zit gelukkig op een van de bankjes in de stationshal van Blaak. Hij spert zijn ogen wijd open zodra hij me in de gaten krijgt. 'Wat is er met jou gebeurd?' vraagt hij.

'Jimmy heeft me neergestoken.'

'Wat is het toch een klootzak. Laat me eens kijken.'

Voorzichtig til ik mijn kleren omhoog. Jerry bukt zich voorover en inspecteert de wond. Hij trekt de huid een beetje uit elkaar. Zijn handen zijn vuil, maar dat maakt me niet uit.

'Hij is niet diep gegaan,' zegt hij. Jerry pakt zijn rugzak erbij en graait erin. Hij pakt wat verbandgaas en tape uit zijn tas en geeft die aan mij. Ik plak het gaas op de wond en druk het stevig aan.

34

Het licht in de gang van de Landrover brandt al, zoals altijd. Ik vraag me af of hij ooit slaapt. Het is nog geen zes uur in de ochtend, maar hij is al wakker. Zoals we ooit hebben afgesproken, zorg ik dat er vóór die tijd ben, zodat de buren nog niet op zijn. De meeuwen krijsen al luid en vliegen boven mijn hoofd.

De afgelopen dagen waren zwaar. Mijn wond is flink ontstoken en ik balanceer continu op het randje. Ik heb steeds net genoeg dope om niet echt in de afgrond te storten, maar te weinig om me fit te voelen. Het bedelen gaat me niet goed af, mensen willen steeds minder geven. Mijn handen trillen en ik begin het koud te krijgen. Ik wil echt niet ziek worden, echt niet. Ik bel aan en wacht ongeduldig tot de Landrover opendoet. Hij is alweer netjes gekleed in een wollen trui en een chinobroek.

'Goedemorgen, Patrick, ik wist niet dat we hadden afgesproken,' zegt hij. Hij wenkt dat ik naar binnen moet komen. Als ik in de hal sta begin ik meteen te huilen, zo wanhopig ben ik.

'Sorry, sorry dat ik hier ben, maar ik voel me echt heel slecht en ik ga ziek worden en ik heb geen geld meer.' Ik staar naar beneden. Ik ben denk ik wel twee koppen groter dan hij, maar ik voel me heel klein. De Landrover blijft stil. Ik merk dat ik zuur ruik, naar melk die over de datum is. Volgens mij zit de geur in mijn baard. Hij moet het ook ruiken.

'Gaat het wel met je? Kom even binnen.'

'Ik kan gewoon niet meer. Ik moet echt even rusten, even

slapen, even roken. Als ik kan roken, dan voel ik me weer goed, maar ik heb geen geld.'

'Maar... als ik je nu vijftig euro geef, wanneer zie ik je dan terug? En wil je dan dat ik je volgende keer niets geef? Hoe weet ik dat je terugkomt?'

Ik maak de rekensom in mijn hoofd. Een zakje wit en bruin kosten samen twintig euro.

'Anders geef je me nu twintig euro, en dan geef je de rest als ik morgen langskom. Dan voel ik me sowieso wel weer beter.' Het idee dat ik iets met hem zou doen vervult me met afkeer. Ik moet er niet aan denken zijn blote vlees ooit nog een keer in mijn leven aan te raken.

Hij twijfelt, maar zegt uiteindelijk toch: 'Vooruit dan.'

'Dankjewel, echt,' zeg ik terwijl ik het geld in mijn jaszak steek.

'Dan zie ik je morgen, oké?'

'Ja, tot morgen!' zeg ik, maar ik vraag mezelf echt af of ik ooit nog voor dertig euro iets met hem ga doen.

De volgende ochtend ga ik niet langs, de dag daarna ook niet, en de dag daarna ook niet. Ik ga nooit meer langs en ik ben met niemand meer meegegaan. Nooit meer. Ik kan het niet meer. Ergens schaam ik me dat ik de Landrover zo bedonderd heb, maar hoewel dat hij altijd vriendelijk tegen me is geweest, heb ik ook een hekel aan hem. Hij is uiteindelijk net als al die andere mannen, al die mannen die een mannenlijf willen, maar niets om dat lijf geven. Als ik morgen verdwijn, zullen ze geen seconde meer aan mij denken. Dan pakken ze gewoon een volgende, verse jongen op en herhalen hetzelfde dansje tot ook hij weer verdwijnt.

DEEL 2

2005-2009, dertig jaar

'Alles van waarde is weerloos.'

Dichtregel van Lucebert,
neonkunstwerk op kantoorgebouw
in Blaak van Toni Burgering

35

Ik zit op de klep van de wc met mijn benen tegen de deur van de dixi gedrukt. Het slot heb ik opengebroken en daardoor kapotgemaakt. Buiten klinkt het lawaai van vuurwerk. Geknetter. Door de kieren van de deuren schijnen allerlei kleuren naar binnen. Het moet nu twaalf uur zijn. De mengeling van poep en chemische geuren neem ik voor lief. Hier kan ik even tot rust komen. Buiten vriest het en zelfs op de dixi zit aan de binnenkant een ijzig laagje, maar de wind waait hier niet naar binnen, dus het is hier warmer dan op straat. Het schelle gegil van een vuurpijl schiet over de dixi heen. Ik krimp ineen en sluit mijn ogen, maar zelfs met mijn ogen dicht blijf ik de flitsen zien.

Ik stel me voor hoe mensen nu samenzijn, elkaar het beste wensen. De beste wensen, Pat, mompel ik tegen mezelf.

Wat dat ook moge zijn.

Ik steek wat wit aan en voel me een paar tellen wat vrolijker. Maar het is het laatste beetje dat ik heb. Geld heb ik ook niet meer, en in deze wintermaanden is het lastig om iets te verdienen. Ik word ook meer en meer uitgekotst door de stad.

Niet veel later komt er een groepje dronkenlui langslopen. Ik versta niet wat ze zeggen, maar ik hoor de klanken van hun dubbele tong. Een van hen mept op de zijkant van de dixi. Ik hou mijn voeten stevig tegen de deur gedrukt.

‘Volgens mij zit er iemand in,’ hoor ik. Ik hou mijn adem in en probeer zo stevig mogelijk de deur dicht te houden.

Ze lopen door, gelukkig. Hun gelach sterft weg.

•

De nachten die volgen, duren eindeloos. De dixi is weggehaald, dus die schuilplek heb ik niet meer. Het lukt me niet meer om een andere slaapplek te vinden waar ik beschermd ben tegen de kou. Ik probeer in gebouwen binnen te glippen, maar alles zit op slot.

Deze nacht zit ik op een stuk karton om de hoek van de Pauluskerk. Op de tegels heeft zich een laag ijzel gevormd. De hele straat is spekglad, maar het is vooral heel koud. Het regent, maar ik zit gelukkig droog onder een afdakje. De ijzel is ook in de stenen muur getrokken waar ik tegenaan leun, en ik voel hoe de kou in mijn botten trekt. Ik rook even wat bruin om op te warmen, steek dan mijn handen in mijn jaszak en ga als een foetus opgekruld liggen. Ik probeer mezelf zo warm mogelijk te houden met mijn eigen lichaamswarmte. Met mijn hoofd lig ik op mijn rugzak.

Een paar uur later word ik wakker van mijn eigen geril. Mijn vingers zijn gekromd tot een klauw, als de poten van een dooie spin, en het lukt me haast niet om ze nog te bewegen. Ik pak mijn aansteker en warm ze om en om aan het vlammetje. Daarna steek ik wat bruin aan en val ik weer weg.

Wanneer ik opnieuw wakker word, lukt het me echt niet meer om me te bewegen. Ik beef oncontroleerbaar, maar lig verder verlamd van de kou op de grond. Mijn longen doen pijn en ik krijg weinig lucht binnen. Als ik adem probeer te halen, begin ik flink te hoesten en krijg ik het gevoel dat ik stik. Ik hoest zo erg, dat mijn ogen ervan uitpuilen.

Ik moet opstaan. Ik moet weer gaan bewegen, maar alles zit vast. Mijn aansteker ligt tegen mijn hand aan in mijn jaszak, maar ik krijg hem niet te pakken. Ik ben er zo druk mee bezig, dat ik niet eens doorheb dat er een bus voor me stopt.

'Hé Pat, gaat het wel goed met je?' hoor ik. De stem komt van ver. Een wazige figuur komt op me af gelopen. Ik herken zijn bril ergens van.

'Hé Pat, gaat het wel?' Het is Jacco, een van de veldwerkers die de buitenslapers in de gaten houdt.

Hij stapt uit en pakt mijn arm vast.

'Kom even in de bus opwarmen.'

Ik begin opnieuw te hoesten. Hij trekt me omhoog en ik slaag erin om op mijn benen te blijven staan. Ik ga achter in de bus zitten en hij schenkt uit een thermoskan iets in een bekertje.

'Soep, dan warm je iets op.'

Ik hou mijn vingers om het dampende bekertje geklemd, en drink het in een paar slokken leeg, maar ik voel niet eens meer het verschil tussen warmte en kou.

'Mag ik nog een bekertje?' vraag ik. Jacco knikt en schenkt nog een bekertje in.

'Waarom ga je niet afkicken, Pat? Dit wordt nog je dood.'

Ik weet niet wat ik moet zeggen.

'Het kan echt niet meer zo,' zegt hij.

'Je hebt misschien wel gelijk.'

36

Katie heet ze, mijn begeleidster. Ze heeft zich net voorgesteld toen ik me kwam melden bij de balie. Ik gok dat ze een jaar of vijfentwintig is, vijf jaar jonger dan ik nu ben.

Jacco heeft me vandaag afgezet bij de afkickkliniek in Overschie, dezelfde kliniek waar pa ooit zat.

De cirkel is eindelijk rond. Ik moet denken aan die keer dat ma en ik hem gingen opzoeken toen ik een jaar of twaalf was. Hoe al die mensen daar door die treurige bezoekersruimte rondschuifelden alsof ze gedrogeerd waren, hoe ze als slappe vaatdoeken over hun stoelen hingen. En hoe blij we waren, ondanks alles, om pa te zien.

Nu hoor ik er echt bij.

Katie geeft me een pakketje met kleren, een handdoek, beddengoed, douchegel, scheermes, shampoo, tandenborstel en tandpasta. Ze vertelt me dat er een geldpotje is, voor mensen zoals ik, die niets hebben. Katie is een behoorlijk stevige vrouw, met een moederlijk aura om zich heen. Sommige mensen hebben dat gewoon van nature, iets wat ik wat minder van thuis ken.

Ik voel me wazig, ik denk omdat ik totaal uitgeput ben, en volg haar blind. De psycholoog heeft geen tijd vandaag, vertelt ze, maar de arts wel. De arts laat me in een apparaatje blazen, meet mijn bloeddruk en zuurstofniveau en bekijkt mijn voeten. Hij vraagt me wanneer ik voor het laatst heb gebruikt, en ik zeg dat ik het niet precies weet. Hij vraagt me hoeveel ik op een dag gebruik, en ik zeg weer dat ik het niet precies weet. Zoveel als ik kan betalen.

De arts geeft me een nagelschaartje en wat zalf voor mijn voeten en laat me methadon slikken. Dan duikt Katie ineens weer op, en loopt voor me uit richting mijn slaapkamer. De kliniek is een oud klooster. Ik loop een beetje onhandig met de hele stapel spullen in mijn armen geklemd. We moeten een paar trappen op en een lange gang door.

'Hier zijn de gedeelde douches,' zegt ze. 'Ga daar zo even douchen en dan slapen.'

Aan het einde van de gang stopt ze bij een kamertje, het mijne. Er staat een bed, kast, wastafel en cd-speler.

'Hier is 't,' zegt Katie.

'Ik zie het.'

Ik leg mijn spullen op bed en kijk een beetje onwennig rond. Ik kan niet wachten.

Ik slaap twee dagen achtereen, maar misschien zijn het er wel drie of vier. Soms word ik gewekt door een zorgverlener, die vraagt of ik mee wil doen aan het dagprogramma en of alles goed met me gaat. Dan kreun ik wat, trek het dekbed over mijn hoofd heen en draai me weer om. Af en toe sta ik op om wat te eten en haal mijn methadon op bij de verpleging, waarna ik weer in een diepe slaap val. Zelfs als ik wakker ben, voelt het alsof ik slaap.

37

We zitten in een grote kring. De ruimte ruikt naar oploskoffie. Meerdere keren per week hebben we een groepssessie, waarin we allerlei zaken uit ons leven bespreken. Daarna heb ik een gesprek met Katie om mijn werkpunten door te nemen. Ik aai met mijn hand over mijn wang, die voor het eerst in jaren glad als een babyhuid is. Tegenover mij zit een dame van de straat, Caroline, ze was vreemd genoeg een vriendin van Jimmy. Ze is klein en tenger, maar compenseert dat volop met haar grote mond. Naast me zit Jan, een wat oudere man met een alcoholverslaving met wie ik al een paar keer heb gepraat. Hij ziet er elke dag netjes uit en rookt als een ketter. Aan zijn gehoest te horen zal hij wel flinke longklachten hebben. Zijn vrouw brengt hem elke week een schoon stapeltje kleren. Er zitten ook wat jonge gasten tussen, die me op de een of andere manier mateloos irriteren. Hun ouders komen regelmatig langs, met weekendtassen vol mooie spullen en lekkernijen. Aan mijn andere kant zit Hugo. Hij zit in de ziektewet vanwege zijn snuifverslaving. Ik mag hem wel.

'Dus... wat is de bedoeling van vandaag?' vraagt Jan aan niemand in het bijzonder. Caroline zit met haar benen opgetrokken op haar stoel.

'We gaan het vandaag hebben over thuis,' zegt de begeleider. Leuke woordkeuze, denk ik, 'thuis', geen idee wat ik daarover moet vertellen.

'Ach, thuis,' zegt Jan.

'Wil jij daar iets over delen met ons, Jan?'

'Pff... Ja... Eh... Ik heb een vrouw, maar het gaat niet heel lekker tussen ons.' Jan lacht. Alles wat hij zegt klinkt sarcastisch.

'O? Wil je daar meer over vertellen? Hoe komt dat?'

'Ja, wat wil je weten dan? Iedereen maakt toch weleens ruzie.' Jan haalt zijn schouders op. Iedereen blijft stil. Ik staar naar mijn voeten.

'Maar dan moet ze ook 'es luisteren, hè, en me gewoon met rust laten,' voegt hij eraan toe. We lachen allemaal, een beetje uit beleefdheid en vooral uit ongemak.

'Het zou je goed doen als je eens naar haar zou luisteren,' zegt Caroline.

De begeleider kijkt onderzoekend wie er nog meer iets wil delen. Mijn hart klopt voelbaar, en ik hoop maar dat ik niet word aangesproken. Een paar anderen vertellen over hun ouders, en hoeveel problemen ze hebben omdat hun familieleden hen van de drugs af proberen te houden. Ik rol met mijn ogen. Ik wilde dat ik ook ouders had die dat deden, die me zochten en misten, die me wilden helpen. Ik ben stikjaloers.

'Is er iets wat je altijd gemist hebt?' vraagt de begeleider nu in het algemeen. De meesten knikken ja, en ik knik ook.

Ik miste een vader die een vader is. Ik miste iemand die me troostte toen ik nog een kind was. Ik miste een thuis waar ik rustig op de bank kon zitten. Ik miste een moeder die gelukkig was. Ik miste een broer die gelukkig was. Ik miste een zus die gelukkig was. Ik miste brave kinderdingen als met mijn fiets wedstrijdjes doen en speren maken van takken. Ik miste dat iemand me van de straat kwam halen en me kwam vertellen dat het allemaal niet te laat was.

'Als je het nu niet wil delen, kan het ook helpen om je gedachten op te schrijven.' De begeleider kijkt rond en blijft met haar blik bij mij steken. Ik wals mijn koffie rond in het kartonnen bekertje.

Na de groepssessie heb ik mijn gesprek met Katie. In eerdere gesprekken heeft ze me al geholpen met wat praktische zaken, zoals inzicht krijgen in mijn schulden. Een paar dagen geleden had ik haar verteld dat ik als kind graag muziek luisterde om met gevoelens om te kunnen gaan. De dag erna vond ik drie gebrande cd's op mijn slaapkamer.

'Ik weet het niet echt,' zeg ik nadat ze me gevraagd heeft hoe het gesprek ging. 'Ik heb het liever niet over dingen als "thuis" of vroeger. En ik irriteer me ontzettend aan die verwende gasten uit de groep.'

'Waarom?'

'Ze weten niets van de wereld, krijgen alles van hun ouders, hebben mensen die om ze geven, en toch zitten ze hier.'

'Zou je dat ook willen?'

'Tuurlijk zou ik dat ook willen, maar mijn vader is er nooit voor me geweest, of, ja, misschien tot mijn zevende, en mijn moeder en broer heb ik in geen jaren gesproken. Ik geloof niet dat ze me missen.'

'Hoe is dat voor jou?'

'Dat zegt dat ze niet genoeg om me geven. Iedereen zegt altijd dat het wel zo is, dat ouders altijd om hun kinderen geven, maar ik geloof het niet,' zeg ik.

'Als je wilt, kunnen we contact met je familie opnemen. Misschien kun je die banden weer herstellen. Een sociaal vangnet is heel belangrijk om niet terug te vallen.'

'Ik weet het niet... Toen ik bij mijn vader langsging, een jaar of vijf geleden, was dat niet echt een succes.' Ik voel een steek als ik eraan terugdenk.

'We kunnen kijken of we contact met je moeder op kunnen nemen?'

Ik zeg niets. Daar heb ik heel vaak over nagedacht. Dat gapende gat, waarin de levens van ma, Miranda en Anton zich afspelen, zit vol met vragen. Het knaagt aan me dat ik geen idee heb wat er allemaal is gebeurd de afgelopen jaren. Ik wil heel graag weten hoe het met ze gaat, maar ik ben ook bang. Ik denk dat ik liever niets weet, dan dat ik te horen krijg dat ze me niet willen spreken. En ik ga uit van het tweede, aangezien ik al die tijd nooit iets gehoord heb.

'Ik snap dat het lastig is, na al die jaren. Maar soms doet het niet weten meer pijn dan de antwoorden. En het niet weten kan ook je herstel in de weg zitten.'

'Maar wat als ze me niet willen spreken?' vraag ik.

'Dan weet je dat.'

38

Een beetje zenuwachtig sta ik met de hoorn in de hand, terwijl ik de telefoon hoor overgaan. Elke dag komen er mensen langs. Partners, ouders, broers, zussen, vrienden, vriendinnen, collega's, maar voor mij is het met bezoekuur altijd stil. Ik dood de tijd op mijn kamer met mijn cd-speler, zodat de stemmen beneden verstommen. In de huiskamer wil ik het liefst niet zijn, want het doet pijn om iedereen in het gezelschap van familie en vrienden te zien, wetende dat de stoel in de huiskamer vóór mij leeg zal blijven. Maar ook als mijn familie er niet is, zijn ze er. Misschien is de leegte nog wel duidelijker, schreeuweriger, dan wanneer ze er wel zouden zijn.

En toen ineens moest ik aan Wim denken, die goeie ouwe Wim. Zou hij erop zitten te wachten dat ik hem bel? De eenzaamheid was groter dan mijn ego, en dus voor ik de moed verloor, besloot ik hem te bellen. Gelukkig had ik zijn telefoonnummer uit mijn hoofd geleerd.

'Met Wim van Duin,' hoor ik plots.

'Wim, met Patrick.'

'Patrick, jongen toch, wat heb ik lang niet van je gehoord. Gaat alles goed met je? Waar ben je?'

'Het gaat goed, ik zit in een afkickkliniek, in Overschie.'

'Och... wat ben ik blij om te horen dat alles goed is.' Wanneer hij dat zegt, heb ik werkelijk het idee dat hij opgelucht is. Wim rommelt wat op de achtergrond.

'Ja, ik voel me best goed, sorry dat ik je bel.'

'Nee, nee, daar moet je nooit sorry voor zeggen. Hoelang zit je daar al?'

'Een paar weken nu. Ik ben zelfs van de medicijnen af.' Ik hoor sleutels rammelen.

'Ben je helemaal clean?'

'Ja.'

'Wat goed zeg, ik ben ongelooflijk trots op je.'

'Dank je. Dank je wel.'

'Hé, jongen, ik moet nu de deur uit, naar de kerk, ik heb dienst bij de bar, maar ik spreek je gauw weer, oké?'

Die avond hoor ik van een van de begeleiders dat er iemand voor me is langs geweest en iets voor me heeft achtergelaten. Ik ben niet gek, dat kan maar één iemand zijn. Ergens, diep in mijn buik, voel ik me een beetje warmer worden, alsof iemand een klein vlammetje ontsteekt.

Bij de balie krijg ik een stapeltje kleding, een prepaid telefoonkaart en twee pakjes shag.

39

Ik had geen idee dat een mens zo nerveus kon zijn, maar misschien is dat omdat ik mezelf de afgelopen tien jaar van al mijn emoties beroofd heb. Ik ben kotsmisselijk en mijn hart lijkt op hol te slaan. Grote kans dat ik zo ook over mijn nek ga.

Het is nu een paar weken geleden dat ik het gesprek met Katie heb gehad over het contact met mijn ouders. Over een maandje mag ik weg, naar huis zouden anderen zeggen. Katie zit, als het goed is, op dit moment in een afgesloten kamertje te bellen met ma. Het gesprek duurt eindeloos, alsof ze mijn zenuwen nog extra op de proef willen stellen. Samen met Jan zit ik in de huiskamer aan een tafeltje. Voor ons ligt een legpuzzel van een houten chalet in de Alpen waar ik me niet op kan concentreren.

'Wat ga je doen dan? Je hebt helemaal niets. Ik bedoel...' Jan kijkt me met half toegeknepen ogen aan.

'Begeleid kamerwonen, denk ik.' Ik doe alsof ik naar een puzzelstukje van de blauwe lucht zoek en veeg wat stukjes opzij, maar ik denk alleen maar aan het gesprek dat Katie en ma nu op dit moment aan het voeren zijn.

'Echt? Wil je dat wel? Naar zo'n huis tussen al die gasten? Mensen die terugvallen, stiekem gebruiken op hun kamer, vind je dat een veilige omgeving?' Jan ergert me een beetje, maar misschien komt het door het verstikkende gevoel dat ik toch al heb. Hoelang duurt het nog? Jan vindt een stukje van het houten balkon met geraniums.

'Tja... ik zou niet weten hoe ik het anders moet doen. Daar heb ik nog wat begeleiders die me in de gaten houden.'

'Ik heb nog een vrouw waar ik naartoe kan, niet dat alles koek en ei is, maar er staat in ieder geval 's avonds eten op tafel,' zegt Jan.

Ik blijf naar de deur kijken. Waarom duurt dat gesprek zo lang?

'Dat is fijn inderdaad, maar ik heb dat niet.' Ik lach, maar waarom weet ik niet, ik lach altijd op de momenten dat ik mezelf eigenlijk veracht. Het is inmiddels een kwartier geleden dat Katie ma is gaan bellen. Ma moet wel heel uitgebreid uit de doeken aan het doen zijn waarom ze nooit meer iets van me wil horen. Dat ik net zo goed dood kan zijn. Ik kan geen andere reden verzinnen waarom Katie zo lang wegblijft. Ik heb spijt dat ik het gesprek voorgesteld heb.

'Hoe ga jij het doen dan? Kun je nuchter blijven straks?' vraag ik aan Jan, vooral om mezelf af te leiden.

Voor hij antwoord kan geven komt Katie de deur uit. Haar wangen zijn rood, net als bij een pop. Ik probeer haar blik te lezen, en ik lees er een mengeling van bezorgdheid en verwarring in. Misschien wil ma niet met me praten, en meteen voel ik ergens een lichte opluchting. Ze gebaart met haar handen dat ik dichterbij moet komen.

'Kom je mee, Patrick?' vraagt ze als ze bij ons tafeltje staat. Ik volg haar het grijze kamertje in. De geur doet me denken aan de bedompte klaslokalen van vroeger. Ik voel me duizelig. Wat zou ik er veel voor over hebben om nu wat te kunnen roken, om even niets te voelen, even tot rust te komen, even verlost te zijn.

'En?' vraag ik. De vaste telefoon staat op tafel. Ik hou er mijn blik op gericht, alsof ik met het wegkijken ieder mogelijk contact met ma zou verbreken.

'Je moeder gaat je over vijf minuten bellen. Ze moet je iets vertellen, wat niet fijn gaat zijn om te horen, maar wat er ook gebeurt, probeer alsjeblieft rustig te blijven. Ik blijf hier bij je.'

Een golf van zenuwen overspoelt me. 'Wat dan? Wat is er dan?' Ik leg mijn bezwete handen over elkaar, schrik ervan hoe warm en nat ze zijn, leg ze op de tafel, wat ook vreemd voelt en sla dan mijn armen over elkaar.

'Dat kan ik je helaas niet zeggen. Ze wil het zelf vertellen.'

Ik heb geen idee waar ik moet kijken. Ik krijg zowat een toeval doordat ik straks ma voor het eerst in twaalf jaar weer spreek, en dan gaat ze ook nog slecht nieuws met me delen. Gedachten vliegen door mijn hoofd, maar ik heb werkelijk geen idee wat er in hun levens allemaal gebeurd is. Er zijn net zo veel mogelijkheden als wanneer ik een gokje zou wagen bij een vreemde op straat. Hun levens zijn verworden tot eindeloze kansberekeningen van relaties, banen, zorgen, vreugdes, ziektes en begrafenissen, en ik heb er werkelijk geen idee van.

De telefoon gaat, de vijf minuten zijn nog niet om. Katie neemt meteen op.

'Dag mevrouw Hoks. Ja... hier hebt u Patrick.' Ze duwt de hoorn in mijn hand, ik kan hem amper vasthouden.

'Hé, met mij,' zeg ik.

'Zo, Patrick... dat is lang geleden.' Ma klinkt nog precies hetzelfde. De stem die ik het langst ken.

Ik lach kort van de zenuwen.

'Zeg dat wel, hoe gaat het met je?'

Ze hoest. 'Goed, hoor. Ik vind het fijn dat je nu een warm bed hebt en dat je in een kliniek zit.' Ze wist dus wél dat ik op straat woonde, schiet er door mijn hoofd. Tuurlijk had ze het van pa kunnen weten, die het aan Anton verteld kan hebben, maar dat was nooit echt tot me doorgedrongen. Of ik had het me niet willen realiseren. Ik had altijd gehoopt dat ze me niet gezocht hadden, omdat ze niet wisten dat ik op straat leefde.

'Ja, nog even en dan ben ik klaar hier. Dan wil ik weer naar begeleid...'

'Ik moet je iets vertellen. Je vader...' Haar stem breekt, ze begint te huilen.

'Wat? Wat is er met pa?'

'Hij is overleden... een paar jaar terug.'

'Wat... hoe dan?' Mijn hart slaat over. Ik geloof het niet. Hij kan toch niet overleden zijn, voordat we onze banden hersteld hebben, dat kan niet, dat mag niet. Hij woont nog steeds in zijn flat in de Bijlmer, staat elke ochtend op, doet dan weet ik het wat, hij drinkt wat borrels, en dan gaat hij weer naar bed. Dat heeft hij elke dag gedaan sinds ik hem gezien heb, zo heb ik me dat in elk geval voorgesteld. Bestaat er niet zoiets als een soort spirituele kennis, waardoor je aanvoelt wanneer je familieleden overleden zijn? Ik walg van mezelf, dat ik het niet geweten heb, dat ik er niet geweest ben.

'Het was vreselijk. Anton is naar zijn huis gegaan, hij was nog een van de weinige mensen met wie hij contact had, en die heeft hem gevonden. Hij is in zijn eentje overleden...'

'Nee,' huil ik.

'... en hij zorgde heel, heel slecht voor zichzelf. Er lagen pislakens, overal was het vuil. Hij is in zijn eigen misère en viezigheid overleden. Die man had zorg nodig.'

'Nee...'

Dat is het enige wat ik nog uit kan brengen, een domme ontkenning.

40

Ma is verhuisd naar de Maaswijk. Ik was blij om van haar te horen dat ze niet meer in die oude flat woonde. Het adres heb ik op een briefje geschreven, dat ik in mijn hand houd. Na ons eerste gesprek hebben we elkaar nog eens aan de telefoon gesproken. Ik ben nu zo ver in het behandeltraject dat ik tijdens mijn verlof de kliniek mag verlaten en ik ga naar haar toe. Misschien dat Anton ook even langskomt, zei ze. Vanmorgen heb ik extra lang in de spiegel gekeken. Ik heb mijn baard geschoren en mijn haren laten knippen, maar de sporen van de verslaving moeten nog steeds zichtbaar zijn. Mijn wangen blijven ingevallen, zelfs de wallen zijn na twee maanden in de kliniek nog niet weggetrokken, en ik mis een aantal tanden.

Bij de halte Spijkenisse Centrum stap ik uit, maar ik heb eigenlijk geen idee waar ik heen moet. Ik loop van links naar rechts, straat in en uit, maar ik kom geen steek verder. Spijkenisse is een vreemde plek voor me geworden. Ik vraag wat mensen op straat om de richting, en gelukkig weet een oudere vrouw me de juiste kant op te sturen.

Ma woont in een rustige straat met rijtjeshuizen met driehoekige dakramen en zalmroze deuren. Ik loop langs de deuren tot ik bij nummer 19 aankom. De vitrage is opzijgeschoven.

Door het raam zie ik haar aan de hoge tafel zitten, dezelfde als waar ze mijn hele jeugd aan zat. Ik bel aan. Ze staat langzaam op van de stoel.

'Hé, ma,' zeg ik alsof ik haar gisteren nog heb gezien.

Ze lijkt te schrikken als ze me ziet.

'Ha, Patrick...' zegt ze. We omhelzen elkaar, onze armen raken onze ruggen losjes, alsof we allebei bang zijn de ander te breken.

'Mag ik binnenkomen?'

'Ja, ja, sorry, kom binnen,' zegt ma als ze zich omdraait. Haar stem rommelt. Ze begint flink te hoesten. Langzaam loopt ze voor me uit door de hal. Ze heeft andere sloffen aan dan het paar dat ze vroeger altijd droeg.

Ma's ooit zo smalle gezicht en kuiten zijn vol geworden, en ook haar wallen en wangen hebben zich volgezogen met vocht.

'Ik ben blij dat je verhuisd bent,' zeg ik als we aan de hoge tafel zitten. Ze heeft koffie voor me gezet.

'Ik ook. Dat oude flatje was geen fijne plek om te wonen.'

Ik hoor de oude houten klok tikken op de achtergrond.

'Woon je hier al lang?'

'Een paar jaar.' Ze pakt een Lange Belinda uit het pakje en steekt hem aan.

Ik staar uit het raam om in de gaten te houden of ik Anton zie, maar ik zie niemand.

'Komt Anton vandaag ook?' vraag ik.

'Hij wist nog niet of hij tijd had.'

'Woont hij in de buurt?'

Ze wijst naar rechts. 'Om de hoek.'

Ik zoek in de huiskamer naar een voorwerp of foto waar we over kunnen praten. De muren zijn kaal en ik zie alleen een paar oude foto's uit onze kindertijd.

'Zou je niet wat leuks op willen hangen aan de muur?'

Ma haalt haar schouders op en tikt de as van de sigaret in de asbak.

'Ik zou wel graag een foto van de Hefbrug willen hebben.'

Ik lach nerveus. 'Die vond je altijd al mooi, hè?'

Er wordt een sleutel in het slot omgedraaid. Is dat Anton?

Mijn ogen gaan naar de deur van de huiskamer.

'Ik ben het,' klinkt Antons stem vanuit de hal. Hij klinkt zwaarder, volwassener. Ik sta direct op. Anton komt de woonkamer binnenlopen. Zijn ogen worden net als die van ma groot als schoteltjes als hij me ziet. We staan voor het eerst sinds jaren oog in oog met elkaar.

'Anton,' zeg ik.

'Patrick,' zegt hij.

Even blijven we tegenover elkaar staan. Ik wil hem een knuffel geven, maar hij bewaart afstand. Er zit een onzichtbare muur om hem heen. Ik steek mijn hand uit en hij pakt hem kort vast.

'Biertje, Anton?' vraagt ma om de stilte te doorbreken. Ze laat haar sigaret rusten in de asbak. Het papier verkoolt langzaam.

'Blijf maar zitten, ik pak het zelf wel,' zegt hij. Hij loopt naar de keuken en komt terug met twee biertjes, een voor hem en een voor haar.

Als hij weer zit, vraag ik hem hoe het met hem gaat. Hij haalt zijn schouders op en zegt dat het goed gaat. Hij vertelt me dat hij als schilder werkt, getrouwd is en kinderen heeft. Nog meer dingen die ik gemist heb.

'En je zit nu dus in een kliniek?' vraagt Anton.

'Ja, in Overschie, dezelfde als pa.'

'En je wilt nuchter blijven?' Hij neemt een slok van zijn flesje, ma drukt haar sigaret uit in de asbak.

'Ja, ik voel me eigenlijk hartstikke goed. Ik ben over twee weken klaar met het traject. Dan ga ik begeleid kamerwonen en vrijwilligerswerk doen. Daarna wil ik gaan werken en gewoon gaan leven.'

Ma kijkt zorgelijk. 'Probeer je het dit keer wel af te maken?'

'Ja, tuurlijk.'

'Misschien ontmoet je dan ook wel een leuk meisje,' zegt Anton met een knipoog. Zijn flesje is bijna leeg.

'Dat zou mooi zijn,' zeg ik.

'Zorg eerst maar voor jezelf,' zegt ma.

'Kan ik jullie vaker zien?' vraag ik.

Anton zegt niets. Ik hoor de klok weer tikken. Het liefst zou ik dat ding het raam uit gooien.

'Laten we maar even zien hoe alles loopt,' zegt ma uiteindelijk.

41

Ik steek mijn hand op naar John, mijn collega, die al in de witte bus zit waarmee we naar bedrijfs- en gemeentepanden rijden om daar schoon te maken. Dat doen we drie dagen in de week.

'Morgen,' zegt John.

'Goedemorgen,' zeg ik terwijl ik de deur dichtsla. Vier weken geleden ben ik ontslagen uit de kliniek en ben ik het begeleidwonentraject in gegaan. Daar woon ik nu in een kamer in een appartement dat ik deel met zes anderen die ook uit de kliniek komen. Deze keer ben ik echt vastberaden om nuchter te blijven, om iets van mijn leven te gaan maken. En dus toen ik de kans kreeg om dit schoonmaakwerk te doen, heb ik hem meteen aangegrepen.

'Alles goed, John?' vraag ik. Hij knikt bij wijze van antwoord. John praat niet veel, dat komt denk ik omdat hij Gilles de la Tourette heeft en bang is te gaan schelden. We stoppen bij een stoplicht om rechts af te slaan, zijn richtingaanwijzer begint te tikken. Bij het voetgangerspad, rechts van mij, staat een mooie vrouw. Ze heeft blonde haren en flinke borsten.

'Niet mis, hè,' zeg ik terwijl ik met mijn duim naar haar wijs. Overal waar ik kijk zie ik de laatste tijd prachtige vrouwen, alsof ze jarenlang verdwenen waren en ineens uit de grond gekropen zijn. Zulke gevoelens waren jarenlang verdoofd, en komen nu in volle vaart weer terug, alsof ik opnieuw in de pubertijd zit. Niet heel gek dat ze de vrouwenafdeling in de kliniek strikt gescheiden hielden van die van de mannen. John kijkt op maar zegt niks.

'Heb jij iemand?' vraag ik. Hij schudt zijn hoofd. Ik kan niet wachten om weer eens een vriendin te krijgen, misschien zelfs samen een leven op te bouwen. Niet meer elke week een urinecontrole te hoeven doen, maar gewoon samen naar een terras gaan of romantisch een flesje wijn op de bank opentrekken in een normaal huis, zoals normale mensen.

'Het is een mooie dag,' zegt John ineens. Ik kijk een beetje verbaasd op.

'Het is een mooie dag.'

John pakt de pook vast.

'Het is een mooie dag,' herhaalt hij nu een stuk harder. Hij begint wild aan de pook te trekken. Het leer dat eromheen zit schuift heen en weer.

'Het is een mooie dag. Het is een mooie dag. Het is een mooie dag!' Met al zijn kracht schudt hij de pook heen en weer.

'Het is een mooie dag. Het is een mooie dag.'

Het licht springt op groen. John duwt de pook nu in de eerste versnelling en rijdt weg.

John parkeert de wagen op de parkeerplaats van het Delftse gemeentehuis. Er staan daar al wat andere mensen met wie we vandaag moeten werken te wachten. Dat zijn allemaal mensen met een afstand tot de arbeidsmarkt, dus mensen met psychische problemen, verslavingsproblemen, taalproblemen, verstandelijke of fysieke beperkingen, ex-gedetineerden en ik. We tillen de dweilen, schoonmaakdoekjes en -middelen uit de bus, gaan naar binnen, verdelen de ruimtes, en zien elkaar dan meestal na een uurtje terug voor een rookpauze. Ik steek nog even gauw een sigaret op. John praat nooit tijdens zijn werk, hij zegt alleen wat als er iets tegen hem gezegd wordt. Hij voert zijn werk enorm secuur uit, en doet alles precies zoals het hem ooit is uitgelegd, waardoor hij vaak een stuk langer bezig is dan ik.

Op de vloer zitten overal plakkerige vlekken. Het lijkt erop dat iemand een flesje frisdrank heeft laten vallen. Met een dweil boen ik de vloer, en de vlek verdwijnt direct. Ik betrap mezelf erop dat ik er vrolijk van word. Na al die jaren zelf zo vuil te zijn geweest, voelt het heel erg goed om iets schoon te maken. Ik moet denken aan ma, aan alle keren dat ze doodvermoeid op de fiets stapte om dit soort werk te doen, en aan pa, die dan in de kroeg zat of op de bank zijn roes lag uit te slapen. Het voelt nog steeds gek dat iemand al jarenlang dood kan zijn, en ik er geen idee van had. Ik heb het zelf niet gezien, ik heb zijn dood niet in de ogen gekeken, en daarom voelt zijn overlijden totaal onwerkelijk voor mij. In mijn hoofd zit hij nog steeds elke dag in zijn appartement in de Bijlmer met het borrelglaasje voor zijn neus.

Aan het einde van de dag zit ik op het bankje van de bushalte te wachten op de bus terug naar het huis in Overschie. Mijn voeten doen een beetje pijn, die zijn nog altijd niet hersteld van het zwerven, en mijn benen tintelen een beetje nu ik zit. Er komt een vrouw aanlopen, die ik al vaker gezien heb. Ze is wat ouder dan ik en heeft mooie volle rondingen. Ik vond haar meteen bijzonder. Elke dag draagt ze een grappig doekje over haar haar, waaronder haar volle bruinrode haar vandaan piept. Boven op haar hoofd heeft ze een grote roze zonnebril geduwd. Haar lippen zijn donkerrood gestift en onder haar lip zit een piercing. Elke keer als ik haar zie draagt ze kleren met gekke franjes en diamantjes, en ook nu heeft ze een spijkerbroek aan met diamantjes erop en laarzen met hoge hakken. Onder haar jas zijn een soort franjes te zien van een truitje of zoiets. Ik hou haar van een afstandje een beetje in de gaten, maar ze heeft me door en kijkt mijn kant op. Gauw schud ik haar blik af en kijk ik naar mijn schoenen.

De bus komt aanrijden. Toevallig staan we zo, dat de deur van de bus precies voor ons stopt. Ik gebaar dat ze voor mag gaan en ze glimlacht naar me. Het is een ander soort glimlach dan de meeste vrouwen hebben, geen zachte maar juist wat rauwer. Haar ogen lachen niet mee, en ik wil haar vragen waarom niet. Ik wil weten wat daarachter zit. Ik wil alles van haar weten. Als ze zit, en ik langs haar loop, kijkt ze me recht aan en glimlacht ze opnieuw naar me. Ik heb het gevoel dat ik ontplof.

42

Ze staat er weer. Ze is met een andere passagier aan het praten en ze lacht luid. Ik voel een steek van jaloezie, terwijl ik nog nooit met haar gepraat heb. Als ik 's avonds in bed lig, moet ik de hele tijd aan haar denken. In mijn hoofd voeren we allerlei gesprekken over wie we zijn. Ik fantaseer allerlei levens bij haar, maar geen ervan lijkt echt te passen. Het ene moment werkt ze in een kledingzaak, waar ze al die vrolijke kleren vandaan haalt, en het andere moment is ze receptioniste op een kantoor. Misschien werkt ze wel in een bioscoop. Ik heb werkelijk geen idee, en daar kan ik niet tegen. Ik droom ook wel over haar, maar vaker nog lig ik ervan wakker. Wanneer het me niet lukt om in slaap te komen, dan is het in ieder geval een fijne slapeloosheid. Het geeft me een fijn gevoel, een soort kick, om constant aan haar te denken.

Ze lacht naar me, ik lach terug. Ze herkent me. Wil ze dat ik op haar af stap? Of verzin ik dat omdat ik het zelf zo graag wil? Ik heb me in ieder geval wel voorgenomen om met haar te gaan praten. Vandaag.

'Mag ik hier zitten?' vraag ik. Ze zit al in de bus en naast haar is een stoel vrij.

'Ja, hoor.'

'We zien elkaar hier wel vaker, hè. Kom je van werk?'

'Ja, ik werk in Rotterdam bij de Rijnhaven. En jij?'

Ergens voel ik me opgelucht. Ze kapt het gesprek niet af, en stelt me zelfs ook een vraag terug. Ze heeft een enorm Haags accent, wat ik wel grappig vind. De lippiercing onder haar lip, zo'n zilveren knopje, gaat een beetje heen en weer als ze praat.

'Ik werk in de schoonmaak. Gemeentepanden en zo. Wat doe jij?'

'Ik werk in een club.'

'Zo, en wat voor club is dat dan die overdag open is?' vraag ik.

'Dat begrijp jij denk ik heus wel,' zegt ze met een knipoog. Ik moet even nadenken, en dan denk ik dat ik weet wat ze bedoelt. Dit is niet in de scenario's naar boven gekomen, maar het maakt me niks uit. Ik besluit er niet op door te vragen.

'Zo, jij praat wel Haags,' merk ik dus maar op.

'Klopt, maar ik woon in Delft.' Ze spreekt het uit als 'Dellaft'. Ik moet lachen, en zij ook. Ze heeft een brutale blik, wat ik leuk vind. Zo van 'kom maar op'. Ze leunt met haar rug een beetje tegen de wand van de bus, en draait haar benen iets naar mij toe, waardoor haar knieën mijn been zachtjes raken. Af en toe valt er tussen de bomen een baan zonlicht de bus in, waardoor het me opvalt dat ze felle groenblauwe ogen heeft.

Het schermpje in de bus geeft helaas aan dat we al bij mijn halte zijn. Ik had nog wel veel langer met haar willen praten.

'Dit is mijn halte,' zeg ik. Wanneer ik opsta, raakt ze me eventjes aan bij mijn schouder.

'Leuk om met je gesproken te hebben. Hoe heet je eigenlijk?'

Ik sta al in het gangpad, tussen de anderen die gehaast naar buiten willen.

'Patrick,' zeg ik terwijl ik mijn hoofd over de schouder van een dame heen buig. 'En jij?'

'Mientje!' Ze steekt haar hand op, en ik ook, en dan loop ik de bus uit.

Die avond blijf ik het gesprek steeds weer in mijn hoofd afspelen. Ik probeer me ieder detail te herinneren. Hopelijk zie ik haar morgen weer.

•

Ik sleep me door de werkdagen heen en hoop vooral steeds om Mientje tegen te komen bij de bushalte. Nog steeds vind ik het werk prima, alleen vind ik Mien leuker. Als ze er is, zitten we naast elkaar in de bus en praten we het kwartiertje dat ik in de bus zit vol. Ze heeft een dochter van twaalf, Santje en ze heeft een hekel aan ouderavonden op school. 'Dan gaat een of andere saaie lul me vertellen wat ik allemaal verkeerd doe,' zegt ze dan. Wel houdt ze van koken, wijn, en ligt ze graag aan De Grote Plas te zonnen.

Bij de halte Overschie moet ik er helaas uit, en dan moet ik wachten tot ik haar de volgende dag weer kan zien. Soms is ze er niet, en dan verontschuldigt ze zich de volgende dag dat ze ziek was. Een paar dagen geleden waren we zo diep in gesprek bij de halte, dat de bus voorbijreed zonder dat we het doorhadden. Er zijn dagen dat ze een beetje stilletjes haar sigaret rookt, dat ze wat afwezig is, en dat vind ik niet heel gek, want met het werk dat ze doet kan dat ook niet anders. Dat weet ik. Op dagen zoals vandaag, als ik er eerder ben dan zij, hou ik voortdurend de omgeving in de gaten.

'Joehoe,' hoor ik achter me.

'Ha, Mien.' Ik omhels haar spontaan, bijna een soort reflex die ik niet tegen kon houden. Ze knuffelt me terug. Ik voel de lichaamswarmte van haar mooie, volle armen dwars door haar jas heen. Als het aan mij zou liggen, zouden we de rest van de dag zo blijven staan.

'Wat een dag vandaag,' zegt ze. 'Ik heb zin in een glas wijn.'

'Moeten we dan niet eens samen een glaasje drinken?'

Ze kijkt me vanonder haar donkere wenkbrauwen strak aan.

'Oké, kom je anders zaterdag naar mij toe?'

In plaats van te antwoorden, buig ik mijn hoofd naar haar toe, en kus ik haar op haar mond. Geen idee wat me bezielt, maar ze kust me terug, daar midden in die bus, tussen de passagiers, op een druilerige dinsdagmiddag in december.

43

Ze staat al bij de bushalte te wachten, met haar handen in haar zakken gestoken. Als ze uitademt zie ik dampwolkjes verschijnen van de kou. De bus waar ik in zit remt langzaam af. Nog voor we stilstaan, sta ik al bij de schuifdeuren te wachten. Het is half december, nog een week tot de kerst. Deze periode van het jaar vind ik altijd een van de lastigere. Hoewel ik weer voorzichtig wat contact met ma heb, voel ik ook wat ik in deze tijd mis.

Ik spring van het trapje van de bus af, en glij uit doordat het glad is buiten. Mien moet lachen en loopt op me af. We geven elkaar een knuffel en lopen naar de flat waar ze woont. De halte is vlak bij een van de Delftse hogescholen en het is druk met gehaaste fietsers die steeds vanuit het niets lijken op te duiken. Ze steekt haar arm door de mijne, en leidt me zo de juiste kant op. Ik gloei van trots, ook al zijn we niet eens samen.

Alles in haar huis is roze: de muren, de nep-suède bank, de boekenkast en zelfs de televisiekast. Overal hangen versiersels met glimmende kralen en veertjes eraan. Er scharrelen twee katten rond, die af en toe langs mijn benen strijken. Ik ben hun namen alweer vergeten. Ik zie verschillende foto's van haar dochter Santje, die op een jonge versie van Mien lijkt. We gaan zitten in de achterkamer, waar een hoge glazen tafel op gouden poten staat. Het ruikt er fris, naar schoonmaakmiddelen, maar ook ruik ik een kerriegeur uit een pan komen die zachtjes op het aanrecht staat te pruttelen. In de hoek van de huiskamer staat een kerstboom, en ik weet even niet meer wanneer ik voor het laatst in een huis met een kerstboom ben geweest. Als Mientje haar jas uittrekt, zie ik dat ze een brace draagt.

'Ben je gevallen?'

Ze kijkt naar haar pols. 'Nee, ik heb het carpaletunnelsyndroom. Ken je dat?'

Ik schud met mijn hoofd.

'Dan raakt een zenuw in de knel, doet ontzettend veel pijn. Ik ben er ooit aan geopereerd, alleen mocht ik hem toen zes weken niet meer gebruiken en dat heb ik toch gedaan, en sindsdien doet het altijd pijn.'

'Wat kut, zeg.'

'Tja, ik heb gelukkig medicijnen die de pijn iets verdoven.'

Mientje schenkt een glas wijn voor zichzelf in en geeft mij een biertje. Dat is het eerste biertje dat ik drink sinds ik nuchter ben, maar ik denk niet dat het kwaad kan. Gelukkig heb ik nooit veel moeite gehad met alcohol, die verslavingsgevoeligheid lag bij pa. Als ik helemaal niet meer zou mogen drinken, zou ik het leven echt doodsaai vinden, dus dat is echt iets wat ik nooit wil opgeven. Zoals ik hier zit, voel ik me licht als een veertje. Ik ben er nog geen vijf minuten, maar op de een of andere absurde manier heb ik het gevoel dat ik thuis ben.

'Vertel eens over die club van je,' zeg ik.

'Het is een seksclub, ik werk er al jaren. Santje, mijn dochter, die weet het niet, die denkt dat ik in een seksshop werk.'

'En vind je het niet vervelend om er elke keer naartoe te gaan?'

'Het zorgt ervoor dat ik spullen voor Santje kan kopen, kleding en een computer voor school en zo. Dat lukt me niet met alleen een uitkering. Maar als je wilt weten of ik er klaar mee ben, dan ja.'

'Ik heb het ook gedaan.'

Mientje kijkt me fel aan met haar groenblauwe ogen. 'Wat?'

'De hoer uithangen, maar dan op Perron Nul.'

Ze begint te lachen. 'Zo zout heb ik 't nog nooit gegeten! Met mannen of vrouwen?'

'Met mannen, echt,' zeg ik.

En dan serieuzer: 'Maar ik vond het echt verschrikkelijk, ik ging er helemaal kapot aan.'

'Dat snap ik wel. Ik word helemaal gek van die jonge meiden die alles doen wat de klant vraagt.'

Het verbaast me een beetje dat ze er niet verder op ingaat. Maar van mij hoeft het ook niet. Al vanaf ons eerste gesprek heb ik het gevoel dat we elkaar gewoon begrijpen.

'Kun je niet iets anders doen?' stel ik voor. Ze denkt even na.

'Ik heb er wel over nagedacht om echt in de seksshop te gaan werken, weet je, maar ik zal daar een stuk minder mee verdienen.'

Ergens voel ik me opgelucht, hoe hypocriet dat ook klinkt omdat ik het zelf ook jaren gedaan heb, maar ik vind het toch een lastig idee.

'Dat lijkt me ook wel fijner.'

'Ach ja... het went ook. Gelukkig heb ik een vaste klantenkring.'

Ik word een beetje jaloers. Die vreemde relaties die je opbouwt, die ken ik wel. Mientje staat op en pakt een pillenstrip.

'Tegen de pijn. Soms blow ik ook. Vind je dat erg?'

'Nee, hoor.' Even blijf ik stil. Nu we open kaart aan het spelen zijn, moet ik ook de rest opbiechten.

'Hé, ik moet je iets vertellen. Ik ben niet heel lang geleden uit een afkickkliniek ontslagen. Ik zit nog in een begeleid-wonentraject.'

Stilte.

'Voor crack en heroïne. Ik heb jarenlang op straat geleefd.'

'En nu ben je clean?'

'Ja.'

'Oké.'

'Vind je dat niet erg?'

‘Nee, als ik over jou of een ander zou oordelen zou ik mezelf nooit meer in de spiegel kunnen aankijken.’

‘Dat geldt ook voor mij,’ zeg ik.

‘Eén ding. Als wij elkaar vaker gaan zien, dan wil ik níét hebben dat je harddrugs gebruikt, wat je verder ook doet, of je drinkt of blowt, dat maakt me geen reet uit, maar als ik merk dat je harddrugs gebruikt, zet ik je meteen de deur uit. Als je gebruikt, ga je liegen en misleiden en daar zit ik niet op te wachten.’ Ze slikt een paar pillen door en spoelt ze weg met een slok wijn.

‘Dat snap ik. Ik heb er ook weinig behoefte aan sinds ik uit de kliniek ben gekomen. Er is nu iets anders wat ik leuker vind.’

Mientje begint te lachen, en even heb ik het idee dat ze zelfs een beetje verlegen wordt. Ze loopt naar me toe en zoent me op de mond. Ik sla mijn armen om haar heen en wrijf over haar rug. Haar borsten drukken tegen mijn tengere lijf aan. Ik word een beetje licht in mijn hoofd van de opwinding. Dit is nog beter dan crack.

44

Mien is niet graag bij mij in de kamer van de kliniek, dus ik ben bijna elke dag bij haar in Delft. Ik slaap er ook vrijwel elke nacht, al mag dat eigenlijk niet van de kliniek. Of het slim is weet ik niet, maar ik heb me nog nooit in mijn leven zo geliefd gevoeld.

We bellen en sms'en elkaar de hele dag door, behalve op de momenten dat we niet aan het werk zijn. Ik heb haar dochter Santje ook ontmoet, een grappige, beetje brutale meid. Net Mientje. Ik vind Mientje geweldig vanwege haar eerlijkheid. Ze is zo recht voor zijn raap, en heeft schijt aan alles en iedereen, behalve aan Santje en mij. Het maakt haar niets uit wat ik in het verleden allemaal heb uitgevreten, wat ik een enorme opluchting vind. Ik kan in alle eerlijkheid mezelf zijn, en dat vindt ze helemaal best.

Een van de begeleiders heeft me gevraagd wat ik er überhaupt nog doe, in die kamer van het begeleid wonen. Waarschijnlijk willen zij ook liever dat ik wegga en weer plaatsmaak voor een ander. Toen ik het aan Mientje vertelde, zei ze meteen: 'Dan kom je toch bij mij wonen?'

Ze zei dat we mij konden inschrijven bij haar op zolder, zodat het lijkt alsof ik die van haar huur en we een dubbele uitkering kunnen aanvragen. Mien is ook begonnen met het aanschrijven van mijn schuldeisers, zodat we een betalingsregeling kunnen treffen. We zijn niet van plan de schulden terug te betalen, maar wanneer ik ze in ieder geval wat laat horen, zullen de schulden niet meer verder oplopen.

Ik heb vandaag mijn kleding, televisie en radio verhuisd en de zolderkamer ingericht alsof ik in die ruimte woon. Mien en ik zitten op de bank met onze benen op de witte salontafel. Naast mijn voeten liggen een paar pillenstrips. Zoals elke dag, draagt Mien haar roze badstof huispak. Als ze thuiskomt van werk, kleedt ze zich uit, springt onder de douche en trekt haar comfortabele kleren aan. Alsof ze in een nieuw lichaam stapt en het oude van zich af schudt, zoals een slang dat met zijn oude huid doet. Ze heeft de capuchon over haar volle bos haar getrokken. Santje is net naar haar slaapkamer geglipt met een zak chips en wat cola. Mientje heeft het niet gezien, want die geeft haar meestal op haar kop als ze eten meeneemt naar haar slaapkamer. Ik sla mijn arm om haar heen, maar ze schuift een beetje opzij.

'Is er wat?' vraag ik.

'Luister... Ik ben best lastig, maar ik ben wie ik ben.'

'Ik vind je juist leuk om wie je bent.'

'Wat ik wil zeggen: laat me er niet achter komen dat je achter mijn rug om met een ander *leg* te neuken, want dat is de vorige keer ook niet goed afgelopen. Maar als je me laat, me met rust laat als ik daarom vraag, krijg je alles wat je wilt. Dan staat je eten altijd klaar en hoef je nooit buiten de deur te eten.'

Ze staat op en pakt een joint uit haar handtas. Een beetje nerveus schuift ze wat kaarsen opzij, op zoek naar een aansteker.

'Hier.' Ik gooi de mijne naar haar toe. Ze vangt hem en steekt de joint aan. Ze blowt nooit als Santje erbij is.

'Soms wil ik alleen zijn, dan moet je me met rust laten,' zegt ze.

'En wat bedoel je met dat je gekke dingen doet?'

'Kijk, ik heb vaak pijn en ben depressief, daarom slik ik ook die pillen. Maar ik moet me ook soms terugtrekken. Ik heb mijn ex-vriend aangevallen met een keukenmes. Hij ging vreemd, terwijl hij deed alsof Santje en ik veilig bij hem waren. Hij werkte gewoon, had een stabiel leven, maar uiteindelijk was het toch echt een klootzak. Hij liet ons stikken. En toen wilde ik hem gewoon doodmaken.'

Ik kijk haar aan, maar zeg niets.

'Ik heb anderhalf jaar vastgezeten, poging tot doodslag, Santje moest bij haar vader wonen. Ik vond het echt verschrikkelijk. Nog nooit heb ik ergens zo'n spijt van gehad.' Santjes vader is een wat oudere man die ergens op het kamp in de buurt van Ede woont. Mien vertelde dat hij in de drugs- en wapenhandel zat, maar los daarvan is hij voor Santje een prima vader die haar iedere keer als ze langsgaat nieuwe kleren geeft.

'Jezus.'

'Zie je me nu als een moordenaar?' vraagt Mientje.

'Nee, je hebt hem toch niet vermoord.'

Ik moet denken aan Jimmy, die mij neerstak. Hoe vreselijk ik hem ook vind, ik vind hem geen moordenaar. Hij werd door een soort wilde drift gedreven, om de pijn te stillen die de drugs veroorzaakt hadden, en ik denk dat Mien ook zo'n pijn en drift voelde. Als haar leven anders was verlopen, had ze dit nooit gedaan. En ik denk dat de belangrijkste reden dat Mientjes verleden me koud laat, is dat ik zo ook mijn eigen verleden heb.

'Ik wilde het toen wel, maar nu niet meer, hoor.'

Ik trek haar benen naar me toe.

'Ik zou je nooit bedriegen. Ik ben enorm blij met het leven dat we hier samen hebben. Waarom zou ik dat verpesten en jou pijn doen?'

Ze schuift opzij en legt haar hoofd op mijn schouder. Ik denk dat we allebei hetzelfde ervaren, hoe goed het voelt om in een relatie te zitten waar de een de ander niet veroordeelt. Nooit had ik gedacht dat ik nog ooit uit mijn verrotte dal zou klimmen.

'Dus je vindt niet dat ik verantwoordelijk ben voor mijn daden?'

'Misschien, maar ik denk dat er zat dingen zijn waar je geen invloed op hebt gehad, die ervoor gezorgd hebben dat je dit gedaan hebt.'

'En als ik zelfmoord pleeg? Ben ik daar dan ook niet verantwoordelijk voor?'

45

'En wat doe jij?' vraagt ma.

'Hoe bedoelt u?' vraagt Mien.

'Wat voor werk je doet.'

Mien en ik zijn bij ma op bezoek. Het is de eerste keer dat ze elkaar ontmoeten. Toen we binnenkwamen via de achtertuin, struikelde Mien over de drempel.

'Godverdomme!' riep ze. Ma wierp me een blik toe, die zoiets zei als: wat moet je met dat mens?

Nu zitten we aan de hoge tafel. Voor ons staat een koektrommel, waar ik met mijn vingers op aan het tikken ben.

'Kap daar eens mee,' zegt ma.

'Ik ben arbeidsongeschikt.' Mien steekt haar brace in de lucht. Gisteren heeft ze er nog een flinke klap mee op de muur gegeven. Ze was geïrriteerd, want er lagen wat beschimmelde boterhammen op de grond in Santjes kamer. Ze begonnen flink te ruziën, waarbij Mien riep dat Santje niet meer thuis hoefde te vreten en Santje zei dat ze Miens vreten niet meer hoefde. Santje spoot een flinke laag parfum op, deed haar jas aan en rende toen de deur uit. Die avond heeft Mien veel pillen geslikt, om tot rust te komen en te kunnen slapen, en daarna was ze niet meer aanspreekbaar. Ze sloot zich op in de slaapkamer, ik zat op de bank televisie te kijken en te wachten tot ik naar binnen kon.

'Je kunt toch wel wat met je andere arm? Iets administratiefs? Je hebt maar één arm nodig om de telefoon op te nemen.' Ma fronst.

Haar ogen liggen volgens mij dieper dan ooit in haar oogkassen.

'Dat is niet nodig, ik heb een uitkering,' zegt Mien. Als ma ergens een hekel aan heeft, is het aan mensen die de hele dag op hun luie reet zitten. Toen ze zelf amper nog kon lopen, stapte ze toch elke dag op de fiets om voor een alcoholist en haar kinderen geld te verdienen.

Ik wil weer gaan, maar we zijn er pas net, dus pak ik een koekje om mezelf af te leiden. Het zijn van die vanillekoekjes met melkvulling erin. Ik kauw extra langzaam.

'Een uitkering? Je bent volgens mij jong en fit genoeg om te werken.'

'Ik ben depressief en niet zo sociaal. Dat gaat niet goed samen met een baan. Sommige dagen kan ik niet uit bed komen. Die baan ben ik dan zo kwijt,' zegt Mien.

'Zeg, ma, ik heb laatst promotie...' probeer ik.

'Daarvoor heb je ook discipline nodig,' zegt ma tegen Mien.

Jezus, ma, denk ik.

'Het is toch prima dat Mien een uitkering heeft? Mien regelt op haar manier haar geld en ik werk ervoor.'

Ma moest eens weten wat Mien naast haar uitkering doet, dan zou ze het pas echt besterven. Of deed, ik weet het eigenlijk niet. Mien zegt dat ze ermee gekapt is, maar ik geloof het niet. Haar uren en haar inkomen zijn hetzelfde gebleven, en ik kan me niet goed voorstellen dat ze evenveel verdient in een winkel. Ik heb het er ook met Wim over gehad, die ik tegenwoordig wekelijks bel. Hij is ontzettend blij dat ik Mien heb ontmoet en waar ik nu sta in het leven, en hij weet wat voor werk ze doet. Hij zegt me dat ik moet vertellen wat het met me doet, en dat ik aan haar moet vragen om er eerlijk over te zijn. Mien blijft vaag en ontkent het ene moment alles en zegt het andere moment dat ze af en toe nog één klant ziet met wie ze niets doet.

Ma steekt een sigaret op en staart naar Miens lippiercing terwijl ze een trekje neemt.

‘En werk gaat allemaal goed bij jou? Je komt elke dag opdagen?’ Ma kijkt nu naar mij.

‘Ja, ik heb laatst promotie gemaakt. Ik moest wat cursussen volgen en nu ben ik voorman.’

Ik pak nog een koekje.

‘En geen drugs meer? Je bent helemaal gekapt?’

‘Ja, ook geen enkele behoefte aan,’ zeg ik met mijn mond vol. Dat lieg ik. Gisteren bij werk, betrapte ik mezelf erop dat ik aan het dagdromen was over dope. Het was plots komen opzetten, en ik had geen idee waar het vandaan kwam. Gauw stopte ik die gedachten weg.

‘Nou, nou.’

‘Heb je niet nog wat foto’s van vroeger? Dat vindt Mien leuk om te zien,’ zeg ik.

Ma hoest, wacht tot ze weer wat zuurstof heeft verzameld, en zet dan weer haar lippen aan de sigaret.

‘Daar in die kast.’

Mien bekijkt foto’s van Anton, Miranda en mij. Van Anton heb ik niets meer vernomen sinds we elkaar die ene keer gezien hebben.

‘Gaat alles goed met Anton?’ vraag ik. ‘En Miranda?’

‘Ja, best.’

Mien lacht om een foto van mij in een sinterklaaspak. Ma vertrekt haar gezicht, alsof alles wat uit Mien komt haar pijn doet, als zo’n vervelende piep in je oor.

‘Wij moeten weer eens gaan. Bedankt voor de koffie.’

Ik wenk Mien dat ze moet opstaan. Die avond belt ma me.

‘Wat moet je met die vrouw?’ vraagt ze me tot drie keer toe.

‘We houden van elkaar, ik heb een huis, en ik ben van de drugs af. Het is ook nooit goed,’ bijt ik haar toe. Ik zeg haar dat ze zich met haar eigen zaken moet bemoeien en druk het gesprek weg.

Als het zo moet, hoef ik haar voorlopig niet te spreken.

46

Dope.

Een steeg. Dealer. Roken. Heerlijk.

Ik schrik wakker. Mijn lakens zijn vochtig van het zweet. Ik strijk met mijn arm over de andere helft van het bed, die leeg is, zoals bijna elke nacht het geval is. Op de achtergrond hoor ik zacht geroezemoes op de televisie en ik hoor Mien op haar sloffen rondlopen. Ik ben opgelucht. Steeds vaker denk ik aan die keer dat ze over zelfmoord begon. Was het een grap? Wilde ze aandacht? Of meende ze het?

Ik sta op en loop de huiskamer in.

Ze zit als een schim op de bank met haar capuchon over haar hoofd, het blauwe licht van de televisie verlicht haar bleke wangen. Voor haar liggen een aantal halfopgemaakte pillenstrips. Ik kom steeds vaker lege verpakkingen tegen. Ze slikt oxycontin, oxyloren, valiums, slaapmiddelen, versterkers, en natuurlijk joints en alcohol.

'Gaat alles goed?' vraag ik. Ze reageert niet.

'Mien, alles oké?' probeer ik nog eens.

'Ik kon niet slapen.' Ze kijkt me niet aan en blijft naar de televisie staren. Ik zie dat ze huilt. Ik streel haar over haar arm, maar ze reageert er niet op. Als versteend blijft ze recht voor zich uit kijken. Ik pak een biertje uit de koelkast en drink het in een paar slokken leeg.

'Ik kan gewoon niet voor Santje zorgen,' zegt ze. Santje is niet thuis. Ze hebben veel ruzie, steeds vaker ook. En steeds vaker zie ik die kant van Mien, waar ze me voor gewaarschuwd had.

'Tuurlijk kun je dat wel,' zeg ik.

'Als Santje er niet was, had ik er allang een einde aan gemaakt.'

'Dat meen je niet echt.'

Ik weet dat ze naar verschillende praatgroepen en een therapeut gaat, maar ik geloof niet dat het helpt. Ik weet ook niet wat ze met hen deelt. Aan het begin van de maand is ze vrolijker, als ze haar nieuwe voorraad pillen krijgt, maar in die periode slaapt ze meer dan dat ze wakker is. Soms als ik even kom kijken, klopt ze op het bed en vraagt ze om seks. Ik weet dat ze me ermee manipuleert, dat ze het doet zodat ik mijn mond houd, en toch kan ik niet anders dan erin meegaan. Als ze zich goed voelt, zijn we net een echt gezin. Dan staat de koffie 's ochtends vroeg te pruttelen, terwijl Mien de boterhammen smeert, ik onder de douche sta en Santje haar schoolspullen inpakt. Hoe verdrietig Mien ook is, ze blijft altijd zorgzaam en lief. Voor mij is dit huis een plek geworden waar ik mijn oude leven kan begraven, maar ik heb het gevoel dat het voor Mien juist andersom is. Deze plek staat voor haar voor een leven dat ze verschrikkelijk vindt.

Ik ben naast Mien op de bank gaan zitten en wacht tot ze weer iets zegt, maar ze zegt niks.

'Je meent het niet, toch?' probeer ik nog eens.

'Ik kan het niet meer, ik wil niet meer. Ik ben op,' snikt ze.

Ik omhels haar en druk haar hoofd zacht tegen mijn schouder.

'Tuurlijk wel, jij kunt alles.' Ik aai met mijn hand over het zachte fluweel van de capuchon op haar hoofd.

'Nee, luister dan, ik wíl niet meer. Ik wil dood.'

Mien pakt de pillenstrips, loopt naar de slaapkamer en doet de deur op slot. Ik klop op de deur maar ze reageert niet meer.

47

Miens ogen zijn glazig en rood, haar oogleden hangen. Het is al laat op de avond, maar ik durf nog niet naar bed te gaan. Ze heeft weer veel te veel geslikt en is in een andere wereld. Hoe ze aan al die pillen komt, weet ik niet. Ik kan me niet voorstellen dat je zoveel van een arts krijgt. Op televisie speelt een of andere soapserie. Voor haar staat een halfleeg glas Bacardi-cola en een biertje. De woorden die ze heeft uitgesproken blijven in mijn hoofd rondspoken. Ik kan het niet begrijpen, toen ik op straat leefde heb ik geen enkel moment gedacht dat ik dood wilde.

Ik neem een slok van mijn biertje.

Dope.

Ik heb er zo'n zin in. Ik wil loslaten, pijnloos zweven in de lucht.

'Ik trek dit niet meer,' zeg ik.

De donkere mist in haar hoofd verdwijnt niet meer en zit nu ook in mijn hoofd.

Ik denk bijna de hele tijd aan dope. Het voelt alsof die op me aan het wachten is, alsof die steeds dichterbij komt, tot ik niet meer sterk genoeg ben. Het maakt me doodsbang.

Santje is ook begonnen met blowen, spijbelt veel en is bijna nooit meer thuis. Als ze er wel is, ruziën zij en Mien over van alles en nog wat.

Elke dag ben ik bang dat ik haar levenloze lichaam zal vinden. Of ik verlies haar binnenkort, of ik blijf voor de rest van mijn leven in onzekerheid verkeren of dit dan de laatste dag zal zijn dat ik haar zie. Wat erger is weet ik niet. Soms verdwijnt ze de hele nacht, dan heb ik geen idee waar ze is.

'Hoorde je wat ik zei?' zeg ik.

Ze draait zich langzaam om.

'Wat?'

'Dit werkt zo niet. Ons, dit leven, jouw pillenverslaving, iedereen gaat eraan kapot.'

Mien strekt haar arm uit en pakt het glas Bacardi-cola.

'Ik heb ruimte nodig,' zeg ik.

'Wat ga je doen dan? Een eigen kamer zoeken en voor het eerst voor jezelf zorgen?'

Ik bijt op mijn lip. 'Ik weet niet... maar dit gaat gewoon niet zo.'

'Je hebt mij nodig,' zegt ze.

'En jij hebt hulp nodig. Méér hulp dan je nu krijgt.'

'Ik weet het.' Dat zegt ze elke keer, maar ze doet er niets mee. Ik denk omdat ze het al heeft opgegeven.

'Ik hou echt van je, maar ik kan jou niet beter maken.'

Mien blijft even stil. Ineens wordt haar blik scherp, alsof alle pillen zijn uitgewerkt.

'Weet je, ik ga het gewoon doen. Ik ga alles innemen,' zegt ze strijdvaardig. Er springen tranen in haar ogen, maar ergens lijkt ze ook opgelucht. Alsof ze alle spanning die ze in zich draagt met die woorden eruit stoot.

'Flikker op, dat zou je toch nooit echt doen?'

'Jawel. Ik weet het niet. Ik heb alleen maar pijn en het lukt me niet om voor Santje te zorgen. Het is te veel.' Ze wrijft met haar mouw de tranen weg.

'En ik dan, Mien? Of Santje? Geef je daar niets om?'

Ze pakt de oxycontin uit haar tas. Ze drukt een pil uit het folie en slikt hem door met een slok Bacardi-cola.

Dope. Die trekt aan me. Die vormt wortels die groeien, zich vertakken en steeds meer grip krijgen in mijn hoofd.

‘Dit is toch niet de enige uitweg, we zoeken gewoon meer hulp voor je.’

‘Het helpt niet. Ik heb alleen maar pijn,’ huilt ze. Ze neemt nog een pil, nog een slok Bacardi-cola.

‘Maar... ben je nu serieus aan het aankondigen dat je zelfmoord gaat plegen? Wie doet dat? Je gaat toch geen zelfmoord plegen terwijl ik hier ben?’

Ik geloof het niet.

‘Misschien niet, ik weet het niet.’

Dit is een schreeuw om aandacht. Ze manipuleert me.

‘Ik geloof er niets van,’ zeg ik.

‘Je zult het zien, of je me hier morgen vindt of niet.’

Ik kan niet meer praten. Mijn hoofd is zwaar en dof, mijn mond voelt verlamd.

‘Als ik zelfmoord pleeg, moet je me laten gaan,’ zegt ze. Het suist als een echo door mijn hoofd. Mijn wangen gloeien.

Ze meent het niet.

‘Je gaat mij toch niet laten beslissen of je wel of niet doodgaat?’

‘Je moet me gewoon laten,’ zegt ze.

Ze is totaal de weg kwijt, en ik ook. Ik heb geen idee wat ze echt van plan is en wat niet.

‘We gaan morgen meer hulp voor je zoeken, oké?’ zeg ik.

Mien zegt niets meer. Haar blik wordt weer zachter, ik denk dat de pijnstiller begint te werken. Nog een paar minuten hou ik haar in de gaten, en dan valt ze langzaam op de bank in slaap. Ik ga naar bed.

Na een korte, onrustige slaap word ik wakker. Ik droomde dat ik weer in Rotterdam op straat leefde. Mijn zakken zaten vol met geld en dope.

Dope.

Mien ligt niet naast me en het is doodstil buiten de slaapkamer. Normaal hoor ik haar altijd rondlopen, of hoor ik de waterkoker pruttelen en de geluidjes van de spelletjes die ze speelt op haar telefoon.

Maar nu hoor ik helemaal niets.

Ik vlieg op uit bed en loop vlug naar de huiskamer. De televisie staat nog steeds aan. Ze ligt op de bank, volledig buiten westen. Naast haar hoofd ligt braaksel op de bank en op de grond. Haar lippen zijn blauw en haar gezicht is opgezwollen. Op de salontafel zie ik verschillende lege pillenstrips liggen. Ze moet alles hebben geslikt wat ze in huis had. Hoe kan ze überhaupt zoveel hebben? Die moet ze al maanden aan het verzamelen zijn geweest.

Ze heeft het echt gedaan. Ze meende het echt.

Ik ga op mijn hurken zitten en voel gelukkig dat ze nog ademt, al is het heel traag. Met mijn arm veeg ik het braaksel van haar mond en de bank.

Ik ren naar de telefoon en bel 112.

'Mijn vriendin heeft zelfmoord geprobeerd te plegen... Ze ademt nog, kom alsjeblieft gauw.' Ik geef het adres door en ren als een gek heen en weer door de huiskamer.

Dan bel ik Santje, ze is bij een vriendin.

'Dit heb ik al jaren aan zien komen,' zegt ze, rustiger dan ik had verwacht.

'Meen je dat?'

'Het is niet de eerste keer dat ze dit doet.'

Op de klok zie ik dat ik ongeveer een uurtje geslapen heb. Hoe langer het duurt voordat de ambulancedienst komt, hoe meer de pillen doorwerken. Als het te lang duurt, stopt ze met ademhalen en dan krijgt ze een hartstilstand. Ik ga op de salontafel zitten en hou haar slappe hand vast. Haar ademhaling wordt zwaarder en er zitten steeds grotere tussenpozen tussen. Ze ademt uit. Eén, twee, drie, vier, vijf, zes, zeven, acht, negen, tien, elf... Kom op, inademen Mien, dertien, veertien. Ze ademt in. Ik tel weer, achttien seconden, en dan ademt ze uit. Haar borstkast beweegt bijna niet meer op en neer. Als ze geen zuurstof meer binnenkrijgt gaat ze dood.

Schiet op, schiet op, schiet op.

Ik ren naar het raam en duw met mijn vingers de luxaflex opzij in de hoop de zwaailichten te zien. Niets. Gauw loop ik weer terug naar Mien. Ik hou mijn hand voor haar neus en mond en voel bijna niets meer.

En dan hoor ik ineens ver op de achtergrond een sirene. Zijn die voor Mien? Laat ze alsjeblieft voor Mien zijn.

Verschillende lichten schijnen via het raam naar binnen. Ze zijn hier gestopt. Ik kijk uit het raam en zie dat verschillende buren wakker zijn geworden en ook uit het raam kijken. Snel doe ik de voordeur open en na een paar tellen verschijnen de ambulancebroeders. Ze spuiten een injectie in Miens arm en ze schiet meteen omhoog.

'Klootzak! Ik heb je gezegd dat je je er niet mee moest bemoeien!' gilt ze.

De broeders proberen haar op de brancard te leggen, maar ze is wild aan het zwaaien met haar armen en probeert wat trappen uit te delen.

'Je moest me laten gaan!'

Ze binden haar armen en benen vast, maar ze blijft met haar romp en onderlijf heen en weer bewegen. Een van de broeders zet het raam open. Ze passen niet met de brancard door het trappenhuis, dus Mien moet via het raam. Op de begane grond staat een brandweerlift waar ze van bovenaf op getild wordt.

Als ze haar uit het raam tillen schreeuwt ze: 'Patrick van der Jagt, ik vergeef het je nooit!'

48

'Dames en heren… welkom in de sprinter naar Rotterdam Centraal,' zegt de omroepstem in de trein.

Patrick van der Jagt, ik vergeef het je nooit, hoor ik Mien in mijn hoofd zeggen.

Nog nooit heb ik iemand zo woest gezien, zo manisch. Ze is opgenomen bij de ggz. Ik ben meteen op zoek gegaan naar een kamer. Binnen een paar dagen vond ik een eigen studio in Delft, een gemeubileerd souterrain in een monumentaal pand aan de gracht. Dankzij mijn leidinggevende, die me een voorschot gaf op mijn loon, kon ik zelf de borg betalen. Voor het eerst in mijn leven heb ik een eigen huis, een nieuwe start misschien zelfs.

Ik drink een blikje whisky-cola, maar ik word er niet dronken van. In mijn rugzak zitten er nog een paar. Mijn leven in Rotterdam voelde lange tijd zo ver weg, maar het gaat in feite maar om een treinritje van dertien minuten. Dertien minuten kost het me maar, om me opnieuw de afgrond in te storten.

Ik vergeef je nooit.

Ik kan het verlangen niet meer tegenhouden. Ik wil aan mezelf ontsnappen, en alles wat eromheen hangt. Terugkeren naar het monster dat ook mijn vriend is, dat voor de rest van mijn leven onderdeel van mij is geworden. Ik mis de zorgeloosheid die hij met zich meebrengt, want ik trek het idee niet dat Mien er binnenkort misschien niet meer zal zijn. Het is niet de vraag of ze het gaat doen, maar wanneer en wie haar gaat vinden. Ik wil mijn lichaam en geest weer delen met mijn oude vriend.

'Dames en heren... Rotterdam Centraal,' zegt de omroepstem. Ik moet opstaan. Mijn hart bonkt en ik ben misselijk. Een mengeling van opluchting, opwinding en walging zwerft door mijn lichaam. Ik mis Mien, haar eten, haar roze meubels, haar thuis. Ons thuis.

Was het allemaal wel zo fijn? Of verlang ik naar iets wat er nooit echt was en nooit zal zijn?

Ik volg de meute de trein uit, het perron over, de stationshal door en het stationsplein op. Ik neem de plek in me op waar ik mensen dagenlang heb gesmeekt om een rooie cent, en waar ik nachtenlang mijn lichaam aan vreemden heb verkocht. De gedachten daaraan maken me misselijk, maar wat ik ervoor terugkreeg is het enige waar ik nog aan kan denken.

Ik pak mijn telefoon uit mijn zak en bel een nummer dat ik vier jaar lang afgezworen heb.

'Heb je wat wit voor me? Ik ben er weer.'

49

'Wat woon je op stand,' zegt Mien terwijl ze door mijn appartement rondloopt. Mijn studio is zo schoon als een lijkenhuis. Ze is uit de ggz-kliniek ontslagen. Ik weet niet of het slim is dat ze hier is, ik weet niet of het slim is om met haar naar bed te gaan. Maar het is wel wat ik wil.

'Het is niet te geloven, hè,' zeg ik.

Ik snap niet waarom ik weer de mist in ben gegaan. De crack voelde zo goed en slecht tegelijk. Ik heb geen bruin gehaald, dat valt onmogelijk te combineren met werk, ook al ben ik daar afgelopen week al een paar keer niet komen opdagen. Een van mijn collega's heeft me er ook op betrapt dat ik tussen twee shifts door heb gedronken. Gelukkig heeft hij het niet tegen mijn baas gezegd.

'Maar het is niet jouw thuis,' zegt ze.

'Nee.'

Ze loopt naar me toe. Haar huid is grauw, ze heeft donkere wallen onder haar ogen, maar ze blijft mooi.

'Ik mis je zo,' zegt ze. Met haar hand aait ze over mijn hoofd.

'Ik jou ook,' zeg ik.

'Waarom kom je niet terug naar huis?' Ze slaat nu haar beide armen om me heen. Haar borsten zijn tegen mijn borst gedrukt. Ik leg mijn handen op haar onderrug.

'We horen toch bij elkaar?' zegt ze.

Ik knik. Ik wil haar zo graag kussen en alles vergeten.

'Ja, maar wat je hebt gedaan is niet niks.'

'Dat snap ik. Ik weet niet wat me bezielde.' Haar vingers glijden door mijn haar, over mijn nek.

'Ik ook niet.'

Ze kust me, en ik kus haar terug. Opluchting, verdriet en verwarring kolken door mijn hoofd. Het voelt als thuis en tegelijkertijd als een plek waar ik niet wil zijn. Mien trekt mijn shirt uit over mijn hoofd en daarna haar eigen topje. Ze pakt mijn hand en neemt me mee de trap op waar mijn bed staat. Ik ga op bed zitten en ze kust me opnieuw. We gaan liggen, zij op mij. Ik krijg het warm, bloedheet. Mijn lichaam wordt vochtig van het zweet. Mien stopt.

Ze ruikt het.

Ze weet het.

'Je gebruikt weer,' zegt ze. Ik durf haar niet aan te kijken. Ze klautert van me af, blijft nog even wachten op een antwoord, en loopt daarna naar beneden. Kort daarna gaat de deur open en valt weer in het slot.

•

Mijn telefoon gaat, maar het is midden in de nacht. Ik probeer hem in het donker van mijn nachtkastje te pakken, en gooi daarbij per ongeluk mijn basepijp op de grond.

'Santje' lees ik op het scherm. Dat kan maar één ding betekenen.

Ze snikt onophoudelijk.

'Wat is er?' vraag ik.

Alleen gesnik.

'San, wat is er?'

'Het is nu wel gelukt...'

'Ik kom eraan,' zeg ik.

Ik vind Santje huilend in het appartement. De woonkamer is

gevuld met ambulancepersoneel. Mien ligt nog op de bank, maar ze maken zich klaar om haar op de brancard te tillen en haar lichaam mee te nemen. De setting is precies zoals vorige keer. Ze ligt op de bank met allerlei lege pillenstrips naast zich. Haar gezicht is opgeblazen, haar lippen zijn blauw en droog, precies zoals een maand geleden.

Alleen nu is ze dood. Ze komt niet meer terug.

Ze heeft niets voor ons achtergelaten, alleen haar levenloze lichaam.

Santje huilt en huilt, en ik ben verlamd. Ik voel dat ik er ben, maar toch ben ik er niet. Mijn hart klopt als een bezetene, mijn pupillen zijn wijdopen. Toch zie ik niets.

Ik walg van mezelf, dat er een junk naast Santje staat in plaats van een vader. En ik walg er nog meer van dat ik op dit moment een extreme behoefte voel om weer te roken. Als het ambulancepersoneel weg is, gaan Santje en ik aan de glazen tafel in de achterkamer zitten. We zwijgen allebei, want waar praat je over als je je moeder of geliefde bent verloren? Ik weet niet of ik boos of verdrietig moet zijn, maar ik voel het allebei.

Nadat we een tijd stil voor ons uit gestaard hebben, pak ik mijn telefoon erbij. En dan ineens zie ik dat ik een gemiste oproep van Mien heb van een paar uur geleden. In een flits denk ik dat ze er nog is, dat ze nog leeft, maar al snel realiseer ik me dat ze me vlak voor ze overleed gebeld moet hebben.

Ze heeft ook een voicemail achtergelaten. Wat wilde ze nog zeggen?

Ik ga direct naar mijn voicemail en luister hem af.

'U hebt één nieuw bericht.'

Ik hoor Mien snakken naar adem, ongeveer tien seconden lang, en dan drukt ze me weg.

50

Ma is overleden.

Denk ik. Ik weet het eigenlijk niet. Het voelt als een droom, zo een waarvan je niet zeker weet of wat je droomt wel of niet echt gebeurd is. Ik herinner me bij vlagen dat ik in haar huis sta. We ruimen haar huis leeg.

Was Anton er ook?

Was er een uitvaart?

Ik rook weer wit en bruin, ik woon overal en nergens. Santje heeft achterhaald waar ik nu slaap. Ze is hier al vaker geweest, herinner ik me ergens, maar misschien heb ik het mis.

'Via MSN,' hoor ik haar in mijn achterhoofd zeggen. Ik weet niet wat het betekent. Ze staat voor me. Ik heb mijn heroïnebuisje vast. Naast me staan warme blikjes whisky-cola die ik uit de supermarkt heb gejat, sommige nog vol, de meeste al leeg. Ik hoor gefluister van andere verslaafden die in en uit lopen.

'Santje, ik kan niet voor je zorgen,' probeer ik eruit te krijgen. Ik praat met een dubbele tong. Ik haat mezelf zo erg, dat ik hier zit, met heroïne en crack voor mijn neus, andere verslaafden om ons heen, en dat ik probeer haar weg te sturen.

'Ik kan je niet meer zien, kijk naar me, naar dit alles,' zeg ik. 'Dit is geen plek voor jou.'

Wat Santje zegt weet ik niet. Het komt niet binnen.

'Je moet je vader bellen.'

'En jij dan?' hoor ik haar ineens verrassend helder zeggen.

Ik wil niemand meer spreken, ik moet verdwijnen.

'Voor mij is het einde verhaal. Ik kan niet voor mezelf zorgen. Ik kan niet meer.'

DEEL 3

2017-2020, tweeëntwintig jaar

‘De omgeving van de mens is de medemens.’

Tekst Jules Deelder, op gebouw op de Nieuwe Binnenweg

51

Het lichtje van de lift brandt en piept. Nog voor de deuren opengaan, druk ik op de knop om de lift naar beneden te sturen. Er is nog niemand in de parkeergarage, behalve de schoonmaakster. Hopelijk hoort ze de lift niet. Ik ga denk ik al een uur op en neer. Er sijpelt langzaam pus over mijn tandvlees en mijn tong. Ik slik het door. Mijn wang is opgezwollen en doet pijn, maar toch blijf ik met mijn tong tegen de tand duwen, in de hoop dat ik de pijnlijke druk verlicht wanneer ik van de tand af kom. Ik kan er al deels met mijn tong onder, wat betekent dat hij bijna loslaat, maar ik voel nog een dunne wortel zitten. Ik duw met mijn tong tegen de andere tanden en tel er nog vijf, die ook gammel in mijn mond zitten.

Mijn tand is me al dagen aan het irriteren, en zelfs de andere daklozen ruiken het als ik in hun buurt kom. 'Jezus, wat stink jij,' roepen ze naar me. Blijkbaar kun je blind worden voor alle andere geuren, behalve die van een abces. In deze lift heeft niemand er last van. Het lichtje piept, ik druk op de pijl omhoog. De lift zoeft de lucht in.

Ik pak mijn basepijp uit mijn zak en rook wat wit. Mijn hartslag verhoogt en het wit geeft me een aangename klap in mijn gezicht. Onbewust sta ik op. De pijn in mijn mond, voeten en rug kan me niets meer schelen. Nog een paar minuten kan ik genieten van dit lekkere gevoel. De liftdeuren gaan open. Ik wil op de pijl omlaag drukken, maar er wordt een voet tussen de deuren gestoken.

'Je moet gaan, de winkels gaan zo open, dus de mensen komen eraan,' zegt de schoonmaakster. Ze schrikt, van de geur denk ik, en ze perst haar lippen op elkaar om niet in te ademen.

'Ja, sorry,' zeg ik terwijl ik mijn rugzak van de grond pak. Ze draait haar hoofd weg als ik langs haar loop, waarschijnlijk om de walm die om me heen hangt te ontwijken. Ik stap de lift uit en neem de trap naar buiten. Het begint langzaamaan licht te worden. Het dunne streepje van de maan is nog zichtbaar in de lucht. Het is koud buiten.

Ik weet niet waar ik heen moet.

Ik ga even op de grond zitten, tegen de etalage van een winkel. De winter komt eraan, ik voel het aan de steeds kouder wordende grond. Het vocht trekt in mijn broek. Met mijn hand druk ik op de wang die maar blijft kloppen.

Ik ben er bang voor, bang dat ik dit jaar niet ga redden. Na het overlijden van Mien, acht jaar geleden, ben ik meerdere keren in het ziekenhuis beland door onderkoeling en longproblemen. Ik werd met antibiotica weer de straat op gestuurd, toen was ik nog sterk genoeg. Dit jaar niet meer. Dat voel ik aan mijn lichaam. Mijn diepste binnenste, dat zo ver verscholen op een plek zit dat zelfs mijn verslaving er niet bij kan komen, zegt dat het niet langer meer kan.

Maar ik weet ook niet hoe het dan wel moet.

De supermarkt is al open. Ik steek een chocoladereep in mijn zak en loop ermee naar buiten. Niemand heeft het door, niemand komt achter me aan gerend. Om de hoek van de winkel scheur ik het papier open en neem ik een hap.

Een krakend geluid. *Au.* Te gulzig was ik, ik had de chocolade moeten laten smelten in mijn mond. Dit soort harde dingen kan ik allang niet meer eten.

Ik proef de ijzerachtige smaak van bloed. De tand is los. Ik pak hem uit mijn mond en gooi hem op de grond. Nu heb ik er nog vier. Een snijdende wind blaast in mijn gezicht.

De winter lonkt, en ik denk dat hij me dit jaar zal opslokken, en dat ook ik zal verdwijnen samen met al die anderen die elk jaar in het niets opgaan.

Dat wil ik niet.

52

De trein schiet luid langs ons voorbij. Manus en ik zitten gehurkt naast het spoor op de grond met onze tassen voor ons. Voor mijn voeten ligt een gasbrander, zo'n ding dat je gebruikt om crème brûlée te karamelliseren. Wij gebruiken het om het buisje leeg te roken. Het heeft gevroren, dus de grond is hard en er ligt een wit, ijzig laagje op. We roken bruin en warmen ons aan de heroïne die door onze lichamen vloeit. Het is het enige waar we de hele tijd mee bezig zijn, om te verdwijnen van deze wereld en in onszelf te kruipen. Ik draag hem nog steeds wel met me mee, die jongen die het leven anders voor zich zag, voor zich ziet, maar hij raakt steeds verder van me verwijderd. Ik wil een ander leven, met een bed, eten en warmte, maar ik wil ook blijven gebruiken, en ik heb geen idee hoe ik die twee moet verenigen.

We zitten op nog niet één minuut lopen van het oude huis van Wim. Hij is inmiddels verhuisd, naar een prachtige flat met uitzicht over de Coolhaven. Wim heeft me aan Manus voorgesteld. Een tijd geleden, toen het weer goed met Manus ging, toen hij nuchter was en een kamer en een baan had, wilde Wim graag dat ik hem zou ontmoeten. Dat ik een voorbeeld zou nemen aan Manus' goede gedrag. Wim was ontzettend trots op Manus, maar Manus wilde mij niet ontmoeten, hij wilde niks te maken hebben met een junk die hem weer het verkeerde pad op kon sleuren. Nu spreek ik Wim niet meer, want ik heb geld van hem geleend en het niet terugbetaald. Toen ik het geld in mijn zak stak, wist ik al dat Wim het nooit meer terug zou zien. Ik schaam me kapot.

En nu zitten Manus en ik hier samen, en ik heb geen idee meer hoe onze levens nou echt zo vervlochten zijn geraakt. Op straat denken mensen dat we broers zijn. We zijn ongeveer even oud en blijkbaar lijken we op elkaar, maar dat komt misschien omdat alle daklozen op elkaar lijken.

De meeste nachten slaap ik samen met Manus of met de Tekenaar, de enige met wie ik nog omga uit het oude groepje van de straat. Dan slapen we in liften, parkeergarages, trappenhuizen, fietsenstallingen of stations. De overgangsplekken waar anderen in beweging zijn, daar staan wij even stil. Jerry en Kleine Patrick zijn inmiddels al een paar jaar van de straat af, dus hen zie ik niet meer. Jerry heeft een kamer ergens en Kleine Patrick werkt als straatveger.

Manus en ik zijn gewend aan elkaar geraakt, zoals de meeste mensen wennen aan een familielid. Hij is een echte hosselaar en doet altijd alsof hij een stoere kamper is, maar ik geloof dat hij vroeger gewoon een normale baan had. Volgens mij is hij ergens in de veertig, ongeveer even oud als ik.

'Ik moet zo weer eens op pad,' zeg ik. Het is maandagochtend, iets voor zevenen.

'Denk je dat er wat te halen valt?'

'Ik moet wel, ik heb niet veel meer.'

'Ik ook niet.'

Manus en ik zijn dieven, koper- en fietsendieven. We gaan vaak naar slooppanden en strippen het koper uit de stoppenkasten. De daken en de deurknoppen scannen we op koper. Onze buit leggen we in een winkelwagen, die we naar een ijzerhandelaar brengen. Soms lees ik op de weegschaal bij de handelaar dat ik veertig kilo heb gesjouwd, dat is acht kilo minder dan ik voor de laatste keer woog toen ik door een veldwerker naar het ziekenhuis was gestuurd.

Maar ik ga nu naar de fietsenstalling van Blaak. Vóór werktijd komen daar altijd veel mooie fietsen binnen, die we aan een van onze afnemers kunnen verkopen. Vijf per keer, twintig euro per stuk. Eén fiets is precies genoeg voor één zakje wit of bruin. Vijf fietsen zijn precies genoeg om zorgeloos de rest van de dag en nacht door te komen.

Ik bel met mijn telefoon, een oude Nokia die ik laatst bij de Pauluskerk van een andere dakloze gekocht heb, de afnemer zodat ik gericht aan de slag kan gaan.

'Wat heb je nodig?'

'Omafietsen en racefietsen.'

'Hoe laat en waar?'

Hij noemt een locatie en een tijd ergens in Rotterdam-West op een industrieterrein waar geen camera's hangen. Dat is zo'n zes kilometer vanaf Blaak, dus per fiets één uur lopen. Het gaat me zo'n zes, zeven uur kosten om alles daar te krijgen. Ik heb nog zeven uur tot ik alles ingeleverd moet hebben, dus ik moet aan de bak.

Op Blaak heb ik mijn gereedschap in een fietstas opgeborgen van een fiets die er al maanden staat. Ik pak mijn tang en laat de betonschaar nog even zitten. De tang stop ik in mijn jaszak, waar een groot gat in zit, zodat hij in de voering van mijn jas terechtkomt.

Eerst loop ik een ronde om te kijken of er fietsen staan die niet op slot gedaan zijn. Algauw zie ik een mooie stadsfiets in het rek staan waar iemand de sleutel in heeft laten zitten. Ik pak de fiets en zet hem een paar honderd meter buiten de stalling op slot met mijn eigen slot. Weer terug in de stalling zie ik twee fietsen met een draadslot, dat zijn de makkelijkste. Met mijn tang knip ik het slot in drie seconden open. Eerst knip ik beide fietssloten open, en dan loop ik om en om met de fietsen naar buiten waar ik ze vastzet aan de eerste fiets. Dan zie ik nog een nette racefiets die vaststaat met een schakelslot. Ik haal de betonschaar uit de fietstas en knip het slot op zijn zwakste plek open. Net als ieder mens, heeft elk slot één zwakste schakel, en als je die eenmaal gevonden hebt, kun je het slot zo openbreken.

Na ongeveer tien minuten heb ik vijf fietsen geregeld. Gauw pak ik de eerste en fiets ik ermee naar de afgesproken plek op het industrieterrein. Ik laat hem daar achter bij een gebouw dat op een loods lijkt, en loop weer terug naar Blaak. Mijn voeten zeuren bij iedere stap die ik zet, dus ik stop even bij een parkeerplaats. Ik ga tussen twee auto's zitten, pak mijn heroïnebuisje en folie en rook wat bruin. De pijn trekt langzaam een beetje weg, maar blijft aanwezig. Nog vijfentwintig kilometer lopen, en dan heb ik mijn geld. Dan kan ik mijn dealer weer bellen.

Als ik weer aankom bij Blaak, zie ik dat een dakloze aan mijn fietsslot zit te rammelen.

'Hé! Hou daar eens mee op,' roep ik.

De man kijkt geschrokken op.

'Die fietsen zijn van mij,' zegt hij.

'Nee, het zijn míjn fietsen. Dit is mijn slot. Kijk.' Ik hou mijn sleutel omhoog en steek hem in het slot.

'O.'

'Opzouten jij, anders ram ik je op je bek!'

De man druipt af en ik vloek in mezelf. Dit onderonsje heeft weer een paar kostbare minuten gekost. Vlug pak ik de tweede fiets en rijd ermee naar het industrieterrein. Het begint te regenen, en algauw trekt het water door mijn jas heen en wordt ook mijn shirt nat. Mijn handen doen pijn van de kou.

Als ik onderweg ben met mijn vijfde fiets, bel ik mijn dealer alvast. Ik kan niet meer wachten, ook al heb ik nog geen geld.

'Faka, Patrick.'

'Heb je wat wit en bruin voor me?'

'Over drie kwartier bij de wasserette achter Centraal.'

Dat ga ik nooit redden. Ik moet nog zeker tien minuten fietsen, als ik heel hard doortrap, en dan nog een uur lopen.

'Is goed,' zeg ik toch maar. Ik trap zo hard als ik kan naar de loods toe.

De afnemer staat al te wachten. Hij kijkt geërgerd.

'Je bent te laat,' zegt hij.

'Sorry, het was best ver.'

'Dat is niet mijn probleem. Ik heb hier twintig minuten staan wachten, dus je krijgt twintig euro minder.'

'Nee... alsjeblieft, ik heb echt mijn best gedaan.'

'Dat kan me niets schelen. Hier heb je 130 euro. Dat is zat voor jou.'

Ik pak het geld aan, steek het in mijn zak en loop het terrein af. Als ik wegloop, hoor ik hem nog roepen: 'Volgende keer beter je best doen!'

Ik loop zo snel als ik kan terug het centrum in. Ik heb nog vijfentwintig minuten om vier kilometer af te leggen. Ik hijg en zweet en de stekende pijn in mijn voeten begint weer erger te worden. Op de Stadhoudersweg kom ik Manus tegen op de fiets.

'Manus!'

Manus remt af en fietst naar me toe.

'Kun je me alsjeblieft naar Rotterdam Centraal brengen? Dan krijg je ook wat.'

'Spring maar achterop.'

'De dealer staat denk ik al te wachten, dus we moeten snel zijn.'

'Ja, ja,' zegt hij.

Bij de wasserette zie ik de zwarte BMW van mijn dealer Mo al staan. Mo is een beetje een mollige jongen met een brilletje op. Hij ziet er niet uit zoals de meeste andere dealers, met hun snelle Nikes, trainingspak en nektasje. Hij ziet er eerder uit alsof hij iets economisch of zoiets studeert. In een andere wereld zou je Mo klantvriendelijk kunnen noemen. Hij laat ons soms op krediet dope halen, dus als je geen geld hebt geeft hij toch wat mee. En op zondag is het 'beterschap', dan krijg je een zakje wit of bruin gratis. Ik breng hem zo'n twaalfhonderd euro in de week, dus ik ben ook wel een goede klant.

'Hoi,' zeg ik.

'Yo, Patrick. Hoeveel wil je?'

‘Twee wit en twee bruin.’
‘Goede dag vandaag gehad dus.’
Ik lach, maar ik meen het niet.
Mo wrikt de stof van zijn pook los en haalt er vier zakjes uit.
‘Tachtig euro.’
Ik kan weer ademen.

53

Het meisje van de balie staat voor me in de gebruikersruimte. Ik vergeet haar naam steeds weer, wat ik vervelend vind van mezelf, want ze is altijd ontzettend aardig.

'Pat, kun je heel even meekomen?'

Ik begrijp niet zo goed wat er aan de hand is. Ik heb net mijn eerste hijs genomen van mijn basepijp. Ook de anderen in de ruimte kijken verbaasd op. Het is niet gebruikelijk dat iemand vanachter de balie de gebruikersruimte in komt.

Ze loopt voor me uit de shottersruimte in, daar zit nu even niemand.

'Er zijn hier mensen van de televisie, die vragen naar je.'

'Van de televisie?' Ik trek mijn wenkbrauwen op en neem een hijs van mijn basepijp.

'Ja, ze hebben het over een documentaire of zo. Wil je met ze praten? Ze zitten boven.'

Ik moet denken aan wat Manus me een paar dagen eerder had verteld, ook over dat er mensen van de televisie met hem wilden praten. Ze hadden hem allerlei vragen gesteld over het leven op straat en gevraagd of hij een gebruiker was. Manus kwam met het vage verhaal dat ze van een programma van Beau van Erven Dorens waren, waarin daklozen tienduizend euro krijgen. Hij besloot te liegen en te zeggen dat hij niet verslaafd was, want een verslaafde zouden ze dat geld nooit geven.

'Ik rook nog even en dan kom ik naar boven.'

Een paar minuten later ga ik naar het meisje bij de balie, en ik volg haar naar een kantoortje waar ik nog niet eerder geweest ben. In het kleine kamertje zie ik twee jonge vrouwen zitten. Ze zien er schoon uit en de ruimte ruikt naar hun frisgewassen haren. Ik schaam me direct voor mijn eigen geur.

'Patrick is het, toch? Ik ben Francine.' Ze schudt me de hand. Haar zachte hand voelt onwennig op mijn ruwe huid. Hoelang is het geleden dat een vrouw mij de hand heeft geschud?

'Ik ben eindredacteur van Kale Jakhals Producties. En dit is Esther.' Ze wijst nu naar de andere vrouw. Esther schudt me ook de hand.

'Hoi,' zeg ik.

'Esther is producer.' Francine glimlacht naar Esther, en vervolgens glimlachen ze allebei naar mij. Ik voel me ongemakkelijk.

'Ga zitten.'

Voor mijn neus staat een bakkie koffie. 'Is die voor mij?' vraag ik. Esther en Francine knikken allebei tegelijk.

'We zijn bezig met een documentaire waarin we daklozen willen volgen in Rotterdam. We hoorden via een veldwerker en jouw vriend Manus dat jij een goeie vent bent, en we zouden jou misschien wel willen volgen.'

'Mij?'

'Ja, zou je misschien iets over jezelf willen vertellen?'

'Ehm... ja, ik ben Patrick van der Jagt en ik leef al twintig jaar op straat. Ik ben verslaafd.'

'Waaraan?' vraagt Esther.

'Cocaïne en heroïne.'

'En hoe is het om op straat te leven?' Francine kijkt me aan. Haar ogen zijn onvoorstelbaar helderblauw.

'Kut met peren,' zeg ik. Ik lach een beetje ongemakkelijk. 'Je moet elke dag vechten, vechten voor geld, voor dope, voor een slaapplek. Maar ik ben wel sterk, hoor. Dat moet ook wel als je een keienslaper bent.'

Ik word me ineens erg bewust van mezelf. 'Zeg, stink ik niet te erg? Ik hoop niet dat jullie onpasselijk worden.'

'Nee, doe eens normaal,' lacht Francine en ook Esther lacht mee. Ik begin ook te lachen, ik mag deze dames wel.

'Je komt erg scherp over,' merkt Francine op.

'Ik ben misschien wel verslaafd, maar ik ben niet gek.'

'We willen een aantal mensen gaan volgen die dakloos zijn, maar we spreken nu nog met verschillende mensen. Eerst willen we iedereen beter leren kennen, zodat we ook zeker weten dat diegene zelf ook op televisie wil komen. Zou het iets zijn waar jij interesse in zou hebben?'

Ik haal mijn schouders op. 'Ik denk het wel.' Misschien kan dit programma me wel helpen om aan een kamer te komen. En anders kan ik in ieder geval met twee knappe dames optrekken.

'Wat is een plek waar je veel bent? Laten we daar morgen afspreken,' stelt Francine voor.

'Bij Station Blaak.'

•

Om de hoek van de Pauluskerk kom ik Manus later die dag tegen en ik vertel hem dat de mensen van televisie mij ook hebben aangesproken.

'Lekkere wijven, hè,' zegt Manus.

'Ja,' zeg ik. We lachen onze tandeloze monden bloot.

'Ik had eigenlijk ook een afspraak met ze, maar ik heb het niet gered,' zegt hij dan. 'Ze bleven maar bellen, maar ik heb niet opgenomen.'

'O.'

'Weten ze dat je gebruikt?'

'Dat heb ik wel verteld, ja.'

'Ik niet. Welke gek geeft een verslaafde nou tienduizend euro.'

'Je weet niet eens of het dat programma is,' zeg ik.

'Ik weet wel wat ik met al dat geld zou doen...'

'Heel veel dope!' zeg ik.

De volgende dag zie ik de twee dames bij Blaak. Voor ik erheen ging heb ik twee halve liters bier gedronken, om iets losser in mijn vel te komen. Er is dit keer een cameraman bij, die zich voorstelt als Pim, en een ander meisje dat Jessie heet, dat blijkbaar normaal gesproken ook achter de camera staat. Ook zij schudden me de hand alsof het de normaalste zaak van de wereld is. Esther geeft me broodjes en koffie, en ik prop ze als een uitgehongerd beest naar binnen.

'Dank je wel,' zeg ik met mijn mond vol. Ik spoel de brokken brood weg met koffie.

'We willen het gesprek van gisteren even herhalen, maar deze keer op camera. Vind je dat goed?' vraagt Francine.

De camera wordt op mijn neus gezet en ik vertel ze opnieuw dat ik verslaafd ben en dat ik op straat terecht ben gekomen omdat Mien zelfmoord heeft gepleegd.

'Ik wilde niet meer, ik had genoeg gehad, ik wilde rennen, weg,' vertel ik.

Het zijn geen dingen waar ik normaal over praat. Ik had net zo goed een of ander lulverhaal kunnen ophangen. De hele geschiedenis met Mien heb ik diep weggestopt, maar op de een of andere manier voel ik me in deze groep vertrouwd genoeg om die te delen. Ik vertel dat Mien een sterke vrouw was, dat ze lief was en zorgzaam. Het doet pijn als ik aan het einde denk. Dan schiet Santje door mijn hoofd. Hoe zou het met haar gaan?

'Wat zou je willen?' vraagt Francine.

'Ik wil een beter leven, en dat ik kan zeggen: ik ga naar huis.'

54

‘Hoi Patrick, met Francine. Waar ben je?’

Is het al zo laat? Ik zie op mijn telefoon dat het zes uur ’s ochtends is. Het is al de hele nacht aan het stortregenen en daardoor was het doodstil op straat. Gelukkig vond ik een fiets die niet op slot stond waarmee ik door de stad kon fietsen op zoek naar geld. Dat verlicht de pijn in mijn voeten iets, want met iedere stap die ik zet voel ik die stekende pijn weer.

‘Sorry, ik kom eraan,’ zeg ik. We hebben afgesproken in de parkeergarage waar ik regelmatig slaap, maar ik heb nog geen dope op zak. Ik tel het geld dat ik in mijn zak heb, zestien euro en nog wat munten. Mijn kleren zijn doorweekt omdat ik de hele nacht op pad ben geweest in de regen en ik heb alleen nog een korte broek, dus mijn kuiten voelen ijskoud aan. Maar ik moet door. Als ik nu de dealer bel, is hij er hopelijk over een halfuurtje. Dan heb ik nog dertig minuten om vier euro te verdienen en moet ik als de sodemieter naar de parkeergarage toe. Ik voel me schuldig dat er nu een hele filmcrew op me zit te wachten, maar ik kan niet anders.

Ik bel mijn dealer en hij kan er gelukkig al over een kwartier zijn. Alleen heb ik dan ook dus nog maar zoveel tijd om nog vier euro te regelen. Het is zo vroeg in de ochtend, dat er niet veel mensen op straat zijn. Ik spring op mijn fiets en fiets de wijk rond. Mijn oog valt op een jongeman die zijn hond aan het uitlaten is.

'Sorry, sorry, meneer, hebt u alstublieft wat geld voor mij? Ik ben al de hele nacht op pad.'

De man kijkt me aan, en rommelt dan wat in zijn zak.

'Alsjeblieft,' zegt hij als hij me een munt toesteekt.

'Heel erg bedankt.'

Twee euro, dat is een mooie buit. Misschien kan ik daar nog mee wegkomen bij Mo.

Mijn telefoon gaat weer.

'Hoi, met Francine, ben je er al bijna?'

'Ja, sorry, ik kom eraan. Echt.'

Ik fiets naar de plek waar ik heb afgesproken met Mo. Onderweg kom ik nog een oude dame met een rollator tegen die een ochtendwandeling aan het maken is.

'Mevrouw, hebt u misschien nog wat geld voor mij?'

Ze duwt me vijftig cent in mijn hand. Helaas niet genoeg, maar het is niet anders. Ik spring meteen weer op de fiets en roep 'dank u wel' als ik wegtrap.

Mo staat al klaar. Ik ben aan het hijgen en mijn kleren zijn nu zowel nat van de regen als van het zweet.

'Faka, Patrick.' Hij hangt met zijn elleboog uit het raam van zijn auto.

'Sorry, ik heb maar achttien vijftig. Kan ik alsjeblieft wat op krediet kopen?'

Mo zucht geïrriteerd.

'Je weet dat ik dat liever niet doe.'

'Dat snap ik, maar ik moet nu echt ergens zijn dus ik heb geen tijd meer om geld te verdienen.'

Mo kijkt me een beetje niet-begrijpend aan. Waar zou een zwerver in hemelsnaam moeten zijn? Als zwervers iets niet doen, dan is het afspraken maken. Behalve met hun dealer. Toch vraagt hij niet door en hij steekt zijn hand uit zonder me aan te kijken. Hij heeft waarschijnlijk geen tijd voor onderhandelingen. Zijn volgende klant zal al aan het wachten zijn. Ik geef hem het geld.

'Volgende keer krijg ik de rest erbij. En ik vergeet niks, Patrick.'

'Nee, is goed, ik moet gaan nu!'

Ik loop met mijn fiets aan de hand de parkeergarage in via de weg waar de auto's normaal gesproken binnenkomen. Nog even en ik kan weer roken. Ik moet even tot rust komen en iets opwarmen. Bovenaan het einde van de oprit zie ik twee camera's klaarstaan. Ik zie Francine, Esther en Jessie staan, en er komt iemand op me af gelopen. Volgens mij is dat hem.

'Patrick,' zegt de man.

'Hoi. Sorry, ik heb van alles in mijn handen,' zeg ik. Vlug stop ik mijn heroïnebuisje, het folie en mijn aansteker in mijn zakken. Ik schud hem de hand.

'Patrick.'

'Beau van Erven Dorens.'

'Ja, ik zie het,' zeg ik. We lopen samen de garage verder in.

'Hoe is het?'

'Kut met peren. Ik ben moe, man.' Ik baal dat ik heb afgesproken met deze mensen. Ik wil opdrogen en even uitrusten.

'Ik dacht dat je hier zou slapen vannacht.'

Ik haal mijn schouders op, ik weet nooit van tevoren waar ik slaap.

We gaan in het trappenhuis zitten, waar ik jaren geleden vaak met Jerry heb zitten roken en nu regelmatig met Manus zit. Ik rook een sigaret die ik van Beau krijg.

Beau begint met zijn interview en ik vertel hem dat ik een drugsgebruiker ben, en zelden gewoon slaap 's nachts omdat ik altijd geld moet verdienen. In de nacht zijn de mensen vaak aangeschoten waardoor ze eerder geld willen geven. Het idee dat ik een nacht in een bed zou doorbrengen is net zo onvoorstelbaar voor mij als dat ik de loterij zou winnen.

'Jezusmina. Dus je slaapt ook de hele winter buiten?' vraagt Beau als ik hem vertel dat ik zelfs met -16 buiten slaap.

'Ik ben een überdakloze,' zeg ik bijna trots. Ik lach even, maar algauw vervliegt dat optimisme. Het leven voelt ineens heel uitzichtloos, nu ik dit zo heb uitgesproken. 'Ik slaap de hele winter buiten, als ik niet vastzit.' Ik lach weer, een beetje onzeker.

'En hoe is het om met zestien graden vorst buiten te slapen? Hoe hou je dat vol?'

Ik weet niet zo goed hoe ik hem dit moet laten begrijpen. Dit zijn dingen die je alleen kunt snappen als je ooit het koude asfalt in je botten gevoeld hebt. Ik denk dat ik die kou die in mijn lichaam is getrokken nooit meer kwijt zal raken, die is onderdeel van me geworden.

'Niet, het is niet vol te houden,' zeg ik.

'Maar heb je niet het idee dat je bevriest op zulke momenten?'

Ik merk dat ik kortaf word. 'Ja, tuurlijk. Ik heb gewoon pijn van de kou.'

Beau zwijgt even, en zegt dan: 'Weet je, in jouw ogen zie ik een behoorlijke fonkeling.'

Ik kijk hem aan. 'Ik heb mijn leven echt nog niet opgegeven,' zeg ik. Deze uitspraak komt van ver, vanuit de tenen van mijn afgetakelde voeten. Ik schrik even van mijn eigen strijdvaardigheid.

'En zit je niet tussen allemaal enge mensen?' vraagt Beau.

'Eng?' zeg ik verontwaardigd. '*Ik* ben eng.'

De ochtendzon verwarmt de glazen constructie. Het trappenhuis krijgt langzaamaan de vertrouwde geur van urine. Eindelijk begin ik een beetje op te warmen, ook al zijn mijn kleren nog steeds nat. Ik haal mijn spullen uit mijn zakken en begin de heroïne op te warmen op het folie.

Beau kijkt nieuwsgierig naar de substantie op het folie.

'Alleen maar dat kleine beetje?' vraagt hij.

Ik hou mijn buisje op het folie en adem de dampen diep in. Eindelijk voel ik me weer iets beter. Jessie wordt onpasselijk van de urinelucht en de penetrante heroïnegeur en loopt even weg. Voor mij is dit niet anders dan het opsteken van een sigaret.

Het begint me nu te dagen dat ik echt met Beau zit. Had Manus dan toch gelijk met dat gekke verhaal over geld? Gisteren begon een aantal mensen in de gebruikersruimte er ook al over. Het verhaal dat ik meewerk aan een documentaire gaat als een lopend vuurtje rond in de daklozenwereld. Francine en Esther hebben ook met veel van hen gesproken, en Manus heeft aan iedereen die het horen wilde verteld dat hij met ze in gesprek was en geld zou krijgen. Nu ik degene ben die mee gaat doen, proberen ze allemaal bij mij er iets uit te slepen: dope, een slaapplek, enzovoorts. Ik moet eerst eens kijken wat ik er zelf uit zou kunnen halen.

'Ik heb echt honger,' zeg ik.

Beau neemt me mee naar het Ibis-hotel aan de Wijnhaven om te vragen of ik daar mag ontbijten. Ik durf eigenlijk niet zo naar binnen, normaal gesproken sturen ze een dakloze natuurlijk direct weg, en loop onwennig achter Beau aan. Er gebeurt niets, ze laten me gewoon binnen. Niemand stuurt me weg.

We mogen ontbijten en ik neem een gigantisch dienblad vol broodjes met roerei en ham en een paar croissantjes.

Daarna gaan we weer de stad in, Beau deze keer te voet, ik op de fiets. We gaan richting het beeld van Ossip Zadkine, *De verwoeste stad,* een van mijn favoriete plekken in Rotterdam. Het is een bronzen sculptuur van een mensfiguur met hoekige vormen. Hij houdt zijn armen naar de lucht gericht, alsof hij de bommen die uit de hemel vallen probeert tegen te houden. Zijn hart ontbreekt. Het staat symbool voor de verwoestingen in Rotterdam door de bombardementen van de Duitsers. Ik vind het beeld prachtig, een belichaming van het lijden maar ook de kracht van de mens. Van de mensen die op straat leven.

We gaan zitten op een houten trap en Beau vervolgt zijn interview. 'Als je toch iets van kwaliteit terug wilt vinden in je leven, zul je moeten ophouden met wat je aan het doen bent,' zegt hij.

'Ja.'

'Want anders is het gewoon een enkele reis.'

'Dat klopt.' Ik steek een sigaret op.

'En, hoe vind je het met mij?' vraagt Beau.

'Je lult wel veel.'

Beau begint te lachen en gaat iets onderuit zitten.

'Hoe zou je het vinden als ik je een tijdje zou volgen?'

'Hoe zou jij dat vinden?' vraag ik.

'Ik zou het heel interessant vinden. Maar ik zou het vooral interessant vinden als je ook echt iets gaat ondernemen... Heb je daar dan wel zin in? Het zou zonde zijn als ik jou zou volgen en je zou niet vooruit komen.'

Ik weet niet zo goed wat ik daar op moet antwoorden, dus ik hum even. Ik begrijp ook wel dat het mooie televisie oplevert als ik zou opstaan en zou gaan afkicken. Maar ik weet eigenlijk niet of dat is wat ik wil. Het zijn juist de drugs die me overal doorheen helpen, en verder heb ik niets of niemand, dus waar doe ik het dan voor?

'Ik zie iemand in jou die dat wel heel graag wil. Maar diegene die daar binnenin zit, moet ook nu opstaan en dat gaan doen.'

Ik zwijg.

'Nu vind ik je niet meer zo overtuigend,' zegt Beau.

Wat moet ik hierop zeggen? Dat hij me gaat volgen vind ik best, maar ik was er niet van uitgegaan dat ik zelf ook mijn hele leven op de schop moest nemen. Althans, ik wil heel graag van de straat af, maar ik weet niet of ik de dope vaarwel kan zeggen. Of ik dat wil. Die richting ben ik al weleens opgegaan, en dat heeft niet echt positief uitgepakt. In mijn eentje kan ik het niet. En ik heb niemand.

'Nee... omdat ik ook hulp nodig heb.'

We zijn allebei even stil. Beau vraagt nóg eens of ik het goed vind als hij me de komende maanden gaat volgen. Ik was er eerder nogal zeker van, maar nu twijfel ik. Ik weet niet of ik die last er nog bij kan dragen. Afspraken nakomen, mensen die aan mijn kop gaan zeuren, mensen die willen dat ik van de dope af ga, het voelt als een enorm gedoe. Toch zegt iets in me dat ik deze hand moet grijpen, dat het mijn laatste kans is.

'Ik wil het wel,' zeg ik ineens. En dan nog een keer. 'Ik wil het wel.' Ik schrik van mezelf, dat die woorden uit mijn mond stromen. Het voelt alsof ze ergens anders vandaan komen, uit iemand anders. Maar misschien is het juist mijn eigen stem, die na jaren eindelijk weer eens opstaat tegen de verslaving, die zo lang mijn woorden en keuzes bepaald heeft. Beau schudt me direct de hand. Hij pakt een klein rood boekje en slaat het open. Hij laat een fotootje zien van ene Frank die jarenlang verslaafd is geweest en als straatadvocaat werkt (iemand die daklozen helpt met bijvoorbeeld het inschrijven voor een kamer of een uitkering), daarna van een huisarts die ik kan bellen voor mijn voeten en dan een naam en een telefoonnummer van iemand die bij een afkickkliniek werkt.

'Die man staat klaar om gebeld te worden,' zegt Beau.

Prima, denk ik, maar ík ben daar niet klaar voor. Geen idee of ik dat ooit wel ben.

'Ik heb hier ook een telefoon. Hiermee kun je ook filmen en foto's maken.'

Daar word ik vrolijker van. Zo vaak heb ik door Rotterdam gelopen en momenten in mijn hoofd opgeslagen, omdat ik de stad zo mooi vind. Nu kan ik dat eindelijk allemaal vastleggen.

'Zit er een oplader bij?' vraag ik.

'Ja, tuurlijk,' lacht Beau. 'En dan komen we op het volgende punt...Want ik heb ook nog tienduizend euro voor jou.'

Ik richt mijn blik naar de grond. Die gekke Manus had gelijk. Maar dat kan toch niet? Ze gaan mij toch niet echt tienduizend euro geven? Ik heb geen idee wat ik moet zeggen. Ik kijk Beau aan, en dan kijk ik weer naar mijn sigaret, en dan kijk ik hem weer aan. Ik wacht op het moment dat hij zegt dat het een grapje is. Welke idioot geeft een verslaafde dakloze tienduizend euro?

'Dat meen je niet,' zeg ik maar, omdat ik geen idee heb wat ik anders moet zeggen.

'Dat heb ik. Want hulpverleners denken dat dat genoeg is om jou de rust te geven zodat jij een nieuw bestaan kunt opbouwen.'

'Gaat me zeker lukken dan,' zeg ik sarcastisch, want als ik ergens niet zeker van ben, is het dat dit me gaat lukken.

Ik biecht Beau op dat ik het er met Manus over gehad heb en dat ik het niet geloofde. Beau begint te glimlachen.

'Je zit erin.'

Ik omhels Beau en eigenlijk kan ik het niet geloven, want ik kan me niet herinneren dat me ooit iets positiefs is overkomen dat me niet is afgenomen. Toch ga ik er maar in mee, want ik heb geen idee wat ik anders moet doen. Het meest blij ben ik misschien wel met die telefoon in mijn handen, waarmee ik nu eindelijk foto's kan gaan maken. Die ga ik echt nooit verpatsen. Beau drukt me nog op het hart dat hij me het geld niet kan geven om drugs mee te kopen.

Ja, ja, dat zal wel.

55

De hotelkamer heeft een enorm bed met dik zacht beddengoed, een grote stoel en een klein bureau. Volledig buiten mijn comfortzone sta ik in deze kamer vol comfort. In geen jaren heb ik een eigen slaapplek gehad, laat staan een luxe hotelkamer. De crew heeft deze hotelkamer voor me geregeld waar ik de komende nachten in mag verblijven om wat uit te rusten.

Ik ben nog totaal van de kaart over wat me vanmorgen is overkomen. Samen met de crew ben ik nieuwe kleren gaan kopen van het geld dat ik gekregen heb. De oude vieze kleren heb ik meteen in de prullenbak gegooid. Eindelijk heb ik ook een paar schoenen in mijn eigen maat. Ook hebben we een afspraak gemaakt bij de pedicure om mijn voeten te verzorgen.

Ik zit op de grote stoel in de hotelkamer. Is het wel echt? Ze kunnen natuurlijk altijd nog terugkrabbelen. Buiten een handdruk met Beau is het totaal niet zeker dat dit doorgaat. Het is niet dat ik de pinpas zelf mag houden. Misschien komen ze morgen wel langs omdat ze een betere kandidaat gevonden hebben, eentje met meer toekomstperspectief, die ze liever willen volgen. Ze wilden immers met Manus ook niet meer in zee gaan. Ik ben veel te eerlijk geweest en heb ze ook niet echt het idee gegeven dat ik wil afkicken, dus heeft dit hele project voor hen dan zin? Misschien is het allemaal een grap en is dit een soort sadistische vorm van vermaak.

Op het plafond zit een rookmelder. De crew heeft me een

aantal regels meegegeven. Ik mag niet roken in de kamer, en al helemaal geen heroïne of crack, en ik mag niemand meenemen. Als ik het wel doe, moet ik het hotel uit. Ik weet niet wat ik in de hotelkamer moet doen, maar ik heb ook het gevoel dat ik hier moet blijven. Ik kijk nog eens naar de rookmelder, naar het grote zachte bed, naar de televisie. Dit kan niet kloppen. Ik sta op en ga het hotel uit om te roken.

Die avond zie ik de Tekenaar op straat. Zijn naam past eigenlijk niet meer, want ik zie hem nooit meer tekenen. We bedelen bij Blaak en nu roken we wat om de hoek van het hotel. Ik geef hem een paar nieuwe sokken die ik vanmorgen gekocht heb.

'Dus je zat vandaag met zo'n hele filmploeg?'

'Yep.'

'En ze hebben je tienduizend euro gegeven? Gewoon zomaar?'

'Ja, voor hen is het mooie tv natuurlijk. Maar ik mag er geen dope van halen.'

'Hoezo niet? Het is nu toch jouw geld?'

Ik haal mijn schouders op. 'Blijkbaar niet echt.'

'Wat moet je dan met al dat geld doen?'

'Een leven opbouwen.'

'En je zit nu in een hotel? Daar hebben ze je gewoon binnengelaten?'

'Ja, ik dacht ook, die gaan mij nooit binnenlaten. Maar met zo'n ploeg aan je zijde gaan er wel wat deuren voor je open.'

De Tekenaar pakt mijn knie even beet. 'Neem mij mee dan.'

'Dat kan ik niet. Ze hebben me gezegd dat ik niemand mag meenemen.'

De blik in zijn ogen verandert. Waar de sfeer eerst nog licht was, merk ik nu dat hij me fel aankijkt. 'Gast, neem me gewoon mee.'

'Nee, sorry, dat kan niet. Ik wil het niet verpesten.'

'Verpesten? Wat dan? Alsof ze dat gaan merken.'

Ik begin te twijfelen. Als ik hem was, had ik ook in een hotelkamer willen slapen. Hij is net zo moe als ik natuurlijk. Ik wil hem wel helpen, maar ik wil dit ook goed doen. Als ik hem nu meeneem, dan verpest ik het meteen voor mezelf.

'Tuurlijk merken ze dat. De receptie ziet twee daklozen binnenkomen en dan is het klaar.'

'Ik kan echt wel naar binnen sluipen zonder dat ze iets merken. Ik sluip overal binnen zonder dat iemand het doorheeft, dat weet je. Ik ben óók moe en ik heb óók een plek nodig.'

'Ik wil niet dat er iets gebeurt.'

'Zoals wat? Waarom denk je dat er wat gaat gebeuren? Ik wil gewoon ergens slapen, net als jij.'

Ik weet niet meer wat ik moet zeggen. Waarschijnlijk zou ik precies hetzelfde gedaan hebben als ik in zijn schoenen stond. Ik haat mezelf erom dat ik hem zo laat stikken, maar als ik hem meeneem dan verpest ik het. Ik kijk naar mijn nieuwe schoenen.

'Je kunt toch wel delen? Je hebt een hotelkamer en tienduizend euro. Wil je alles voor jezelf houden of zo?'

'Nee, dat is het niet. Als het kon, zou je bij me mogen slapen, maar het kan niet.'

De Tekenaar staat op. 'Ach, flikker op dan. Ga lekker naar dat hotel van je. Ik slaap wel weer in een garage vannacht.'

Die avond keer ik terug naar het hotel. Het bed staat uitnodigend op me te wachten. Ik aai met mijn hand over het zachte witte katoen. Ik klauter op het bed en voel hoe ik wegzak in het zachte matras, alsof ik in drijfzand verdrink. Geen van de bedden waar ik ooit in heb geslapen, hadden zo'n dik matras als dit. Ik probeer mezelf eruit omhoog te duwen, maar het gaat lastig. Op de harde stenen ben je zo weg als het moet, maar hier kan ik niet uit. Ik raak in paniek en probeer spartelend ervanaf te komen. Mijn rug verkrampt. Zulk comfort is niet voor iemand zoals ik.

Ik ga weer op pad om geld te verdienen en keer die nacht niet meer terug naar de hotelkamer. De dagen erop slaap ik af en toe even in de fauteuil, maar het bed laat ik voor wat het is.

56

Alleen een eigen bed, dat is het enige waar ik al jarenlang van droom. Ook al kan ik me niet voorstellen dat het me ooit weer lukt om erin te slapen. Het is het ultieme symbool dat ik mijn leven weer op de rit heb. Geen karton om op te slapen of het koude asfalt van een garage, maar een echt bed. En vandaag gaat het gebeuren. Ik ga een bed kopen, of ik er nu in ga slapen of niet. Bij een eigen huis hoort een bed met schone, droge dekens.

De straatadvocaat Frank heeft geregeld dat ik via de Nico Adriaans Stichting op een wachtlijst kwam voor een sociale huurwoning, wat nogal lang kan duren. Het team vond toen een woning waar ik de komende zes maanden mag wonen. Een halfjaar lang een plek waar ik rustig kan gebruiken, douchen, eten en slapen zonder agenten of agressieve daklozen voelt geweldig. Ook als alle huur is afgetrokken van de tienduizend euro, blijft er nog steeds een mooi bedrag over om dope van te kopen.

Het is op de Zaagmolenstraat, dicht bij Rotterdam Centraal. Samen met Esther, Jessie, Pim en Francine lopen we rond in de kringloop om meubels uit te zoeken, maar buiten een bed kan de rest me gestolen worden. Toch kan ik me niet inhouden en moet de spullen in de kringloop even aanraken, oppakken en bekijken. Allemaal souvenirs van geleide levens, van warme huizen die mensen aankleedden met vazen, beeldjes, bloempotten en schilderijen.

Achter in de kringloop is een grote open ruimte waar de bedden staan. Ik zie een donker eikenhouten bed, dat ik prachtig vind, en ik ga er direct op zitten. Ergens doet het me denken aan de eikenhouten meubels die ma in huis had staan. Hij kost maar twintig euro, lees ik op het prijskaartje. Het ding piept en kraakt, maar dat maakt me niets uit.

'Deze wil ik,' zeg ik.

Francine en Esther stimuleren me om meer dingen te kopen, maar ik wil niet te veel uitgeven. Ergens hoop ik dat als de opnames voorbij zijn, ik zelf mag bepalen wat ik doe met het overgebleven geld. Het irriteert me ook een beetje dat zij de pinpas bij zich houden en ik niets zonder hun toezicht mag kopen.

Uiteindelijk loop ik de winkel uit met het bed, een paar vazen, drie asbakken, koffiekopjes en bijbehorende schotels, glazen, twee houten beeldjes, en sierkussens. Daarna rijden we met de volgeladen bus naar de Ikea en daar koop ik nog meer kussentjes, een badkamerrekje, beddengoed en een geurkaars met vanillegeur. Via Gratis Afhalen krijg ik een gratis bank. Ik hou het bedrag dat ik uitgeef bij in mijn hoofd, het geld dat ik nu niet meer voor dope kan gebruiken, en ik baal een beetje dat er al zoveel is opgegaan.

Iedereen helpt mee met sjouwen, en binnen een paar uur is de hele woning ingericht. Het bed staat netjes in de slaapkamer. Ik vind het een absurd idee dat ik nu een eigen slaapkamer heb.

Jessie, Francine en Esther zijn neergeploft op de bank, Pim en ik staan naast elkaar in de woonkamer. Ik pak mijn dope uit mijn zak, en begin wat wit op te warmen.

'Ga je nu gebruiken?' vraagt Francine.

'Ja.'

Iedereen staat direct op. 'Oké, dan lopen wij even naar het balkon,' zegt ze.

Ik haal mijn schouders op. 'Mij best,' zeg ik, maar ik meen het niet.

Ik ga op de bank zitten, en naast me zijn hun afdrukken nog zichtbaar. Ik hoor luid gelach op het balkon, en ik probeer te luisteren waar ze het over hebben, maar ik kan het niet verstaan. Het is ineens verdomd leeg in de woonkamer. Ik neem een stevige hijs, en nog een, en nog een tot ik me weer beter voel. Zolang ik rook, voel ik me niet zo alleen.

Die avond, als iedereen naar huis is, loop ik weer de straat op. Ik heb nog een klein beetje dope op zak en geen geld meer. Misschien kan ik nog wat fietsen slijten aan mijn fietsafnemer. Ik bel hem, maar hij neemt niet op. In een steegje, een paar straten verderop van mijn huis, vind ik een omafiets met een goedkoop slot. Met een flinke ruk lukt het me om het slot kapot te trekken, en binnen een minuut trap ik op mijn nieuwe fiets naar het uitgaanscentrum.

'Fiets kopen?' vraag ik fluisterend, elke keer als er iemand langsloopt. Ik durf niet te veel aandacht te trekken. Als ik nu in de bak beland, is het klaar met het programma. De meesten negeren me, iemand roept: 'Kanker op!'

Ik loop met de fiets aan de hand over het Stadhuisplein, de Witte de Withstraat en richting de Oude Haven, en weer terug, maar niemand wil hem hebben. Ik moet een paar uur heen en weer zijn gelopen, en dan zie ik dat de kroegen leeglopen op het Stadhuisplein.

Ik leun tegen de etalage van een kledingwinkel, waarbij ik me een beetje verschuil achter een paal. Als de laatste gasten en werknemers naar huis zijn, struin ik over de terrassen om te kijken wat de mensen vandaag hebben achtergelaten. De laatste geluiden van de stad verdwijnen op af en toe het gebrom van een scooter of auto na. Ik sla een lauw geworden biertje dat niet is opgeruimd achterover. Onder een van de tafels vind ik een gouden ring, en dan weet ik dat ik me geen zorgen meer hoef te maken vannacht. Ik bel Mo. De gouden ring levert me een zakje wit en twee zakjes bruin op.

De stad is stil. Dit zijn de uren waarin de stad even vrij is, zo vroeg in de ochtend, waarin ik hem met niemand anders hoef te delen. Niemand die je iets aan kan doen. De politieagenten ruilen de nachtdienst in voor de dagdienst, de cafés zijn gesloten en de eerste werkende mensen zijn nog niet wakker. Het is mijn favoriete tijdstip. De eerste ochtendschemer komt voorzichtig opzetten, en schijnt door de hoge gebouwen heen. De straat is verder leeg. Alles wat normaal grauw en grijs is, krijgt nu een paarsblauwe gloed die steeds een beetje warmer wordt. Ik pak gauw mijn telefoon en fotografeer de straten en de gebouwen. Het moment van de rust. Ik moet snel zijn, want ik weet hoe vlug het voorbij kan zijn. Alles wat mooi is, vervliegt. Misschien maakt die ongrijpbare vluchtigheid dit allemaal ook juist zo mooi.

Ik fiets door de stad en stap regelmatig af om foto's te maken. De zon begint langzaamaan op te komen, en ik hoor de vroegste vogels fluiten. Als ik bij de Erasmusbrug aankom, vang ik de zon net op het moment dat hij door de gespannen draden van de brug heen schijnt, bij de markthal vang ik de zon in de weerspiegeling in de duizenden spiegelende glazen. Mijn telefoon valt uit, en als ik naar het zwarte scherm staar, realiseer ik me dat ik meer dan een uur niet aan dope heb gedacht.

Ik fiets naar Blaak, in de hoop Manus tegen te komen. Ik heb hem al een tijd niet gezien door de drukte van het programma, en ik heb behoefte aan een vriend. In de fietsenstalling zie ik hem. De fietsenstalling bevindt zich in een diepe kuil, waardoor je redelijk verborgen te werk kunt gaan. Hij staat met een gekromde rug over een fietsslot gebogen. Zijn handen trillen.

'Hé, Manus,' fluister ik.

Hij verstart en kijkt geschrokken om.

'Ik schrik me dood, man. Ik dacht dat je een wout was.' Hij heeft donkere kringen onder zijn ogen. Het licht van de lantaarns werpt donkere schaduwen op zijn ingevallen gezicht.

'Sorry,' zeg ik. 'Hoe is het?'

'Ik ben echt helemaal kapot, man. Heb je wat te roken?' vraagt hij.

'Ja, ik heb wel wat.'

We lopen naar de parkeergarage van Bulgersteyn en leunen met onze ruggen tegen de deur van het kamertje dat we maandenlang als huis gebruikt hebben. De deur zit nu op slot, maar toen was het ons gelukt om hem open te breken. We hadden er matrassen neergelegd, een koffiezetapparaat en laadden er onze telefoons op. Uiteindelijk werden we ontdekt door een bewaker, en moesten we weg.

'Volgende keer krijg je wat van mij,' zegt Manus als hij een trekje heeft genomen.

'Komt goed,' zeg ik.

'Mag ik niet met jou mee naar huis?' vraagt Manus.

Moet ik dat wel doen?

'Oké,' zeg ik toch. 'Maar je moet wel weg als ik de deur uit ga.'

57

Mijn telefoon trilt in mijn broekzak. Ik schrik van het lawaai. Het gezoem klinkt extra luid in de stille fietsenstalling. Ik vloek binnensmonds en hoop dat ik er geen aandacht mee getrokken heb. Even blijf ik wachten en als ik niks hoor, maak ik op dat er niemand in de buurt was. Wie stuurt er sowieso zo vroeg in de ochtend een berichtje? De enige die ik kan bedenken is mijn dealer Mo.

Ik gris mijn telefoon uit mijn zak en zie dat Francine een foto heeft gestuurd. Ik word er een beetje nerveus van. Eerst even mijn klus afmaken, dan kan ik kijken. Met een betonschaar knip ik het slot open en minder dan een minuut later neem ik de fiets mee uit de stalling. Als ik op een veilige afstand sta, open ik het berichtje. Het is een foto van een beker afhaalkoffie in de trein.

Francine: Weer onderweg naar rotterdam!

Ik zie dat ze nog aan het typen is.

Francine: Zin in vandaag.

Ineens heb ik ook heel veel zin in vandaag. Vanmiddag filmen we dat Beau komt kijken in mijn nieuwe appartement. Dat betekent dat Francine en ik elkaar ook weer kunnen zien. Ik woon er inmiddels een paar dagen. Het bed heb ik nog niet gebruikt. De slaapkamer voelt zo afgesloten, en net als in het hotel voel ik me ongemakkelijk door het matras. Als ik al even thuis slaap, dan is het op de bank of stoel met mijn schoenen aan.

Ik stuur haar terug dat ik er ook zin in heb en maak een foto van de gestolen fiets.

Francine: Mijn god, je bent toch niet weer bezig?

Ik moet glimlachen.

Patrick: Jazeker, mooie buit toch?

Die middag als de crew aanbelt geeft Beau me een canvas van Joni Mitchells album *Blue*. Ik herinner me dat ik tegen Francine had verteld dat ik het zo'n mooi album vond. Blijkbaar heeft ze dat onthouden. Op de telefoon die ik heb gekregen speel ik haar liedjes ook regelmatig af. We hangen hem direct samen op. Ik vind het prachtig.

'Hoe is het met je foto's?' vraagt Beau.

Ik geef hem mijn telefoon en Beau scrolt langs de beelden die ik van de stad heb genomen. De afgelopen dagen heb ik meer dan duizend foto's gemaakt.

'Dit is toch te gek,' fluistert hij.

Beau stopt bij een zelfportret. Eentje dat ik gemaakt heb voor het raam van de hotelkamer, waar ik met open mond en een angstige, waanzinnige blik naar de camera kijk. Op de foto zie je nog één tand. Die ben ik inmiddels verloren. Ik draag geen kleren, dus mijn magere lijf is goed zichtbaar. Er vallen diepe schaduwen in mijn ingevallen sleutelbenen en over mijn magere armen. Mijn haren en baard zitten wild. Een flink contrast met de moderne wegen en de hoge gebouwen op de achtergrond. Ik heb de foto *Caveman* genoemd op mijn telefoon.

'Dit zie ik dus voor me, dat je hier echt iets mee gaat doen,' zegt

Beau. 'Dat zeg ik niet om te slijmen, maar het is gewoon goed.'

'Je moet er toch iets mee kunnen, weet je.'

'Wat bedoel je?'

'Nou, ik moet ook geld gaan verdienen als ik een kamer wil houden.'

'Wat zou je willen?'

'Een expositie,' zeg ik terwijl ik nerveus lach. 'Toch?'

'Misschien moet je dan een beter toestel hebben?' vraagt Beau.

'Ja, een camera.'

'Wat vind je daarvan? Zou je een fototoestel willen gaan kopen?'

We gaan naar een camerawinkel en testen verschillende toestellen uit. Ze zien er allemaal even mooi uit. Het personeel neemt me even serieus alsof ik een normale burger ben. Ik kies een Sony en koop hem van het geld dat ik voor het programma heb gekregen. Ik kan niet wachten om ermee op pad te gaan. Ergens zegt een stemmetje in mijn hoofd dat ik hem kan verkopen en voor het geld dope kan kopen, maar ik weet dat ik dat nooit ga doen.

Vanaf dat moment leg ik alles vast, zolang mijn batterij mee gaat. Beelden van mezelf, van mijn dope, mijn voeten, andere daklozen, scènes op straat, graffiti, onafgewerkte betonnen gebouwen. Ik maak lugubere stillevens van mijn salontafel, die bezaaid is met drugs, wodka, ketchup, melk, wc-rollen, folie, messen, as, gasbranders, vuile kopjes en andere rondzwervende prullaria. Soms is de dope dan even niet meer zo belangrijk, een totaal nieuw gevoel.

58

Het frustreert me enorm dat er zoveel geld op een rekening staat waar ik niet bij mag. Als ik het zelf mocht uitgeven, dan zou ik heel lang niet ziek hoeven worden, waardoor ik de rust zou krijgen om mijn leven op te bouwen. Daar ben ik van overtuigd. Maar dat snappen ze niet. Esther van de crew was langsgekomen om met me naar de supermarkt te gaan. Ze hielp me met de boodschappen, maar ik voelde me doodziek en ik had geen geld meer voor dope.

Toen we de boodschappen (shag, koffie, bier, yoghurt en de gezonde maaltijden die ze me telkens aansmeren) aan het inruimen waren, ben ik volledig uit mijn slof geschoten.

'Jullie zijn allemaal hypocriete teringlijers!' riep ik naar haar.

En: 'Dit is toch mijn fucking geld?'

Ik bleef maar schreeuwen, want op straat geldt nu eenmaal het recht van de sterkste, en wie het hardste schreeuwt krijgt wat hij wil. Esther reageerde niet echt en is vertrokken.

Niet veel later belde Francine.

'We kunnen twee dingen doen. Of we komen niet meer bij je langs of je gaat normaal doen. We zijn aan het werk voor jou, we doen echt ons best, we willen met je meedenken, maar je gaat niet de producer uitschelden. Als je boos bent, dan bel je mij maar, en als je blij bent dan bel je Esther op.'

Francine heeft iets in haar stem, wat me direct kalmeert. Als een ander me zo de waarheid zou vertellen, zou ik er flink tegenin gaan. Maar bij haar vind ik het gek genoeg prettig, ook al zegt ze totaal niet wat ik wil horen.

'Sorry, je hebt gelijk,' zeg ik.

'Dat weet ik.'

Blijkbaar heeft Francine Beau ingeschakeld. Hij zegt dat hij naar me toe komt, zodat we het erover kunnen hebben. Beau komt binnen met wat flesjes bier en we gaan in de woonkamer zitten. Ik zit voorovergebogen op de bank.

'Mijn probleem is met het geld uitgeven, met het beheer ervan,' zeg ik. 'Ik weet ook wel dat ik van tevoren gezegd had: ik ben verslaafd, maar het begint me de strot uit te komen. En dat meen ik echt.'

'Wat bedoel je precies?'

'Dat er zoveel geld is, waardoor ik een heel lange tijd niet meer ziek hoef te worden als ik het aan dope mag uitgeven, maar ik mag niet zelf bij het geld komen.'

Beau lijkt een en ander te overwegen.

'Laten we er dan aan gaan werken. Wat gaan we eraan doen?'

'Maar eigenlijk kom ik terug op wat ik zelf gezegd heb nu. Als ik zo door moet gaan, dat gaat niet. Op een gegeven moment barst die bom. Ik wil niet naar doen tegen mensen die goed voor me zijn.' Ik voel me ontzettend schuldig tegenover Esther. Dit had ze niet verdiend.

'Ik vind het tof dat je dit gewoon zegt. Want je zou ook weg kunnen lopen, de boel aan puin kunnen schoppen, de televisie verkopen.'

'Daar heb ik ook aan gedacht, ja. Maar dat is het gedrag van een klein kind. Ik krijg niet wat ik wil, dus dan pak ik het.'

'Ja.'

'Ik zie steeds meer wat ik heb.' Ik lach even. 'En dat is niets.'

'Nou... Je bent in mijn ogen ongelooflijk veel stappen aan het zetten, maar in jouw ogen gebeurt er misschien niets.'

'Ik heb trouwens mooie foto's gemaakt. Wil je ze zien?'

'Het zijn net ansichtkaarten,' zegt Beau.

De crew blijft erbij dat ik het geld niet mag gebruiken om drugs te halen.

'Kan ik ze niet afdrukken en verkopen?' stel ik voor. Dat vind iedereen geen slecht plan, dus we gaan direct naar de printshop.

Ik loop met de glanzende foto's in mijn handen. We leggen ze buiten op de stoeptegels om ze te bekijken.

'Dat is toch schitterend,' zegt Beau. 'Nu ga je gewoon met je eigen creativiteit geld verdienen.'

Dat dit niet eerder in me is opgekomen, dat ik met zoiets wat vanuit mijzelf komt geld kan verdienen. Samen met Beau loop ik de stad door en probeer ik mijn foto's aan mensen te verkopen. We stoppen bij een terras waar een aantal heren in nette kleren aan een tafel zitten.

Binnen tien minuten heb ik 75 euro verdiend. Ik kan het niet helemaal bevatten, en Beau volgens mij ook niet. Het lukt me niet meer om te stoppen met glimlachen.

Na het filmen gaan we op het terras zitten. Voor me staat een biertje. Normaal gesproken loop ik hier langs om om geld te bedelen, nu ben ik een klant. Ook het meisje uit de bediening keek een beetje vreemd op, maar ze heeft me gelukkig niet weggestuurd.

'Wat gaan jullie doen met de Pride?' vraagt Jessie.

'Ik ga een beetje rondlopen, kijken aan de kade,' zegt Esther.

'Ik ook,' zegt Francine.

'Zullen we elkaar ergens op de dag meeten?' vraagt Pim.

'Ik zou daar ook weleens heen willen,' zeg ik in een opwelling. Ik heb vaag meegekregen wat het is, volgens mij vond de eerste editie plaats toen ik al een paar jaar op straat leefde.

'Kom mee!' roepen ze allemaal enthousiast.

Ik heb meteen spijt dat ik het gezegd heb. Ik kan helemaal niet mee. Om naar Amsterdam te gaan, en dan de dag daar door te brengen, heb ik voor meer dan vijftig euro aan dope nodig, dat heb ik niet. Ik kan nooit een buffer regelen voor die lange treinreis en de dag daar. Als ik erheen zou gaan, zou ik de hele dag in Amsterdam bezig zijn met bedelen en dope regelen.

'Dat kan niet,' zeg ik. Ik neem een grote slok bier en schuif mijn stoel naar achteren. 'Ik ga even roken.'

Ik loop de hoek om, een steegje in en uit het zicht van de wereld. Ik ga achter een paar fietsen op mijn hurken zitten en verhit mijn wit. In de verte hoor ik nog steeds de vrolijke stemmen op de terrassen. Even krijg ik dat korte, fijne gevoel en daarna word ik angstig. Mijn ogen staan zo ver wijd open dat mijn voorhoofd ervan trekt. Eigenlijk wil ik terug, maar ik voel ook dat ik hier moet blijven. Ik rook wat bruin, om tot rust te komen, maar ook dat lukt niet echt.

Iedere minuut dat ik hier zit, voelt als een te veel. Het duurt te lang, en toch kan ik niet weg.

59

Ik ben er al duizenden keren langs gelopen, misschien zelfs wel vaker, maar ik ben er nog nooit binnen geweest. Boven Galerie MaMa is het politiebureau, waar ik dan wel weer heel veel nachten heb doorgebracht.

Als ik de deur van de galerie binnenloop, word ik begroet door een jonge vrouw. Ze draagt wijde kleren met verschillende prints en heeft haar haar nonchalant in een knotje gebonden. Er vallen plukjes over haar schouder. De ruimte is groter en lichter dan ik had verwacht.

'Kan ik je ergens mee helpen?' vraagt ze.

'Ik zoek een plek waar ik kan exposeren.'

'O?' zegt ze. Haar blik valt op de foto's die ik tussen mijn vingers heb geklemd.

'Ik ben sinds kort begonnen met fotograferen en ik leef op straat. Of ja, nu niet meer, want ik doe mee aan een televisieprogramma.'

Ze begint wat te fronsen en ik zie dat ze in de war raakt.

'En wat voor foto's maak je dan?' vraagt ze.

'Voornamelijk van de stad, wanneer niemand op straat is. Maar eigenlijk van alles wat ik tegenkom. Ook veel zelfportretten.'

Ik druk de foto's in haar handen.

Haar blik ontspant iets als ze de beelden bekijkt. Ik heb verschillende zwart-witfoto's van de stad gekozen om aan haar te laten zien.

'Heb je niet wat meer?' vraagt ze.

'Niet hier.'

'Kun je woensdag terugkomen met meer foto's? Ik ben denk ik wel geïnteresseerd, maar ik wil meer van je zien. We hebben nog een ruimte vrij voor een open avond.'

Woensdag sta ik er weer. Deze keer met verschillende foto's. En na een kort gesprek is het zeker: ik mag exposeren in Galerie MaMa. Ik kan het eigenlijk niet geloven, dat me dit gelukt is. Dat er mensen zijn die mijn foto's een podium willen geven. De plek waar ik mijn foto's mag ophangen is een klein wit kamertje. Ik moet alles zelf regelen, foto's afdrukken, lijsten halen, foto's ophangen. Geweldig vind ik het. Ik bel Francine meteen op, die misschien nog wel blijer is dan ik, en dat maakt mij weer nog blijer dan ik al ben.

En dan bedenk ik dat ik in alle opwinding Manus vanmorgen in huis heb achtergelaten.

60

‘Die godverdomde tyfuslijer,’ schreeuw ik door de telefoon.

‘Wat is er?’ vraagt Francine geschrokken.

Toen ik thuiskwam van de galerie, was Manus weg. Nadat ik hem had uitgenodigd, was hij een paar dagen af en aan gebleven. Dat verliep eigenlijk best prima. We aten samen, gebruikten in de huiskamer, ik liet hem er slapen, douchen en de was doen. Ik had alleen één regel: zodra ik het huis uit ging, moest Manus ook het huis uit. Vanmorgen heb ik hem laten zitten, en ben ik zelf vertrokken.

‘Hij heeft mijn camera gejat! Ik gaf hem een slaapplek, te eten, ik gaf hem shag, dope, en dan pak je het enige waar ik trots op ben en dan ga je daarmee naar zo’n *used products*-zaak. Wat verdient hij ermee, twee, drie tientjes? Flikker op man.’

‘Shit…’

Ik loop gejaagd door de huiskamer. De salontafel ligt onder de velletjes aluminiumfolie en andere gebruikersvoorwerpen. Ik veeg alles opzij.

‘Ik ga hem zoeken, ik ga hem helemaal kapotmaken.’

‘Nee, Patrick, dat moet je niet doen.’

‘Ik dacht dat hij een vriend was, maar niet dus. En ik ben ook duizenden foto’s kwijt,’ tier ik.

‘Rustig, alles komt goed. Als je weer een camera hebt, ga je weer net zulke mooie foto’s maken,’ probeert Francine.

‘Ik ga hem zoeken.’

Ik druk het gesprek weg, pak mijn jas en vertrek.

Onderweg, in de buurt van Blaak, kom ik de Tekenaar tegen. Hij heeft Manus niet gezien (of doet alsof). Ik fiets de stad door en ga alle plekken af waar hij normaal gesproken uithangt. Niemand zegt hem gezien te hebben. Ik weet zeker dat hij zich ergens verstopt.

In de parkeergarage waar we vaak samen slapen ligt nog een vel karton. Daar heeft hij waarschijnlijk nog onlangs gelegen. Ik pak een stift uit mijn rugzak en schrijf op de muur.

LAAT JE KOP ZIEN, DAN KUNNEN WE PRATEN.

Na een paar dagen heb ik hem nog steeds niet gevonden. Ook de Tekenaar heeft hem niet gezien. Hij roddelt met me mee over wat voor een eikel het is, maar ik weet niet of hij het doet omdat hij bij mij in huis wil slapen of omdat hij een vriend van me is.

Als ik weer in de parkeergarage kom waar ik de boodschap had achtergelaten, zie ik dat Manus heeft gereageerd.

JE VERTELT LEUGENS OVER MIJ, KLOOTZAK.

Leugens? Hoezo leugens? Ik lieg helemaal niet, tenminste, niet hierover. Ergens begin ik te twijfelen. Ben ik mijn camera niet verloren?

Nee, ik weet waar ik hem had achtergelaten in mijn huis. Op de leuning van de bank. De camera was aan het opladen, daarom had ik hem niet bij me. En als Manus niets te verbergen had gehad, dan had hij zich ook niet verstopt. Ik pak de stift weer uit mijn tas.

IK HEB HELEMAAL NIKS GELOGEN.

In de gebruikersruimte kom ik de Tekenaar weer tegen. Ik rook wit, wat geen slim plan is, want ik ben al onwijs opgefokt.

'Heb je hem al gevonden?' vraagt de Tekenaar. Hij houdt het folie onder zijn heroïnebuisje.

'Nee, hij houdt zich nog steeds schuil. Mag ik wat van jou?'

De Tekenaar geeft me zijn folie en buisje. Ik neem een diepe haal en ik kom wat tot rust.

'Als ik hem zie, laat ik het je weten.'

Ik geef hem zijn buisje weer terug en neem weer een haal van mijn basepijp. Ik word in één klap high en voel me even ontzettend lekker.

'Graag.'

'Kan ik niet zo met jou mee? Dan kunnen we daar ook even rustig gebruiken. Je mag dan best nog wat meer van mijn bruin,' zegt de Tekenaar.

Ik twijfel. Het voelt niet goed, maar ik voel me nog steeds lullig over het gebeuren bij het hotel. Ik had het zelf ook graag gewild, als ik in zijn schoenen had gestaan. Bovendien is het weekend. De filmploeg is er niet en ik heb zin in gezelschap.

'Nou, oké, maar je mag niet te lang blijven en je gaat direct weg als ik de deur uit ga.'

'Tuurlijk, tuurlijk, en ik zou nooit iets van je jatten. Dat weet je toch. Ik ben geen dief.'

Daar heeft hij een punt. De Tekenaar is een bedelaar, geen hosselaar zoals Manus. Ergens had ik het ook wel kunnen verwachten, dat Manus me ooit zo zou naaien.

•

Waar zijn ze? Net had ik ze nog, maar nu ben ik al mijn foto's kwijt. Ik kan me gewoon niet herinneren waar ik ze verloren moet zijn. Het regent, dus als ik ze van de fiets uit mijn handen heb laten vallen dan moeten ze op de natte straat beland zijn. Kortom, daar heb ik niets meer aan. Ik pak mijn telefoon en bel Francine.

'Hoi Pat, sorry ik heb niet heel lang,' zegt ze.

'Ja, godverdomme, tyfuszooi, ik ben mijn foto's onderweg naar Mo verloren. Nu kan ik niet aan geld komen.'

'Pat, luister, ik heb een lange kutdag gehad en heb hier geen zin in eigenlijk.' Haar stem klinkt zacht en breekbaar, dat heb ik nog niet eerder gehoord.

‘Gaat alles goed?’ vraag ik.

Stilte.

‘Waarom had je een kutdag, Fransje? Moet ik iemand in elkaar timmeren, dan kom ik er direct aan, hè.’

Ze lacht een beetje.

‘De opstart van het nieuwe televisieprogramma begint niet zoals ik hoopte en mijn moeder is ziek, en dat werkt allemaal niet echt op mijn humeur.’

Ineens begint ze uitgebreid te vertellen over haar moeder, haar vader, haar jeugd in Castricum, haar kat Baasje die ze geadopteerd heeft. Ik wil niet dat ze stopt, dus ik blijf doorvragen, en ze blijft gelukkig ook doorpraten.

‘En hij vangt dus muizen,’ zegt ze.

‘Ik zou hem graag eens ooit willen zien.’

Ze grinnikt. ‘Ik zal je wel een foto sturen. Ik ga nu even op de bank een serie kijken, met Baasje knuffelen, en slaperig worden.’

‘Dat is goed, doei Fransje.’

‘Doei Pat, succes in de stad vannacht.’

61

De klap heeft een rode vlek achtergelaten op mijn wang. Hij tintelt een beetje, maar verder valt de schade mee. Ik ben alleen mijn dope kwijt, en zal dus vannacht weer op pad moeten.

Toen ik vandaag om de hoek van de Pauluskerk aan het roken was, hebben twee gasten me een mep op mijn hoofd gegeven en zijn er toen met mijn dope vandoor gegaan.

'Jij hebt toch geld zat,' riepen ze.

Ik belde Francine, en die stelde voor dat ze vanavond wat boodschappen zou komen brengen. Dat maakt heel wat goed. De Tekenaar heb ik meteen weggestuurd.

Ik plens wat koud water op mijn gezicht. Inmiddels woon ik hier nu anderhalve maand, maar ik heb de douche nog nooit gebruikt. Het bed overigens ook niet.

De bel gaat. Ik veeg mijn gezicht droog met een handdoek.

'Hé, hallo,' zegt Francine vrolijk als ik opendoe. Ze heeft een tas vol boodschappen vast.

'Hé, Fransje,' zeg ik.

'Gaat het een beetje?'

'Ja, hoor. Ik ben gewoon boos.'

'Laat me eens kijken.' Ze pakt mijn kin vast en draait mijn gezicht naar rechts. Mijn hart begint wat sneller te kloppen.

'Het valt mee,' concludeert ze als ze mijn gezicht loslaat. Jammer.

'Nou, dat vind ik niet,' zeg ik. Francine moet lachen, voluit. Ik vind haar zo het mooist.

We pakken de boodschappen uit, ingrediënten voor een salade, en we lopen naar de woonkamer en gaan op de bank zitten. Ze doet direct haar schoenen uit en steekt dan een sigaret op. Ik rook ook een sigaret van haar.

'Ken je die jongens?' vraagt ze.

'Vaag, ze komen geloof ik uit Rotterdam-Zuid. Blijkbaar word ik nu door mijn eigen soort aangevallen.'

Ze houdt haar hoofd schuin. 'Is dat niet een goed teken?'

'Hoe bedoel je?'

Ze draait zich naar me toe. 'Nou, dat zíj ook zien dat je er eigenlijk niet meer bij hoort.' Het is goed bedoeld, maar ik krijg er tranen van in mijn ogen.

'Dat betekent dus dat ik nergens meer bij hoor,' zeg ik.

'Je weet dat je altijd met ons mee mag. Jij bent de enige die dat in de weg zit.'

'Ja, maar zo simpel is het niet. Ik kan geen gezellige dingen doen, ik heb die tijd nodig om geld te verdienen.'

'Weet je, ik word er echt verdrietig van. Ik zie echt zo'n ander leven voor jou voor me dan dit. Soms zie ik ineens iemand anders, niet die verslaving maar de echte Pat.'

Ik lach een beetje bitter. 'Dáár word ík nou verdrietig van.'

We maken samen de salade met tonijn (iets wat ik zelf nooit zou maken) en eten hem op de bank. Francine logt in op haar Netflix-account en we kijken *La casa de papel*, een Spaanse serie over bankovervallers die blijkbaar iedereen die niet op straat leeft al gezien heeft, behalve Francine. Ze zit met haar benen opgekruld op de bank onder een dekentje. Ik heb nog nooit zoiets huiselijks gezien. Ik kijk naar mijn voeten, die nog steeds in mijn schoenen gestoken zitten. Over niet al te lang moet ik weer weg, maar ik wil niet dat het stopt.

Als de aflevering is afgelopen, trekt Francine haar schoenen weer aan en staat ze op van de bank.

'Ik ga weer, het is al laat. Tijd om te slapen,' zegt ze.

Ik loop met haar mee naar de deur en geef haar een knuffel. Als ik haar iets loslaat, en mijn gezicht dicht bij dat van haar blijft hangen, probeer ik haar in een opwelling te kussen. Vlug draait ze haar hoofd weg en loopt ze de deur uit.

'Fijne avond!' roept ze nog als ze de trap af gaat.

Even blijf ik in de deuropening staan, en baal van mijn actie, maar ik ben niet eens teleurgesteld dat ik een blauwtje heb gelopen. Deze avond was groter dan dat. In ieder geval voor mij. Wanneer ik zeker weet dat Francine de straat uit is, pak ik mijn jas en rugzak en ga ik ook weer de straat op. Ik moet geld verdienen, maar ik ben ook iets anders van plan.

Midden in de nacht fiets ik naar het kantoor van de crew, en spuit met een spuitbus op het gebouw aan de overkant een gigantisch hart met 'Fransje' erbij.

Bij de Overblaak kom ik de Tekenaar tegen, die me vraagt of hij weer met mij mee naar huis mag.

'Dan mag je wat bruin van me,' zegt hij.

Ik begrijp niet hoe het komt dat hij altijd genoeg dope heeft, en ik val meteen voor zijn aanbod. De komende dagen zullen we niet gaan filmen, dus het kan geen kwaad.

62

Een versleten onderbroek, spijkerbroek, shirt en trui hangen over de stoelen rond mijn keukentafel te drogen. Ze zijn van de Tekenaar.

'Je voelt je wel thuis, hè?' zeg ik. Hij zit onderuitgezakt op de bank met een blikje whisky-cola, dat hij uit mijn koelkast heeft gepakt. Hij kijkt televisie. Het is al laat, maar ik moet zo de deur uit om geld te verdienen.

'Ik moet op pad, dus kom, we gaan,' zeg ik. Ik pak mijn rugzak en trek mijn jas aan. Hij negeert me en blijft naar een cartoon of zoiets kijken.

'Kom,' zeg ik nu wat harder.

Mijn telefoon trilt. Ik haal hem uit mijn broekzak en zie dat Francine een foto heeft gestuurd. Dat doen we de laatste tijd bijna elke dag. Het is een foto van haar kat die op haar toetsenbord zit.

Francine: Zo kan ik toch niet werken?

Ik kan het niet laten om haar meteen wat terug te sturen. De Tekenaar kan me even niet meer schelen.

Patrick: Je moet ook niet zo laat nog werken.

Patrick: Luister naar baasje.

Francine: Wat ben jij aan het doen dan?

Wat ben ik aan het doen? Ik probeer de Tekenaar uit mijn huis te krijgen. Meteen ben ik weer terug in de realiteit. Ik stop de telefoon terug in mijn zak.

'Ga alsjeblieft weg,' zeg ik.

'Maar ik ben hartstikke moe. Ik geef je nog wel wat dope, dan hoef je de deur niet uit.' De eerste keren lukte het me niet om zijn aanbod te weigeren, maar ik wil hem niet meer in mijn huis hebben, ik ben er klaar mee.

'Dat wil ik niet. Ik wil dat je mijn huis uit gaat.'

'Ik wil echt de straat niet op nu,' zegt hij. Zijn blik blijft op de televisie gericht.

'Ik heb je nu al een paar keer gevraagd of je weg wilt gaan.'

'Dit is toch niet jouw huis. Als dat tv-programma er niet was, dan had je dit allemaal nooit gehad.'

'Daarom moet je ook weg, omdat ik dit leven niet meer wil en dit soort dingen zelf wil kunnen gaan regelen.'

'Zoek 't uit. Ik blijf gewoon.'

'Dan bel ik de politie.'

Hij staat op en komt met zijn hoofd dicht tegen het mijne aan.

Ik word een beetje bang. Hij is een stuk sterker dan ik, en nooit bang. Ik heb weleens gezien dat hij anderen een klap heeft verkocht.

Hij zet nog een stapje dichterbij. Ik voel zijn adem nu in mijn gezicht.

'Doe het dan.' Hij geeft me een duw tegen mijn schouder en uit een reflex duw ik hem terug. Ik wacht af tot hij me gaat aanvallen, maar hij doet het niet.

'Je gaat nú mijn huis uit,' schreeuw ik.

Hij pakt zijn natte kleren, propt ze in zijn rugzak, en loopt richting de deur. Dan draait hij zich om en roept: 'Als ik jou op straat tegenkom, dan trap ik je helemaal in elkaar. Ik zou maar oppassen!'

Als hij de deur heeft dichtgeslagen ben ik weer helemaal alleen.

63

Vandaag is de crew bij Soufiyan (een van de andere deelnemers van *Het Rotterdam Project*) op de kappersacademie aan het draaien. Ik ben daar in de buurt een paar uur in slaap gevallen, en toen ik wakker werd heb ik de crew opgezocht. De laatste tijd ontwijk ik gebruikersruimtes, wat betekent dat ik vooral in mijn eentje of met de crew ben. Francine is even bij de opnames weggegaan en we lopen samen een rondje door de buurt.

'Ik heb niemand meer behalve drugs,' zeg ik.

'En Wim dan?' vraagt ze 'Wim heb je altijd nog, en volgens mij wil hij jou heel graag zien, maar je laat hem links liggen.'

'Ik laat hem niet links liggen... Ik heb geen geld om de metro naar hem te pakken,' lieg ik. Ik wil niet vertellen dat ik hem bedonderd heb, bovendien komt het mooi uit als ik wat geld krijg voor de metro. Daar weet ik wel een goede besteding voor.

'Dat kunnen we wel regelen.'

'Maar ik kan toch niet met lege handen aankomen?'

Francine zucht. 'Weet je wat. Ik ga een tientje voor je pinnen en dan kopen we zwart-witjes voor hem en dan gebruik je de rest voor de metro.'

Niet veel later stap ik met de zwart-witjes en acht euro metrogeld op de fiets. Van het metrogeld haal ik onderweg een klein bolletje bruin en dan fiets ik door naar zijn flat.

'Ja?' hoor ik door de intercom.

'Met Patrick,' zeg ik.

De zoemer zoemt en de deur gaat open. Ik pak de lift naar de negende verdieping. Als ik boven kom, zie ik Wim al in de deuropening staan. Ik ontwijk zijn blik.

'Jongen, jongen, jongen toch. Waar was je al die tijd?' Hij schudt met zijn hoofd. 'Ik heb me ongelooflijk veel zorgen om je gemaakt.'

'Ik durfde je niet onder ogen te komen,' zeg ik als ik hem eindelijk aan durf te kijken. Ik zie zijn vriendelijke lichtblauwe ogen. Hij is niet boos, hij schreeuwt niet. Hij is gewoon Wim.

'Hoezo niet? Je bent hier altijd welkom, dat weet je toch?'

'Je krijgt nog geld van me. Ik heb het geleend en je nooit meer terugbetaald.'

'Ging het dáárom?' vraagt hij.

'Ja, tuurlijk, wat anders? Dat kan toch niet. Jij leent me geld en ik geef het niet terug.'

Wim maakt een wuifgebaar met zijn hand. 'Dat doet er toch niet toe. Je moet wat van je laten horen, je weet toch dat je mijn vriend bent, mijn zoon, je kunt hier altijd komen.'

'Sorry,' zeg ik. We lopen naar de huiskamer, ik overhandig hem de zwart-witjes. Zijn oude eikenhouten meubels hebben plaatsgemaakt voor een modern interieur. Hij heeft enorme ramen die uitkijken over de Aelbrechtskade. Op zijn tafel staat al een schaaltje met zwart-witjes.

'Hoe gaat het met jou?' vraag ik.

'Het gaat, hoor. Een van mijn broers heeft parkinson en kan niet veel meer. Hij brengt het grootste deel van de tijd in zijn rolstoel of bed door. Hij eet en slaapt slecht, dus ik ben bang dat hij niet lang meer heeft.'

'En jij bent zeker ook voor hem aan het zorgen.'

'We doen allemaal ons best,' zegt Wim. 'Wil je koffie?'

Wanneer Wim terugkomt met twee kopjes, zie ik dat ook zijn handen flink aan het trillen zijn.

64

Beau trakteert me op een massage om te vieren dat ik een expositie bij Galerie MaMa heb geregeld. We liggen naast elkaar op de massagebedden met onze hoofden in het gat van het bed. Het is de eerste keer in vijftien jaar dat ik door een vrouw word aangeraakt.

'Hé Pat, we moeten even goed opletten. Dan kunnen we dit ook bij elkaar doen.'

'Ben je gek in je hoofd,' zeg ik. En zachter: 'Kippenvel.'

Het voelt onwerkelijk om vrouwenhanden over mijn schouders, rug en armen te voelen glijden terwijl ik al die bloemrijke geuren ruik. Ik moet denken aan Francine, dat gebeurt de laatste tijd vaker. Soms, als ik met totaal iets anders bezig ben, zie ik haar gezicht ineens voor me, met haar stralende lach en die felblauwe ogen. Ze kijkt me altijd op zo'n manier aan, alsof ze dwars door me heen kijkt, en dan kan ik niet anders dan wegkijken, omdat ik anders bang ben dat ze kan lezen wat ik voor haar voel. De optimist in mij zegt me dat we bij elkaar horen, ik weet niet waarom.

Ik weet toch ook wel beter dan dat.

Alsof Beau mijn gedachten kan lezen, zegt hij: 'Het is ook een goede motivatie om gezond te worden. Als je vrouwen wilt versieren, moet je natuurlijk ook in een iets betere staat komen, hè.'

'Ja, maar ik ben ook al heel lang getrouwd met wat anders.'

'Daarmee zou ik maar gewoon een scheiding aanvragen.'

‘Wat ik wil zeggen… op dit moment is het niet van toepassing om aan een echte relatie te denken.’

‘Het kan wel een mooie stip aan de horizon zijn.’

‘Een vrouw van wie je houdt, die doe je zoiets toch niet aan?’ zeg ik.

‘Nee.’

Een paar dagen later is de openingsdag van de expositie. De vloer in mijn huiskamer ligt bezaaid met foto’s, passe-partouts en lijsten. Ik heb mijn baard geschoren, een zwart T-shirt aangedaan en mijn haar in een staart gebonden. Ik voel me een echte kunstenaar vandaag.

De hele dag ben ik in de weer om foto’s naar de galerie te verhuizen en de ruimte in orde te maken. Ik stofzuig de vloer en hang alle foto’s op in het kleine witte kamertje. Op een van de muren staat een diaprojector gericht, waarop de foto’s in het groot afspelen. Met een spuitbus spray ik mijn artiestennaam op de muur: *Caveman 010*. Op een soort bureautje leg ik ook de kleine foto’s, die ik al op straat verkoop. Met het geld dat ik de afgelopen dagen heb verdiend, heb ik een grote hoeveelheid dope gekocht zodat ik niet naar een dealer hoef tijdens de expositie.

Als de eerste mensen binnendruppelen ben ik ongelooflijk nerveus. Ik ontvang veel bekenden en onbekenden, en ik ontvang nog meer complimenten. Er zijn een paar winkeleigenaren gekomen die me weleens wat te eten of geld geven en ook een paar jongens van de straat. Buiten staan nog wat andere daklozen, die ervan op de hoogte waren dat er gratis drank wordt uitgedeeld. Van de zenuwen ben ik flink veel wit aan het roken, waar ik eigenlijk alleen maar zenuwachtiger van word. Ik pendel de hele tijd heen en weer tussen de expositieruimte en de parkeergarage om de hoek van het gebouw, waar ik stiekem kan roken.

Straatadvocaat Frank is ook gekomen.

‘Ik ben knettertrots op je. Dit is de motivatie die je nodig hebt om toch misschien van je verslaving af te komen,’ zegt hij.

Ik knik, maar ik voel me een ontzettende bedrieger. Om mijn schuldgevoel de kop in te drukken, drink ik een biertje, en nog een, en dan vertrek ik weer naar de garage.

'Gozer, ik ben zo trots op je. Ik krijg gewoon kippenvel,' zegt Beau als hij binnenkomt. 'Ik geloof het gewoon niet.'

Verschillende mensen kopen mijn foto's, maar ik voel me er slecht over, want ik weet dat ik het geld ga gebruiken voor drugs. Ik ben een toneelstukje aan het opvoeren, alsof ik het allemaal al gered heb. Maar elke keer als ik terug de ruimte in stap, voel ik me angstiger. Ik wil dit niet meer.

65

‘Zijn ze ooit naar jou op zoek geweest?’ vraagt Beau. We rijden in zijn cabriolet naar Spijkenisse. Ik zit met een zonnebril op en een leren jas aan in de auto. Vandaag gaan we naar de Fresiastraat toe, het huis waar ik woonde toen mijn ouders nog bij elkaar waren. Een gewoon rijtjeshuis in een doodgewone straat. Ik voel een vreemd soort spanning in mijn maag.

‘Nee,’ zeg ik.

‘Weet je dat zeker?’ vraagt Beau ongelovig.

‘Ja, nee, tuurlijk weet je dat niet zeker.’ Ik vertel hem dat mijn ouders overleden zijn en dat ik me kan voorstellen dat het moeilijk is om me op te sporen, maar ook dat ik me niet kan voorstellen dat ze me niet zouden kunnen vinden.

We bezoeken het eerst mijn oude voetbalclub, S.C. Botlek. Ik moet denken aan ma die altijd fanatiek liep te schreeuwen aan de zijlijn.

‘Dat klinkt wel als liefhebbende ouders,’ zegt Beau.

Ik vertel hem over pa die op een dag bewusteloos in een steeg lag, en dat vriendjes uit de straat hem naar huis moesten brengen. Ik zie wat mensen uit de buurt. Sommige gezichten herken ik vaag. ‘Een triest geval, hè, wat er van die Patrick geworden is,’ moet er gezegd zijn in het dorp, toen ik in een steeds dieper dal weggleed en uiteindelijk niemand meer wist of ik nog leefde of niet. ‘Hoe kon het ook anders, met zo’n vader.’

We trappen een balletje op het veld en gaan dan naar mijn

oude huis. Voor het eerst sinds meer dan dertig jaar sta ik voor de voordeur van het rijtjeshuis. Ik voel een soort heimwee naar thuis, een verlangen naar iets wat nooit geweest is. Maar wat wel zo zou kunnen zijn als ik het durf.

Ik weet niet waarom, maar ik voel me anders vandaag. Ik wil bewijzen dat ik het kan, dat ik nog iets van mijn leven kan maken. Dat het mogelijk is om uit de duisterste krochten van de maatschappij omhoog te klimmen, dat ik een inkomen kan gaan verdienen, en vervelende dingen kan gaan doen zoals belasting betalen.

We lopen achterom, we kijken over de schutting de oude tuin van mijn oude buurjongen Billy in, bekijken mijn slaapkamerraam, en lopen dan naar het speeltuintje waar we vroeger altijd speelden. We gaan zitten aan de picknicktafel.

'Ik zie je alleen maar stralen als je hier rondloopt,' zegt Beau.

Ik vind het ook te gek. Voor het eerst in jaren zie ik mezelf weer, hoe ik was voor de basepijp en heroïnebuis een verlengde van mij werden. Er is ooit een persoon geweest, die daar niks mee te maken had. Een persoon die meer de Patrick was, dan dat ik nu ben. Ik wil hem weer worden.

'Denk je dan niet ook, dat geluk zou ik wel weer terug willen vinden?'

'Tuurlijk.'

'Maar waar stopt dat dan? Waar houdt het weer op?'

'Eigenlijk niet. Het... het... houdt op in die zin, dat ik op het punt kom waar het over moet gaan.' Ik sla een beetje wartaal uit. Een hond in de verte begint te blaffen. 'Op een gegeven moment is het kiezen,' zeg ik.

'Kiezen tussen?'

'Dope of leven.'

Beau knikt. 'Kwaliteit van leven, rust in je bestaan, niet de hele tijd gejaagd op zoek naar drugs, een vrouw in je leven, seks, een relatie, warmte, liefde...'

'Dat juist niet,' onderbreek ik hem. 'Ik deed alles altijd omdat ik warmte en liefde wilde. Maar ik moet het voor mezelf doen. Snap je wat ik bedoel?'

'Wat let je dan?'

'Eigenlijk niets... nou, ja, ik ben gewoon een schijterd. Ik ben bang.' Ik veeg mijn brilglazen schoon aan mijn shirt. Niet omdat ze vies zijn of iets, maar ik ben zo zenuwachtig dat ik iets met mijn handen moet doen.

'Nou, zullen we dan maar gaan rondkijken?' vraag ik.

Beau staat op, hij denkt dat ik voorstel om Spijkenisse verder in te gaan.

'Voor klinieken bedoel ik.'

66

Het witte licht van de operatielamp schijnt fel in mijn ogen. Mijn ogen schieten overal heen. Naar de tandarts, die met een naald in zijn hand loopt, naar het spoeltafeltje, naar het bekertje met instrumenten, naar de doos met groene latex-handschoenen, naar de assistente die nerveus zijn orders opvolgt, naar Francine, Esther en Jessie die op een stoel in dezelfde kamer zitten.

'Alles moet eruit,' had de tandarts geconcludeerd nadat hij even in mijn mond had gekeken. Het is niet veel meer, misschien nog drie stompjes hooguit, maar toch. Ik heb gebruikt en gedronken, maar ik ben alsnog ontzettend nerveus. Ik baal dat ik wit gerookt heb, daar word ik altijd extra opgefokt van. Het is al de tweede keer dat ik hier lig. Een paar dagen geleden ben ik opgesprongen en vertrokken. 'Nee, dit ga ik niet doen!' riep ik toen ik zijn naald zag. Ik denk dat het ergens mijn leven heeft gered, dat ik zo bang voor naalden ben. Anders was ik misschien ook wel heroïne gaan spuiten. De overlevingskans van een shotter ligt nog vele malen lager dan die van een roker.

Francine en Jessie houden me streng in de gaten, terwijl de tandarts opnieuw een poging doet om met zijn naald in mijn buurt te komen.

'Kom op, Pat, je kunt dit,' zeggen ze.

En: 'Als alles eruit is, dan voel je je straks stukken beter.'

'Ben je er klaar voor?' vraagt de tandarts. Ik knik, want mijn mond zit vol watten dus ik kan niet meer praten. De assistente drukt met haar vingers mijn wang opzij. Het latex smaakt vreemd in mijn mond. De tandarts beweegt zijn naald naar mijn tandvlees, en steekt hem in het vlees. Er schiet een pijnscheut door mijn kaak en in een reflex draai ik mijn gezicht weg.

'Rustig blijven, alles komt goed,' zegt hij kalm en streng tegelijk.

De assistente beweegt haar vingers weer over mijn tandvlees en mijn wang begint een beetje te trekken. De tandarts prikt nog eens, een stuk dieper tot hij een zenuw raakt, en spuit de verdoving erin. Eerst voel ik een stekende pijn, en dan voel ik niks meer. Hij pakt een mes en een scalpel en begint met de scalpel het eerste stompje eruit te snijden en weg te schrapen. Ik proef het bloed op mijn tong. Om de paar minuten worden de watten vervangen en moet ik even mijn mond spoelen. De wasbak kleurt rood. Ik heb geen idee hoelang de tandarts bezig is met alle tandrestjes eruit pulken en schrapen. Soms zie ik een bruin stukje in een plastic bekertje verdwijnen.

Ik staar naar het plafond en probeer aan andere dingen te denken. Als ik straks weer vrij ben, kan ik weer wat bruin roken.

67

Met mijn tong glijd ik over mijn nieuwe tanden. Waar eerst alleen nog een paar pijnlijke, rotte stompjes zaten, heb ik nu een kunstgebit. Ik moet er nog wel aan wennen, want het irriteert aan mijn tandvlees en ermee eten lukt niet zo goed, maar ik voel me een stuk zelfverzekerder nu met mijn nieuwe gebit. Ik bekijk mezelf in de reflectie van het raam van de trein en open mijn mond. Samen met Francine zit ik in de trein naar Maastricht, waar we een afspraak hebben met een arts die me methadon zal voorschrijven voor de vlucht naar Zuid-Afrika. Hij was de enige arts die me op korte termijn het medicijn wilde voorschrijven. Ik heb gelogen over de hoeveelheid, ik heb veel meer aangegeven dan ik nodig heb.

'Het ziet er echt goed uit, hè?' zeg ik.

'Ja, zeker,' zegt Francine.

'Knap ben ik, hè?'

Francine lacht. 'Ja, ja, je bent heel knap.'

Eigenlijk had ze geen tijd om mee te gaan. Vanavond is het Gouden Televizier-Ring Gala en ze moet nog een jurk kopen.

'Als jij niet meekomt, dan ga ik ook niet, en dan kan ik niet vliegen,' had ik gezegd.

'Oké, maar dan moet jij in Maastricht wachten tot ik een jurk heb gevonden,' zei ze.

Peggy-Sue, degene die het hele proces begeleidt tot ik naar de kliniek ga in Zuid-Afrika, komt ook. Een paar dagen geleden heb ik een kennismakingsgesprek met haar gehad in Amsterdam. Ze vertelde me dat ze zelf jarenlang alcoholverslaafd is geweest na een onveilige jeugd en zelf niet de juiste hulp kon vinden. Om die reden is ze, nadat ze was afgekickt, zelf een kliniek begonnen.

'Schuif eens op,' zeg ik. Ik sta op van mijn stoel en ga naast Francine zitten. Met mijn telefoon maak ik een foto van ons.

Na een uur of twee zijn we bij de arts. Zonder problemen krijg ik een veel te grote hoeveelheid methadon en rust- en slaapmedicatie mee. Na een paar minuten staan we alweer buiten en nemen we afscheid van Peggy-Sue. Over een paar dagen zullen we elkaar weer zien op de luchthaven, en reizen Peggy-Sue, Francine en ik samen naar Zuid-Afrika af.

Francine en ik gaan de stad in, en bij de Bijenkorf pakt ze een donkerblauwe, zwarte en bordeauxrode jurk uit de rekken. In de pasruimte ga ik in een comfortabele stoel zitten, terwijl Francine met de jurken een hokje binnenstapt. Bij iedere jurk vraagt ze me wat ik ervan vind, maar ik sta letterlijk met mijn mond vol tanden. Ik vind dat alles haar even mooi staat, en ik kan alleen maar naar haar prachtige gezicht en golvende manen blijven staren. Zelfs in een vuilniszak zou ik haar mooi vinden.

68

Iedereen in de normale wereld vertelt me dat ik het kan. Maar ze begrijpen mij niet. Het zijn mensen die hun schoenen uitdoen in huis en met hun benen opgekruld op de bank gaan zitten, het zijn mensen die zich veilig genoeg voelen om in slaap te vallen, omdat ze weten dat er toch niets in de nacht zal gebeuren.

Ik betwijfel of het mogelijk is om nog iets van mijn leven te maken. Of ik er überhaupt klaar voor ben om afscheid te nemen van het enige wat me de afgelopen twintig jaar warmte en comfort heeft geboden. Wat me door de nachten hielp wanneer het niet ophield met regenen terwijl ik bij -15 op de natte, koude aarde lag te verkleumen, mezelf afvragend of ik de volgende ochtend wel zou halen.

Over een paar uur moet ik naar een afkickkliniek in Zuid-Afrika. Iedereen is doodsbang dat ik voor die tijd ertussenuit knijp. De crew probeert me continu te bereiken en houdt me in de gaten voor het geval ik ertussenuit knijp. En dat is ook precies wat de stem in mijn hoofd vertelt dat ik moet doen.

Maak dat je wegkomt.

Maak dat je wegkomt.

Maak dat je wegkomt.

Ik heb het gewoon nodig. Het monster dat mijn verslaving is geworden, trekt aan me. De afgelopen twee weken zijn een waas geweest. In een vlaag van verstandsverbijstering heb ik tegen Beau gezegd dat ik wilde afkicken, maar eigenlijk wil ik het nu niet meer.

Het is stil op de Witte de Withstraat. Ik heb geen idee hoe laat het is, maar het is donker. De dag en de nacht zijn ongemerkt in elkaar overgegaan, mijn aandacht was ergens anders. Het miezert en dat houdt de mensen binnen, dus er is niemand om mijn foto's te kopen. Ik probeer me het korte, euforische gevoel voor te stellen dat ik krijg als ik de dampen van mijn basepijp inadem. Mijn brein simuleert het, een fractie van een seconde, en dan vervliegt het gevoel even gauw weer.

Zo erg is je oude leven toch eigenlijk niet? Als je hier blijft, krijg je dat gevoel weer terug en dan is alles goed, zegt het monster tegen me.

Misschien moet ik nog niet gaan. Het is nog te vroeg. Ik kan beter nog een paar dagen gebruiken.

Of één maand hooguit.

Ik loop de Zwarte Paardenstraat en de Kromme Elleboog in om te kijken of ik in het geniep een fiets kan jatten. Ik rammel aan wat fietsloten die aan een lantaarn vast staan.

Een buurvrouw met een klein hondje wandelt langzaam mijn kant op. Ze bekijkt me van top tot teen. Als ze langs me gelopen is, draait ze haar hoofd nog meerdere malen om, om te kijken wat ik in mijn schild voer. Ze pakt haar telefoon. Als ze nu de politie belt, en ik moet vannacht de gevangenis in, mis ik mijn vlucht en is alle moeite van Beau en Francine voor niets geweest. Ik weet zeker dat ik dan nooit meer de moed zal vinden om te gaan afkicken.

Maar maakt het de crew eigenlijk wel iets uit? Willen ze niet gewoon mooie beelden van een hopeloos geval dat toch succesvol blijkt te zijn? Geven ze wel om mij en mijn gezondheid?

Mijn telefoon gaat, ik neem niet op. Het enige waar ik aan kan denken, is heroïne, cocaïne en het liefst nog wat biertjes ernaast.

Iedere stap voelt alsof ik dertig kilometer heb gelopen. Ik heb vandaag al moeten braken van de stress, of misschien was het gisteren. Alleen zat er niets in mijn lichaam, dus er kwam alleen wat gal uit. Mijn ribben doen nog pijn van het samentrekken van mijn maagwand. Bibberend was ik overeind gekrabbeld, terwijl mijn spieren door de uitdroging verkrampten. Vlug stap ik op mijn fiets en fiets richting Centraal Station. Ik hoop op dronken, gulle studenten die de nachttrein hebben gepakt. Na een minuut of twee moet ik afstappen om uit te puffen. Opnieuw hoor ik mijn beltoon, ik neem weer niet op.

Het gaat ze alleen om mooie televisie.

'Wilt u alstublieft een foto kopen?' smeek ik de weinige mensen die nog op straat zijn. De meesten doen alsof ik onzichtbaar ben en lopen zonder iets te zeggen door. Een enkeling stopt even, maar lijkt te schrikken van de waanzin en wanhoop in mijn ogen. Niemand geeft wat. Niemand wil mijn foto's kopen.

Ik trap voor mijn leven, want ik ben al veel te laat. De foto's heb ik tussen mijn vingers en mijn stuur geklemd, voor het geval ik nog iemand tegenkom. Ergens lacht een dronkenlap luid, het geluid kaatst heen en weer tussen de gebouwen.

Beau staat voor mijn deur te wachten. Hij ziet de foto's in mijn handen.

'Dat meen je niet... Heb je nu nog gewerkt?'

Ik begin direct te huilen van de stress en de uitputting. Onrustig beweeg ik heen en weer. Ik sla met mijn vuist op mijn stuur.

'Ik heb niets...' begin ik, alhoewel ik geen idee heb wat ik probeer te zeggen.

'Wat is er? Waar maak je je druk om?'

Ik loop met mijn fiets aan de hand naar mijn voordeur zonder hem aan te kijken. Ik wil niet naar Zuid-Afrika, ik wil hier blijven.

'Mijn hersenen willen weg. Ik wou bijna wegblijven.'

'Dat snap ik, maar je doet het niet.'

'Ik ben helemaal kapot,' zeg ik.

'Heb je niet geslapen?'

Ik schud mijn hoofd. 'Al twee dagen niet.'

We lopen naar binnen. Beau wil koffie voor me zetten, maar

ik drink een blikje Bacardi-cola. Ik heb al veel en veel te lang niets gebruikt.

'Ik moet echt wat gebruiken, anders ga ik die reis nooit overleven,' zeg ik bang. 'Serieus, ik kan wel een hartinfarct krijgen.'

Het team overlegt even met elkaar, en dan besluiten ze foto's van me te kopen. Ik bel meteen mijn dealer.

Ik wil tenminste nog één keer gebruiken, een ritueel afscheid voor de camera, zodat iedereen het kan zien. We rijden met Beaus auto naar het beeld van Zadkine.

Ik zing: 'Geef mij nu je geld, ik geef je er dope voor terug.' Beau zingt de oorspronkelijke teksten mee.

Onder de krachtige armen van *De verwoeste stad* doe ik nog een laatste poging om mijn eigen lichaam te verwoesten. Ik neem veel te veel. Nadat ik de alcohol, crack en heroïne in mijn lijf voel, zeg ik: 'Ik laat nu aan iedereen in Nederland zien dat ik er klaar mee ben. Vanaf nu is het aan mezelf.'

'Ja, maar nu ben je zo high als een papegaai,' zegt Beau.

'Ik ben zo stoned als een garnaal,' lach ik. 'Weet je, ik dacht altijd dat ik niet kon functioneren zonder drugs, maar ik ben niet geboren met een pijp in mijn bek.'

Het is zover.

'Cocaïne, bedankt dat je er was, maar ik vind je een motherfucker.'

Ik gooi de pijp in het water van de Leuvehaven, Beau omhelst me.

'Jezus, wat heb ik lang verlangd naar dit moment,' zegt hij.

'Ik ben blij dat je in me gelooft,' zeg ik.

69

Op Schiphol ontmoeten we Peggy-Sue. In de toiletruimte slik ik veel en veel te veel methadon en slaapmedicatie. Ik geloof dat ik nog wel zelf door de security kan lopen, maar in het vliegtuig raak ik compleet buiten westen. Soms word ik wakker van de kramp in mijn nek, en dan raakt mijn wang de stof van Francines spijkerbroek. Op andere momenten voel ik dat ze samen met Peggy-Sue mijn lichaamshouding aan het veranderen is of me wat water geeft.

'Ik wil bier...' mompel ik een paar keer.

Af en toe hoor ik hun doffe stemmen op de achtergrond, soms hoor ik mijn naam vallen, of hoor ik de signaallampjes van het vliegtuig aan en uit gaan.

Voor ik het weet, zijn we geland. Francine bindt haar sjaal om mijn hoofd omdat mijn nek steeds naar voren valt. Ik snuif haar parfum op. We lopen door de douane, Francine en Peggy-Sue besturen mijn lichaam als een marionet. Op een gegeven moment zit ik zelfs even in een rolstoel.

We brengen de nacht door in een hotel op de luchthaven, want morgenochtend hebben we nog een binnenlandse vlucht. Vaag smeed ik het plannetje om vanavond bij Francine aan te kloppen, maar voor ik het weet val ik weer in slaap. Ze leggen me op bed in de hotelkamer. Francine giet een glas water tussen mijn lippen door naar binnen. De helft loopt er langs mijn mondhoeken uit.

'Ik wil iets sterkers,' mompel ik terwijl ik met mijn hoofd op het kussen lig, maar voor ze kunnen antwoorden zak ik alweer weg.

Als we de volgende ochtend in de slurf naar het vliegtuig lopen, komt de detox me wel heel dichtbij. Ik kan dit helemaal niet. Na al die jaren gebruiken, kan het niet anders dan dat ik doodga als ik geen drugs meer binnenkrijg. En ik wil helemaal niet dood.

Ik sluip achteruit, terug richting de gate, maar Peggy-Sue en Francine hebben het direct door.

'Wat is er?' vraagt Peggy-Sue als ze op me af komt.

'Ik wil niet,' zeg ik.

'Wat bedoel je?'

'Ik kan niet, ik ben te verslaafd. Ik kan dit gewoon niet.'

Alles in me schreeuwt dat ik terug moet, terug naar Rotterdam. Ik ga liever met mijn verslaving ten onder, dan dat ik moet gaan afkicken. Al die jaren drugsgebruik die in mijn lijf zijn gaan zitten, ik kan me niet voorstellen dat mijn lichaam nog zonder kan. Dat ik ooit nog kan wennen aan een nuchter bestaan. De verslaving is mijn tweede huid geworden, de bescherming die me overal doorheen hielp.

'Tuurlijk kun je het wel, iedereen heeft vertrouwen in je,' zegt Peggy-Sue als ze naast me staat.

Francine kijkt vanaf een afstandje naar ons. Elke keer als ik me zo gedraag, ben ik bang dat ze teleurgesteld in me is. Dit is niet de Patrick waarvan ik wil dat ze hem ziet, ik wil dat ze de grappige, stoere Patrick ziet.

'Peggy-Sue, je weet niet hoe verslaafd ik ben.' Ik zie flitsen van mijn basepijp en heroïnebuisje voor me, en ik beeld me de opluchting in die ik ervaar als ik weer ga roken. Ik zet weer een stap achteruit. Francine komt erbij staan.

'Je bent echt niet de eerste die hier komt. Ik weet zeker dat je het goed gaat doen. En ze gaan hartstikke goed voor je zorgen daar,' zegt Peggy-Sue.

‘Maar de methadon is anders, ik kan het echt niet aan om ziek te worden.’

‘Daar hoef je je geen zorgen om te maken, de methadon die wij hebben werkt hartstikke goed, misschien nog wel beter.’

De laatste medepassagiers zitten inmiddels in het vliegtuig.

‘Maar straks ga ik dood, ik heb geen idee of mijn hart het aankan om nog nuchter te worden.’

‘We hebben zeer goede zorgverleners, je zal veilig zijn, echt.’

Een stewardess sluit het boardinghekje achter ons.

‘Kom, Pat, je gaat het echt super doen daar. Luister niet naar die verslaving, maar naar Peggy-Sue, zij is er om je te helpen,’ zegt Francine.

‘Het komt echt goed,’ zegt Peggy-Sue nog eens.

‘Het zijn maar drie stappen dat vliegtuig in. Dus lopen nou!’ zegt Francine.

Ik moet even lachen om haar nuchterheid, haal diep adem en schuif dan voetje voor voetje richting de ingang van het vliegtuig.

70

Bij de ingang van het gebouw ontmoet ik Robert, ik denk de directeur, en nog wat anderen. Ik schud een boel handen van mensen van wie ik de gezichten niet onthoud. Nog even rook ik een sigaret, en dan laat ik me naar binnen leiden. Francine en ik nemen afscheid van elkaar en we beloven elkaar te bellen. Er wordt me uitgelegd dat ik na de detox (die twee weken duurt) in de kliniek een tijdslot krijg waarin ik mag bellen of gebeld kan worden. Mijn mobiele telefoon moet ik inleveren, dus die geef ik mee aan Francine. Daarna moet ik mijn koffer meegeven aan het personeel zodat ze die kunnen doorzoeken en begint een van hen mij te fouilleren, om te controleren of ik geen drugs bij me draag.

We hebben net denk ik zo'n anderhalf uur in de auto door het landschap van Zuid-Afrika gereden. Ik keek mijn ogen uit, zoiets moois had ik nog nooit gezien. Groene heuvels, rode aarde en doornstruiken wisselden kleine nederzettingen af waar de barbecues aan het roken waren en de locals zakken vol maiskolven op hun ruggen dragen. Overal zie ik prachtige kleuren, mensen, straatscènes. Ik besluit dat ik hier ooit nog wil terugkeren, als toerist, en dan ga ik alles vastleggen met mijn camera.

Het gebouw van de kliniek doet niet onder voor het landschap. Het is een grote villa, midden in de natuur. Voorbij de poorten en hoge hekken zie je de bergen. Aan de poort staan mannen met geweren, en ik vraag me af of dat is om ons binnen te houden of om criminelen buiten te houden. Peggy-Sue heeft me op het hart gedrukt dat ik echt niet moet proberen om te ontsnappen en ergens drugs te scoren, daarvoor is het hier te gevaarlijk. Als ik ervandoor ga, word ik geheid ontvoerd of neergeknald. Althans, dat zeggen ze. Ik vind het een schril contrast met de pracht die ik heb gezien, maar ik ben toch niet van plan te ontsnappen. Echt niet.

Op een halfuur rijden van de kliniek is er een aparte afdeling voor de detox in Nelspruit, daar word ik na de visitatie heen gebracht. Het doet een beetje als een ziekenhuis aan. De verpleegsters dragen traditionele zusterpakjes met witte kapjes en ik zie dokters in typische doktersjassen lopen. Ze behandelen me allemaal even vriendelijk. Ik krijg een gesprek met een van die dokters, die een medische controle doet. Hij meet mijn bloeddruk en hartslag en alles lijkt in orde te zijn. Een zuster brengt me naar mijn bed, waar ik slaapmedicatie en methadon krijg. Mijn arm wordt aan een infuus verbonden. Algauw zak ik weg in het zachte matras.

Volgens mij slaap ik dagen achter elkaar. Ziek word ik gelukkig niet, of ik merk er in ieder geval niets van. Af en toe open ik mijn ogen, en dan zie ik een bordje met eten naast me staan, een zuster, een arts. Soms voel ik dat iemand mijn bloeddruk opmeet. De dagen glijden voorbij. Het felle daglicht drukt mijn zware oogleden toe. Als het me lukt om mijn ogen open te houden, neem ik de methadon en andere medicatie in en eet ik het eten op dat ze voor me neerzetten. Daarna val ik weer in een diepe slaap. Zelfs roken doe ik niet. Ik laat het allemaal maar gebeuren.

Na iets meer dan een week ga ik voor het eerst naar de tuin. Over een paar dagen is de detox voorbij. Dan zijn alle drugs uit mijn lichaam, behalve de methadon die ik de komende weken nog moet blijven slikken. Dan gaat het allemaal pas echt gebeuren. Ik voel er nog niet veel bij, maar dat zal aan alle medicijnen liggen. De tuin is even prachtig als de rest van de kliniek. Er is een kleine vijver met allerlei soorten bloemen eromheen. Er schuifelen langzaam anderen langs me. Ze kijken sloom uit hun ogen. Waarschijnlijk zie ik er precies zo uit.

Ik praat de hele detox met vrijwel niemand.

71

Na twee weken mag ik de echte kliniek in, het White River Recovery Center. Bij de ingang word ik verwelkomd door Robert en een vrouw. Ze draagt haar grijze haar in een knotje en ze heeft een bril op met stalen montuur. Illy heet ze, en ze zal mijn hoofdbegeleider worden gedurende het traject. Ik word meegenomen naar mijn slaapplek voor de aankomende drie maanden. Alle cliënten delen met zijn tweeën een wit huisje met rieten dak, openslaande deuren en een veranda met een bankje ervoor.

Robert klopt op de glazen deur als we bij mijn toekomstige huisje aankomen.

'Hallo Ryan, is jy daar?'

'Ja, kom in,' hoor ik. Het klinkt een beetje steunend, alsof diegene iets zwaars aan het tillen is.

De houten deurpost piept een beetje als Robert de deur opendoet. Het huisje is smetteloos schoon. Nergens ligt rommel en de bedden zijn zo strak opgemaakt, dat het net een hotel lijkt. In de ruimte staat een bezwete, kale man van een jaar of veertig in sportkleren. Op de grond liggen gewichten. Hij veegt zijn handen af aan zijn shirt en loopt naar me toe.

'Hallo, is jou naam Patrick? Ek is Ryan.' Hij schudt me de hand. Ik moet lachen om het Afrikaans, dat ik gelukkig goed kan verstaan.

'Ja, klopt, ik ben Patrick.'

'Welkom! Goed dat je er bent.'

'Dit is jou nuwe kamermaat. Zet je tas maar daar neer, bij dat bed,' zegt Robert tegen mij. Hij wijst naar een bed in de hoek van het huisje. Ongeveer zes meter verder staat het andere bed, dat van Ryan zal zijn. Niet heel veel privacy, maar meer dan ik gewend ben.

Alsof Robert mijn gedachten leest, zegt hij: 'Al onze cliënten delen een slaapkamer. Wij geloven dat het helpt in het herstel.'

'Mij best, hoor,' zeg ik.

'Ryan, leid jij Patrick rond over het terrein?'

'Geen probleem,' zegt hij.

Robert kijkt mij aan. 'Je hebt vanmiddag een kennismakingsgesprek met Illy, zij zal je ook meer vertellen over ons programma in de kliniek.'

We lopen over de paden van het terrein, die netjes onderhouden zijn. Ik zie een aantal mensen de bomen snoeien, de prullenbakken legen en de paden bezemen.

'Zijn dat tuinmannen of mensen zoals wij?' vraag ik.

'Dit is ook mense van die kliniek. Ons het almal ons eie take.'

'Wat zeg je?'

Ryan begint te lachen en gaat verder in het Engels. '*We all have our own jobs.*'

Het complex heeft twee grote hoofdgebouwen met een eetzaal en twee therapiezalen. Ryan vertelt dat de mensen allemaal heel vriendelijk zijn, maar wel streng. We moeten verplicht drie keer per dag eten en er komt elke dag een controle of ons huisje opgeruimd en schoon is en of je jezelf goed verzorgt. Ryan is heel netjes, stelt hij me gerust.

In de groepstherapieruimte mogen we 's avonds televisiekijken en in de andere vindt op zondag een kerkdienst plaats. Er zijn ook een zwembad, volleybalveld en voetbalveld. Vrouwen en mannen leven gescheiden. Dat was ooit anders, maar er ontstonden zoveel relaties dat de staf heeft besloten ze uit elkaar te halen.

'Daar is 'n paar mooi dames daar,' zegt Ryan lachend. 'Het jy 'n meissie?'

Ik schud met mijn hoofd en denk aan Francine. Die is in Nederland druk bezig met het monteren van *Het Rotterdam Project*. Ik kan niet wachten tot ik haar weer mag spreken.

Er is ook een luxegedeelte, waar beroemdheden schijnen te zitten. Daar kan ik niet veel van zien, want we worden van hen gescheiden door een stel hoge bomen. Zij hebben hun eigen personeel en mogen hun telefoons en laptops wel blijven gebruiken. Ook onze therapiesessies zijn gescheiden van elkaar. Zij hebben hun eigen villa en volgen een ander behandeltraject, vertelt Ryan. Zij hoeven ook geen fysiek werk te doen, wij wel.

'Wat ons doen is beter, sodat jy jouself beter leer ken. Geen afleidings nie,' zegt Ryan.

Een paar uur later zit ik in het kamertje van Illy, een witte ruimte met rode banken en veel ramen. Ze zit tegenover me achter haar bureau. Ik heb inmiddels ook mijn sponsor Mike ontmoet. Hij is hier ooit als cliënt terechtgekomen en nooit meer weggegaan. Voorheen werkte hij als filmsetbouwer, nu is hij de klusjesman van het terrein en sponsor van sommige cliënten. Mike zal me elke dag naar de therapiesessie met Illy brengen. Mijn dagen zullen beginnen met een bezoek aan de verpleegster, met wie ik de methadon langzaam zal afbouwen. Daarna volgen ochtendgebed en ontbijt in de eetzaal. Na het ontbijt moeten we eerst onze eigen taak doen, ik moet de paden vegen, en daarna gaan we in groepjes aan het werk op het terrein. De ene dag zullen we bamboe kappen, de andere dag schoffelen en de volgende zullen we het gras maaien met een zeis. Na het werk krijgen we een groepstherapiesessie en de middag is om aan je eigen punten te werken. Mijn hoofd duizelt een beetje van al die taken, afspraken en opdrachten. Ik weet niet of het me gaat lukken om alles te onthouden. Normaal gesproken had ik elke dag en nacht maar één doel, en dat vond ik al genoeg.

Voor Illy op haar bureau ligt een dossier met mijn naam erop.

'Je hebt nogal wat meegemaakt, hè?' vraagt ze.

'Ja.'

'Wij werken hier met het twaalfstappenprogramma. Zegt dat je wat?'

Ik schud mijn hoofd.

'Dat is een wereldwijd gebruikt plan, dat twaalf stappen aanhoudt die bijdragen aan je herstel en om nuchter te blijven. Ze wijst naar een poster die aan de muur hangt, en leest me de stappen voor. Ze schuift een boekje naar me toe.

'Dit is een werkboek dat erbij hoort, daar zitten oefeningen in die je kunt doen in je vrije tijd.'

Ik blader erdoorheen. Ik zie allerlei invulblokken met vragen over mijn triggerdrugs, wat ik graag anders wil, wanneer ik egocentrisch ben geweest, waar ik bang voor ben, en wat er allemaal op het spel staat.

'Wat ook belangrijk is om je te realiseren is dat, ook al ben je hier voor je crack- en heroïneverslaving, wij de aanpak hanteren dat om het programma te laten slagen, je met álle middelen moet stoppen.'

Ik trek mijn wenkbrauwen op. 'Dus je wilt zeggen dat ik ook nooit meer mag drinken of blowen?' Daar heeft niemand in Nederland iets over gezegd. Ik kan me niet voorstellen dat ik geen druppel meer zou kunnen drinken.

'Wij zien alcohol net als drugs als een gateway naar andere middelen.'

'Ik weet niet of ik het daarmee eens ben,' zeg ik. 'Als ik eenmaal van de drugs af ben, dan wil ik wel een biertje kunnen bestellen op een terras.'

'We zien dat onze cliënten die volledig abstinent zijn veel minder gauw terugvallen.'

Ik ben het er niet mee eens, maar ik besluit verder niet meer te reageren en nog wat door het boekje te bladeren.

'Ik moet hier wel mijn ziel gaan uitknijpen,' zeg ik als ik het boekje dichtsla.

Illy glimlacht. 'Dat is de bedoeling. Een heel belangrijk punt om beter te kunnen worden is dat je met je verdriet, angsten en problemen aan de slag gaat. Ofwel door ze te herstellen of door ze een plek te geven en verder te gaan.'

'Klinkt logisch,' zeg ik. 'Ik zou alleen niet weten waar ik moet beginnen.'

'Daar helpen wij natuurlijk bij.'

'Wanneer mag ik weer contact hebben met het thuisfront?' vraag ik.

'Over twee weken krijg je een belslot waarin jij mensen mag bellen of gebeld kunt worden.'

Mijn ogen worden groot. 'Wat lang, zeg.'

Eigenlijk heb ik geen idee, tijdsbegrippen als een dag, een week, een maand zijn nogal abstract voor mij, want ik heb nooit op die manier geleefd, maar twee weken klinkt eindeloos.

'Heb je iemand die je heel graag wilt spreken?' vraagt Illy.

'Ja, Francine. Zij werkt voor dat televisieprogramma en we zijn de afgelopen periode supergoede vrienden geworden.'

Illy kijkt peinzend.

'Ze is ook nog eens heel knap.'

'En ben je ook verliefd op haar?'

'Ja, meer dan ik ooit op iemand geweest ben. Ik weet zeker dat we bij elkaar horen.'

'Is Francine niet gewoon aan het werk? En verwar je dat ze haar werk goed doet niet met verliefdheid?'

'Nee, straks als ik in Nederland ben, ga ik weer aan de slag met fotografie en dan gaan we samen een toekomst opbouwen,' zeg ik.

Illy moet er even om lachen.

'Kun je je hier niet beter op je herstel richten? En jezelf op andere zingeving richten?'

Ik haal mijn schouders op. 'Dat kan.'

Het irriteert me dat ze doet alsof ik een fantast ben, dat dit allemaal tussen mijn oren zit. Wat er tussen Francine en mij speelt, dat is echt.

'Een teleurstelling kan tot een terugval leiden,' zegt ze, maar ik luister niet echt meer.

72

In de nachten droom ik ontzettend veel. Elke nacht dwaal ik door een doolhof in mijn geest en bezoek ik Mien. Ik zie haar blauwe, opgezwollen hoofd, ik zie haar vertrekken met het ambulancepersoneel, ik zie Santje huilend aan de eettafel. En dan zie ik pa, ma, Anton en Miranda. Pa die bewusteloos in een steeg ligt, ma die snakt naar adem. Ze schreeuwen boos naar me.

'Hoe kun je je eigen leven zo verpesten?' vragen hun grote monden.

'Natuurlijk hebben we je nooit gezocht.' Hun gezichten smelten samen tot één kwaad persoon. Elke nacht volg ik hetzelfde platgetreden pad, dat ik meer dan twintig jaar van mijn leven heb bewandeld. Dolend, zoekend, verlangend. Elke keer kom ik terug bij de drugs.

'Kun je je dromen niet opschrijven?' vraagt Illy tijdens een van onze sessies.

De volgende ochtend als ik wakker word, pak ik meteen pen en papier.

Vannacht droomde ik dat ik ziek was van de heroïne en ik stond ineens tussen de gebruikers te wachten op de dealer. Toen hij kwam, kocht ik voor vijf euro bruin en gaf hij mij wat wit gratis erbij omdat hij me op televisie had gezien. Wat een facker, toch? Het zou juist andersom moeten zijn, dat hij me stimuleert om nuchter te blijven. Ik heb het niet gerookt. Ik gooide de drugs op de grond of zoiets. In ieder geval werd ik bang en kwaad en toen werd ik wakker om drie uur 's nachts. Ik ben wat thee gaan drinken en heb er wat koekjes in gedoopt. Daarna was ik tot rust gekomen. Na een sigaretje ben ik weer lekker in bed gaan liggen. Dit soort dingen gaan er wel komen als ik thuis ben. Dan moet ik sterk zijn en het juiste doen. Want als ik midden in de nacht wakker word met geld, wat ga ik dan doen?

Ik kijk met een dubbel gevoel naar de toekomst. Enerzijds kan ik niet wachten om terug in Nederland te zijn, weer te fotograferen en Francine te zien, maar anderzijds ben ik er ook doodsbang voor.

In het volgende gesprek met Illy vertel ik over mijn droom.

'Wat zijn in het verleden redenen geweest om drugs te gebruiken?' vraagt Illy.

'Ruzies, een vader die alcoholist was, mijn vriendin die zelfmoord pleegde... Echt van alles.'

'En waarom blééf je gebruiken?'

Daar moet ik even over nadenken. 'Omdat ik mezelf schaamde, omdat ik bang was, boos was, mezelf haatte. Ik heb jarenlang mijn lichaam aan vreemden verkocht, de dochter van Mientje aan haar lot overgelaten, mezelf niet verzorgd. Dat is toch verschrikkelijk?'

'Het is een grote last om te dragen,' zegt Illy. 'Zou je vanmiddag een lijst willen maken met alle dingen die jou zijn aangedaan waardoor je aan de drugs bent gegaan?'

Die middag zit ik op mijn bed met mijn schriftje en een pen. Ik hoef niet lang na te denken over wat ik wil opschrijven.

Mijn vader was er nooit voor mij. Hij was een lamzak en ik geef hem de schuld voor waar ik nu ben. Hij heeft me in de steek gelaten. Het laatste wat we samen hebben gedaan, is een joint delen. Ik weet dat hij van me hield, maar waarom moest hij me zoveel pijn doen? Als ik terugdenk heb ik wel een goede basis gehad, maar na mijn zevende was ik alleen op de wereld. Ik moet de schaamte en kwaadheid opzijzetten.

Mijn moeder was er wel altijd voor mij. Als ik dingen fout deed, dan strafte ze me. Ze vroeg me vaak waarom ik niet meer zoals mijn broer kon zijn. Waarom ik niet ging werken, waarom ik niet een lieve meid zocht.

Eigenlijk ben ik heel kwaad op Mientje. Hoe de fuck kun je een mens zoiets aandoen. Ik deed zo erg mijn best om het zootje bij elkaar te houden, maar ik kon haar niet tegenhouden. Dit heeft me zoveel jaren van mijn leven gekost, om dit een plek te kunnen geven en ik ben er nog steeds mee bezig. Maar nu ga ik er echt doorheen. Ik voel weer wat ik voelde toen het echt gebeurde. Ik was kwaad, verdrietig. Niet alleen voor mij, maar ook voor Santje. De enige manier hoe ik wist om ermee om te gaan, was met dope. En ik heb me nooit meer omgedraaid. Hoe kun je mijn leven zo vergallen en daarna zelfmoord plegen? Ik hou van je, Mien, maar dit is te erg. Dit zou je mij niet aandoen als je echt van mij hield.

De politie heeft me jarenlang weggestuurd en bekeurd, waardoor ik boete op boete op boete kreeg, terwijl ik letterlijk niets had.

'Ben je er klaar voor om op te schrijven wat jouw aandeel in het verdriet en de pijn in jouw leven is geweest?' vraagt Illy als ik haar de volgende ochtend vertel dat ik alles op papier heb gezet.

'Mijn aandeel?'

'Ja, alles wat je jezelf en anderen hebt aangedaan. Je hebt jarenlang in de prostitutie gewerkt om je eigen verslaving te voeden, dat moet ook wat met je gedaan hebben.'

'Zeker, ik haatte het, en het was ook heel verwarrend.'

Illy kijkt me van boven haar brillenglazen aan. 'Kun je dat uitleggen?'

'Ik heb jarenlang dingen tegen mijn zin gedaan. Het probleem was niet eens per se dat het om mannen ging, maar dat ik er niets over te zeggen had. Ik moest met slechte mensen mee naar huis. En dat gevoel dat ik gekocht werd, dat zij macht en zeggenschap over mij hadden, dat vind ik vreselijk als ik erop terugkijk. En ik sta heus open voor dingen, ik ben seksueel gezien best ruimdenkend, en met sommige mannen heb ik ook een soort band opgebouwd. Ze waren niet allemaal even slecht, maar ik haatte ze toch.'

'Dat klinkt inderdaad verwarrend,' zegt Illy.

'Klopt.'

'Ik denk dat je heel veel grenzen bent overgegaan en daarbij ook geen oprechte connecties meer had in je leven, geen sociaal vangnet, niemand met wie je kon praten of bij wie je je ei kwijt kon.'

'Nee, dat klopt. Maar nu heb ik Francine gelukkig, en Esther, Jessie en Pim.'

Die middag zitten Ryan en ik samen op de bank van de veranda met onze schriften op onze schoot. Ik drink zijn Zuid-Afrikaanse oploskoffie, en hij die van mij. We ruilen de laatste dagen ook onze sigaretten. Ryan is net zo druk bezig met zijn herstel. Sterker nog, hij doet alles met de strijdlust van een militair, wat ik een fijn voorbeeld vind om te volgen. 's Ochtends moeten we samen onze veranda vegen, maar Ryan neemt dan gelijk ook de omliggende tuin mee. Hij was verslaafd geraakt aan Crocodile, een sterke vorm van morfine.

Ik tik met mijn pen tegen mijn wang. Mijn aandeel... Ik blader terug naar wat ik een paar dagen geleden heb geschreven, en begin te schrijven.

Ik heb ma tot het uiterste gedreven. Ik liet haar mij slaan met een stok en riep: 'Sla harder, sla harder!' Ik ben er niet geweest toen ze overleed, maar ik ben blij dat ze me nog wel nuchter heeft gezien. Ik hou van haar ondanks onze misverstanden. We hebben elkaar nooit begrepen, maar ik zie wel in dat ze van me hield.

Ik ben duizenden keren met vreemde, vieze, enge mannen meegegaan.

Ik ben over al mijn grenzen heen gegaan.

Ik was zo verslaafd en ver verwijderd van mijn familie, dat ik geen afscheid heb genomen van mijn ouders toen ze overleden.

Ik heb Santje alleen gelaten nadat haar moeder zelfmoord gepleegd had.

Ik heb met pa een joint gerookt, terwijl hij een verzwakte verslaafde man was.

Ik heb mezelf meer dan twintig jaar gigantisch verwaarloosd. Of erger nog, de dood in gedreven.

Ik heb consequent elke dag drugs gebruikt en de verslaving in stand gehouden.

Ik heb jarenlang niet gedoucht.

Ik heb jarenlang niet geslapen.

Ik heb jarenlang mijn voeten verwaarloosd.

Ik heb jarenlang met pijn in mijn gebit rondgelopen tot bijna al mijn tanden uitgevallen waren.

Ik heb jarenlang in vieze, natte kleren rondgelopen.

Ik heb ontelbaar veel fietsen gestolen en winkeldiefstallen gepleegd.

Ik heb gelogen tegen Francine, Esther, Pim, Jessie en Beau om geld te krijgen voor drugs.

Ik heb Esther bang gemaakt en geïntimideerd om geld te krijgen voor drugs.

Mijn hand doet pijn van het schrijven, en ik heb het idee dat ik de lijst nog veel langer kan maken. Ik schrik ervan. Dit zijn allemaal dingen die door mijn toedoen gebeurd zijn. Waar niemand anders iets mee te maken heeft gehad, behalve ikzelf. De hel zat niet in de ander, de hel zat in mij. In mijn hoofd is al mijn lijden altijd een logische oorzaak-gevolgsituatie geweest, maar dat is het niet. Dít was allemaal mijn eigen schuld. Ik heb altijd een keuze gehad, en ik heb twintig jaar lang zelf de keuze gemaakt om de crackpijp naar mijn mond te brengen.

73

Lieverd,

Nog één ding moet ik je vertellen. Vanochtend droomde ik dat ik bij jou thuis was in Amsterdam en we hadden het echt gezellig. We stapten jouw huis binnen en nadat jij jezelf had opgefrist en ik jouw huis had bekeken, stond je iets in de keuken te doen. Ik hield je vast en kuste je teder in je nek. Ik kon je ruiken. Toen hoorde ik twee keer 'Patrick, Patrick'. Illy maakte me wakker. Ik ben nog nooit zo dicht bij jou geweest en op hetzelfde moment zo ver weg. Ik wilde niet dat het stopte, Fransje, het was zo fijn! Het is niet elke dag dat mij zoiets overkomt, het voelde echt en zo vertrouwd. Ik werd er zelfs een beetje emotioneel van en tegelijkertijd onzeker. Nou ja, je snapt het wel, wat ik daarmee bedoel. Misschien is het omdat jij het eerste positieve bent wat ik in mijn leven tegenkom na al die shit. Maar geloof één ding, lief, ik wil jou geen pijn doen en ik wil niet in de weg staan in je werk, want ik ben supertrots op jou. Ik voel me thuis als jij er bent. Je bent één brok energie. En als laatste, je bent zo ontzettend mooi. Of had ik dat al gezegd? Het zal best wel!

Love you,
Patrick

Hoe meer de drugs uit mijn systeem raken, hoe meer ik aan haar moet denken. Eigenlijk vind ik het lastiger om van haar af te kicken dan van de drugs. Om die tijd te overbruggen, schrijf ik brieven aan haar. Ik doe de brieven niet op de post, nog niet in ieder geval.

Na twee weken, als ik voor het eerst mag bellen, word ik tijdens mijn belslot door Francine opgebeld. De belruimte is een klein wit hokje met een rode plastic kuipstoel. Eerst ga ik erin zitten, maar ik ben te onrustig om stil te zitten, dus ik sta weer op en neem de telefoon mee naar buiten. We mogen een kwartier bellen, daarna moet ik de telefoon aan een andere cliënt doorgeven. Ze klinkt een beetje overstuur.

'Pat, ik hou echt van je. Maar ik ben niet verliefd op je. Ik zou zo graag willen dat je met jezelf aan de slag gaat.'

Blijkbaar heeft Illy contact met haar opgenomen en haar verteld dat ik verliefd op haar ben.

'Dat snap ik.'

'Ik vind je heel lief, we zijn goede vrienden en ik zal er altijd voor je zijn als vriendin. Maar we gaan niet daten als je straks terug in Nederland bent.'

'Ik snap het,' zeg ik. Maar ik ben het er niet mee eens. We zullen nog wel zien.

•

De volgende dag zit Illy met haar armen over elkaar heen geslagen tegenover me. Ik wiebel een beetje onrustig heen en weer op mijn stoel. Ergens voel ik me weer zoals vroeger, als ik op school op het matje geroepen werd.

'Wil je vertellen wat dat was vanmorgen?'

'Ik was geïrriteerd dat ik die stomme klusjes moet doen. Daar had ik geen zin in.'

'En dus besloot je de afwasborstel weg te gooien en te stoppen met de afwas?' Ze zegt het een beetje streng, maar ik hoor dat ze niet boos is.

'Precies.'

'Ook als dat betekent dat de anderen daardoor geen schone borden hebben voor het avondeten, en andere mensen uit je groep jouw werk moeten overnemen?'

'Als je het zo zegt, klinkt het niet heel vriendelijk.'

Ze kijkt me aan. 'Dat is het ook niet naar de rest.'

Ik ontwijk haar blik.

'Sorry,' zeg ik.

'Je hoeft tegen mij geen sorry te zeggen. Je bent best een dramaqueen, is het niet?'

'Ja, altijd al geweest.'

'Hoe was dat vroeger? Hoe reageerden je ouders als je zoiets deed?'

'Die werden boos, maar ook al gaven ze huisarrest, ze waren uiteindelijk juist blij als ik de deur uit was. Er was niet echt ruimte voor mij.'

'Dus je had ook geen uitlaatklep thuis?'

'Drugs,' lach ik bitter. 'Toen ik begon met blowen vervaagden al die vervelende gevoelens voor het eerst. En daarna heb ik er nooit meer mee willen omgaan.'

'Dan gaan wij hier verder, waar je op je twaalfde gestopt bent. Weet je, een belangrijk punt in onze behandelingen is dat je je realiseert dat er meer is op de wereld. Dat je niet alleen bent, dat er hulp is, maar ook dat de wereld niet om jou alleen draait. Dus dat ook anderen er last van hebben als jij geen zin hebt om een klusje te doen.'

'Ik was gewoon geïrriteerd door van alles.'

'Dat zijn we allemaal weleens, maar het gaat erom hoe je ermee omgaat. Weet je wat stap twee is?'

Ik kijk naar de twaalfstappenposter die aan haar muur hangt.

'Wij namen onze beslissing om onze wil en ons leven over te

dragen aan de zorg van God, zoals wij hem begrepen,' lees ik. Ik heb geen idee wat het betekent, behalve dat het om God gaat, en daar heb ik niet zoveel mee. Illy wacht even af tot ik iets ga zeggen.

'Ik geloof niet in God. Dat bidden hier vind ik best, en ik heb goede ervaringen met mensen van de kerk, maar ik geloof niet in een oude man met een baard die alles voor het zeggen heeft.'

'Dat hoeft ook niet. Je hoeft niet ineens christen, moslim of zoiets te worden. Het gaat er meer om dat je niet alles voor het zeggen hebt of onder controle kunt hebben. Dat er dingen zijn die groter zijn dan jij.'

'Dus dat ik eigenlijk een schakel ben in een hele grote ketting?'

'Zoiets, ja. Heb je niet in een situatie gezeten dat je je tot iets richtte, iets wat misschien onzichtbaar was, maar je wel geruststelde?'

'Ik heb weleens gebeden tot iets, of ik álsjeblieft uit deze situatie gehaald kon worden,' zeg ik. Dat is eigenlijk wel gek, dat ik tot iets gebeden heb zonder dat ik in God geloof.

'Je kunt kracht en hoop uit verschillende dingen halen. En vaak haal je het juist uit hetgeen waar je zelf totaal geen invloed op hebt. Denk er maar eens over na.'

Ik denk dat ik het begrijp. Het is juist die magische ruimte tussen onze dagelijkse realiteit en wat er allemaal kán zijn, waar ik kracht en hoop uit kan halen. Als je op straat leeft, verslaafd bent, in de put zit, het gevoel hebt dat je niet meer anders kunt, dan kan ik het leven alsnog veranderen. Dat het nu niet de realiteit is, betekent niet dat het geen werkelijkheid kan worden.

'Dat klinkt wel mooi. Dan ligt ineens een hele wereld vol mogelijkheden voor me open,' zeg ik.

'Precies, en dat begint bij de dingen waar je wél iets aan kunt doen. Misschien zijn er relaties met mensen die je wilt herstellen?'

Ik denk aan Anton, Miranda en Santje. 'Dat wil ik wel, ja, alleen ik ben bang dat iedereen me uitkotst om wat ik ze heb aangedaan,' zeg ik.

'Je kunt altijd contact met ze opnemen, en als ze je niet meer willen spreken, dan kun je het eindelijk een plek geven. Je hebt niets te verliezen. Sterker nog, ik denk, zelfs in het slechtste scenario, dat je heel veel angsten en schaamte zult kwijtraken.'

'Ik hoop het. Ik vind het een eng idee om ze weer te spreken.'

'Ik heb denk ik goed nieuws,' zegt ze ineens opgewekt. 'Er heeft iemand met het televisieprogramma contact opgenomen, en ze wil je graag spreken. Ze gaat je bellen.'

Op zondag ga ik naar de kerkdienst. Mike speelt een gospelliedje op zijn gitaar, en ik moet ervan huilen omdat ik het zo mooi vind. Ik denk aan al die keren dat ik als kind muziek luisterde als ik me geen raad wist met mijn gevoelens, en hoe de muziek altijd precies wist uit te drukken wat ik zelf niet begreep.

74

'Sandra is calling for Patrick.'

Ik sta in de belruimte met de hoorn in mijn hand. Met mijn andere hand tik ik nerveus tegen de muur. Nadat het programma is uitgezonden, heeft Santje de televisieredactie opgebeld en zo mijn gegevens achterhaald. Ik ben ontzettend blij dat ze nog contact met me wil.

'Ja, dit is Patrick.'

'Sandra is calling for Patrick,' zegt ze weer.

'Ik ben het, Patrick.'

'O, hé! Sorry. Wat ben ik blij je stem te horen. Ik dacht dat ik hem nooit meer zou horen.' Ze klinkt blij en opgelucht, en vooral heel volwassen.

'Hoe is het met je?' vraag ik.

'Zijn gangetje, de twee kindjes worden groot.'

Ze heeft dus kinderen. Dat vind ik enerzijds geweldig nieuws, maar ik vind het jammer dat ik het allemaal gemist heb.

'Hoe heten ze?'

'Dunya en Bentley, Bentley zoals de auto,' lacht ze.

We praten wat over het leven in de kliniek. Ik vertel haar dat ik net van de methadon af ben, dus dat ik het best lastig heb en heel graag naar Rotterdam terug wil, maar dat het naar omstandigheden goed gaat.

'Ik snap dat je naar huis verlangt, maar het is zo belangrijk dat je daar blijft.'

‘Ik heb me een heel lange tijd schuldig gevoeld,’ biecht ik op.

‘Dat hoeft niet, je kunt altijd bij me terecht. Dat zal nooit veranderen,’ zegt ze. Ik kan het haast niet geloven. Hoeveel kinderen zouden zo reageren nadat ze zo erg in de steek zijn gelaten door iemand?

‘Het wordt tijd dat je de kinderen leert kennen.’

Ik krijg tranen in mijn ogen. We sluiten af en ze belooft me binnenkort weer te bellen. Die avond schrijf ik een brief aan Santje.

7:20 ’s Avonds
Lieve Santi,

Ik weet dat er een hoop gebeurd is en ik hoop dat je vrede met de dood van je moeder hebt kunnen vinden. Ik heb me mijn ogen uit mijn kop geschaamd. Weet wel, ik hield echt van jouw moeder, maar ze wilde echt niet meer. En ik kon haar niet meer tegenhouden. Ik heb mezelf laag en schuldig gevoeld naar jou toe dat ik er niet kon zijn. Ik zou jou willen zien, schat, je kinderen, hoe ze eruitzien. Ik heb geen idee. Een kwestie van tijd, Santi, stapje voor stapje.

Ik hou van je. Dank je wel.

75

Francine en Beau zijn in Mpumalanga op bezoek. Ik zit hier nu iets meer dan anderhalve maand, dus ik ben over de helft. Ik ben best wel zenuwachtig om Francine weer te zien. Als ze uit de bus komt, omhels ik haar stevig.

Beau zegt dat ik er goed uit zie. Ik vertel dat het goed met me gaat. Er zijn nog genoeg dingen waar ik mee worstel, maar fysiek gezien heb ik me in jaren niet zo goed gevoeld. Ik ben van de methadon af en het lukt me zelfs om in bed te slapen zonder medicatie. Ook ben ik al heel veel aangekomen en heeft mijn bleke huid plaatsgemaakt voor een gezond kleurtje.

'Ik ben echt niet meer de man die je aantrof in de parkeergarage,' zeg ik. 'Die is er nog wel, maar ik ben hem niet meer.'

'Hoe kijk je naar die vent?' vraagt hij.

'Als een deel van mij dat ik achtergelaten heb.' Ik wenk Beau.

'Kom eens,' zeg ik. Ik laat Beau aan een bloemenstruik ruiken. Eindelijk kan ik weer dingen ruiken.

Ik laat hem mijn huisje zien, dat ik sinds een paar dagen met een nieuw iemand deel. Ryan is ontsnapt uit de kliniek. Het gerucht gaat dat hij een relatie met een vrouw heeft gekregen en haar zwanger heeft gemaakt. Toen hij daar achter kwam was zij al ontslagen uit de kliniek, en dus is hij over het hek geklommen en haar achterna gegaan. Mijn nieuwe huisgenoot is James, een respectabele alcoholist.

Beau en ik gaan op mijn bed zitten en ik lees een aantal brieven voor die ik heb geschreven. Aan de rand van mijn bed ligt het Elmo-knuffeltje, dat ik nog steeds met me meesjouw.

'Ik wil met kerst thuis zijn, en me weer herenigen met de mensen van wie ik hou,' lees ik in een van de brieven.

'Betekent dat nou dat je het liefst weg wil?' vraagt Beau verbaasd.

'Ja, maar de staf wil me hier houden.' Het liefst ga ik nu terug naar Rotterdam. Na al die jaren met niemand iets te maken hebben gehad, vind ik het nu lastig om hier opgesloten te zitten achter deze muren. Ik weet dat ik het beste kan blijven, maar ik kan niet wachten om het gewone leven eindelijk eens te gaan oppakken.

Na de opnames neemt Francine me even apart. We gaan zitten op het bankje bij de bloemenstruik. We voeren nog eens het gesprek dat we al eerder aan de telefoon hebben gevoerd.

'Je weet dat het niet kan, toch?' zegt ze. Maar nu ik haar in de ogen kan kijken, zie ik de twijfel in haar blik.

'Ja, dat weet ik,' zeg ik.

'Echt, Pat, ik hou van je, ik blijf in je leven, maar we gaan niet daten straks in Nederland.'

'Je hebt gelijk,' zeg ik, maar het enige wat er door mijn hoofd spookt is dat ze geen enkele keer zegt dat ze het niet wil of niet voelt.

76

Het kerstweekend is tergend langzaam voorbijgekropen. Het was de warmste kerst die ik ooit heb meegemaakt, wat een vreemd contrast was met de nepkerstboom die stond opgetuigd in het hoofdgebouw. Niemand heeft me gebeld, het hele weekend niet. Ik begrijp er niets van. Francine zou me toch wel bellen? Ik voel me onrustig en hang een beetje rond bij de televisie, maar het lukt me niet om ernaar te kijken. Een paar weken geleden voelde ik me goed en vrolijk. Zeker toen ik voor het eerst van de methadon af was en ik compleet nuchter in de wereld stond. Alle geuren en kleuren waren overweldigend. Maar nu voel ik me rot en bang. Wie ben ik eigenlijk? Jarenlang heeft mijn verslaving mijn persoonlijkheid de kop ingedrukt, maar wie ben ik zonder? Is er wel iemand los van die verslaving? Is de verslaving niet hetgeen wat me juist grappig en charmant maakte?

In de groepsruimte komt een van de begeleiders naar me toe.

'Het spijt me, maar je hebt dit weekend een gesprek van Francine en Santje gemist,' zegt ze.

'Wat bedoel je?' Mijn ogen worden groot.

'Er waren anderen tegelijkertijd aan het bellen, en er is iets misgegaan.'

'Hoe is dat in godsnaam mogelijk?'

De directeur Robert komt naar me toe, en legt zijn hand op mijn schouder, maar ik stap opzij en loop weg.

'Ik wil naar huis!' roep ik. Robert loopt achter me aan.

'Doe alsjeblieft kalm,' zegt hij.

'Nee!'

Ik loop mijn huisje binnen en veeg een stapel papieren van de tafel af.

'Ik had met ze kunnen spreken, en jullie hebben dat van me afgenomen.'

'Alsjeblieft, het spijt ons, maar we kunnen er nu niets meer aan doen. Je kunt ze deze week spreken.'

'Ik had ze dit weekend willen spreken.' Ik weet hoe verwend ik klink, maar ik kan het niet tegenhouden. Robert beseft dat ik niet voor rede vatbaar ben, draait zich om en loopt de deur uit.

'Ik wil naar Rotterdam toe, ik heb hier niets meer te zoeken. Ik ben klaar met deze therapie.'

Doordat hij wegloopt word ik nog woedender, en dus pak ik een zware stoel en gooi ik die door de glazen deur heen. De scherven spatten alle kanten op en de hele veranda ligt onder. Het houtwerk van de deur is kromgebogen. Robert loopt gauw weg.

Na een paar minuten kom ik weer bij zinnen en zie ik wat ik heb aangericht. Snel pak ik een bezem om het glas op te vegen. Ik schaam me kapot.

Die middag heb ik een gesprek met Peggy-Sue en de rest van de staf. Ze zitten in een grote kring om mij heen en kijken me allemaal ernstig aan.

'Je gaat hier gewoon je programma afmaken tot het einde aan toe,' zegt Peggy-Sue.

11

Op 10 januari land ik weer in Nederland. Van mijn laatste Zuid-Afrikaanse geld heb ik een zalmroze T-shirt met een springbok erop gekocht. Ik wilde Nederland niet binnenkomen met geld op zak. Het is de tweede keer in mijn leven dat ik vlieg, en de eerste keer dat ik het nuchter meemaak. Toch was ik niet echt bang. Ook al was ik nuchter, en ook al vloog ik de normale wereld met alle uitdagingen die daar op me liggen te wachten tegemoet. Het kwam denk ik, omdat ik zoveel zin had om iedereen te zien en weer te gaan fotograferen, dat de rest er minder toe deed. Ik wilde gewoon zo snel mogelijk in Nederland zijn.

In de aankomsthal zie ik niet alleen de vertrouwde gezichten van Francine, Jessie, Esther, Beau, Pim en Peggy-Sue, maar ook mijn zus Miranda en mijn oom Peter, de broer van ma. Miranda en Peter staan vooraan, bij de hekjes van de aankomsthal. Ik omhels iedereen innig en kus alle wangen.

Francine fluistert in mijn oor dat Miranda contact had opgenomen met het programma. Ik moet ervan huilen. Als ik Beau loslaat, zegt hij: 'Eigenlijk zou ik je nog een paar maanden willen volgen met een camera. Hoe vind je dat?'

'Geweldig, natuurlijk,' zeg ik direct. Niet per se omdat ik zo graag nog eens op televisie wil komen, maar meer omdat ik dan Francine nog een paar maanden om me heen heb. En de rest van het team natuurlijk, die ook ontzettend veel voor me zijn gaan betekenen. Francine en ik wisselen een blik, en ik lees in haar glimlach dat ze er ook blij mee is.

Francine en ik rijden samen met mijn zus en mijn oom mee naar Rotterdam Centraal. Daar ontmoet ik Santje met haar twee kinderen. Ze begint direct te snotteren als ze me ziet, en we knuffelen elkaar bij de poortjes. We lopen gearmd naar buiten, op zoek naar een koffietentje. Santjes make-up is nu volledig uitgelopen.

Ik kijk naar Santjes kinderen. 'Heb je ze iets over mij verteld?'

'Ja, dat je de vriend van oma Mientje bent.'

Na de koffie gaan we naar mijn appartement. Het team heeft alles volledig schoongemaakt. Alles waar drugs of resten van drugs in zouden kunnen zitten hebben ze weggehaald. Ik heb zelfs nieuwe stoelen en een nieuwe televisie. Op de muren zitten nog wel wat sporen; graffiti die ik heb gespoten en zwarte handafdrukken op mijn witte gordijnen toen ik in een creatieve bui was. Ik heb geen idee meer wanneer ik dat precies gedaan heb, ik weet alleen dat ik het deed toen ik heel high was.

Esther en ik zitten naast elkaar op de bank. Ze geeft me mijn telefoon, die ik al maanden niet heb gehad, en ik zet hem direct aan. De eerste minuten kan ik er niet zoveel mee, omdat er zoveel berichtjes binnenkomen. Het apparaat wordt gloeiend heet. Ik vind het een beetje overweldigend, dus ik wil niet meteen alles lezen. Ik scrol er een beetje doorheen, zie allerlei hoopgevende berichten van mensen die ik wel en vooral ook niet ken, en dan ineens hoor ik de 'ping' van een nieuwe melding. Esthers blik schiet direct naar mijn scherm.

FAKA PATRICK, IK HEB GOEDE SHIT. GRATIS.

Esther ziet het bericht en grist de telefoon uit mijn handen. 'Jij moet nú een andere telefoon hebben.'

•

Een paar dagen later ga ik bij Miranda op bezoek. Oom Peter is er ook bij. Ze heeft al verschillende fotoboeken op tafel liggen. We bladeren door verschillende foto's van ons als jonge kinderen en pa en ma als jonge ouders. Ik zie een foto van Miranda, Anton en mij voor de caravan in Elspeet. We zitten op een bankje. Miranda lacht, ik steek mijn tong uit en Anton probeert te glimlachen, maar zijn blik is verdrietig. Het lijkt alsof hij zijn uiterste best doet om die lach eruit te persen. Ik vraag me af hoe het nu met hem gaat en hoe de afgelopen jaren voor hem zijn geweest. Zou hij weten dat ik weer in Nederland ben? Ik wil hem bellen, al is het maar om alles een plek te geven.

'Heb jij Antons telefoonnummer?' vraag ik aan Miranda. Ze pakt haar telefoon en haalt zijn contactgegevens erbij. Ik sla ze op in mijn nieuwe telefoon.

'Miranda is altijd blijven vragen waar je was,' zegt Peter. 'En weet je wat het gekke is, ik heb altijd gezegd dat ik het niet wist. We hadden al zo lang niets van je vernomen, dat ik uiteindelijk maar had gezegd dat ik dacht dat je niet meer leefde. En twee uur later zag ik de reclame voor het programma op televisie.'

78

Anton is jarig vandaag. Al duizend keer heb ik op het punt gestaan om hem te bellen, maar ik durfde het steeds niet. En net, toen ik eindelijk de moed bij elkaar had verzameld, nam hij niet op. Ik zit op de bank en staar naar de grijze lucht en de regen die tegen het raam tikt. De camera staat op mijn neus gericht, want vandaag is een opnamedag.

Het regent al dagen achtereen en ik probeer zo veel mogelijk binnen te blijven. Als ik naar buiten stap, en de kou en regen op mijn gezicht voel, merk ik dat ik als door een Pavlov-effect weer zin krijg in dope, zin om de kou te verdoven. Ik word direct teruggezogen naar al die verschrikkelijke nachten en dagen, dat het me niet meer lukte om op te drogen, en de kou zo diep in mijn botten trok dat ik alleen nog maar die stekende zenuwpijn kon voelen en onophoudelijk aan het rillen was, tot de dope alles liet vervagen.

Als het even stopt met regenen, vertrek ik naar buiten om boodschappen te doen, naar een NA-meeting of dagbehandeling te gaan of ga ik naar het Boijmans-museum.

Mijn vaste plekken, die waar ik veel heb gebruikt of gebedeld, probeer ik zo veel mogelijk te ontwijken, want daar voelt het alsof ik door onzichtbare handen terug naar de steeg of parkeergarage wordt getrokken. Maar ook kroegen, waar het sterk naar ingedroogd bier ruikt, roepen verlangens in me op. Ik vind het lastig, want het liefst wil ik op pad gaan om te fotograferen, om het leven op straat vast te leggen. Maar juist de uren dat ik de stad zo mooi vind, zijn de uren die het gevaarlijkste zijn.

De mensen van de NA-meetings en van Ready for Change (de verslavingszorg uit Rotterdam) zeggen ook elke keer tijdens de dagbehandelingen dat ik niet doelloos moet gaan rondlopen door de stad. Eigenlijk kun je het beste niet terugkeren naar de stad waar je verslaafd bent geraakt.

Ik voel me opgesloten.

Ik probeer het nog eens, haal diep adem en druk op het telefoonsymbooltje. Na een paar keer overgaan, verlies ik de moed en wil ik ophangen, en dan ineens wordt er opgenomen.

'Hé Anton, met Patrick.'

'Hoi, Patrick,' zegt hij.

'Hoe is het met jou?' vraag ik. Mijn buik kolkt van de zenuwen.

'Ja, goed joh,' zegt Anton. Ik weet niet goed wat ik moet zeggen.

'Zo, dat is lang geleden,' zeg ik.

'Ja, joh,' zegt hij.

'Ik had je al gebeld, maar je nam niet op.'

'Ja, ik had mijn telefoon binnen laten liggen. Ik moet voor mijn werk overal en nergens naartoe.' Ik vraag me af of het een smoes is. Misschien wilde hij de eerste keer niet opnemen, het kan best dat Miranda tegen hem gezegd heeft dat ik van plan was hem te bellen.

'Alleen maar goed, toch,' zeg ik, alhoewel ik weet hoe nietszeggend dat klinkt.

'Baggerkoud buiten,' zegt Anton.

Ik lach nerveus. 'Ik heb zelf ook geen zin om naar buiten te gaan.'

Even zegt Anton niets. 'Hoe gaat het allemaal daar?' vraagt hij uiteindelijk.

'Ja, het gaat eigenlijk goed met mij.'

'Ja.'

'Ja,' herhaal ik.

'Ik heb het wel gevolgd. Ik wist in eerste instantie niet wat ik ermee aan moest,' zegt hij.

‘Dat snap ik. Ik weet ook wat er allemaal gebeurd is, en waar ik allemaal niet bij ben geweest...’ Ik doel op de overlijdens van pa en ma, die hij in zijn eentje moest regelen en verwerken, zijn eigen leven waar ik totaal geen deel van uit heb gemaakt, en nog zoveel meer waar ik niet eens weet van heb. Ik heb geen idee wat er allemaal in zijn leven gespeeld heeft de afgelopen jaren.

‘Ja, wat moet ik zeggen? Het is allemaal gebeurd. Maar in ieder geval leuk om je even te horen,’ zegt Anton om het gesprek af te ronden.

‘Nou, ik vond het ook leuk om jou te horen,’ zeg ik. ‘Hé, gefeliciteerd, hè.’

We sluiten het gesprek af en met een trillende hand druk ik het gesprek weg. Mijn hart bonkt als een bezetene. Ik slaak een diepe zucht.

‘Het begin is er,’ zeg ik tegen het team.

Op een droog moment trek ik mijn jas aan en stap ik naar buiten om even een kleine wandeling te maken. Ik heb nog geen tien meter gelopen of ik zie Mo staan. Hij lijkt niet zo geschrokken als ik, graait in zijn nektasje en gooit iets naar me toe. Voor mijn voeten landt een zakje met crack.

‘Ben je wel goed bij je harses?!’ roep ik naar hem. ‘Teringlijer!’

Ik geef het zakje een flinke trap, maar het komt niet ver. Mo loopt rustig weg zonder iets te zeggen. Ik schrik er heel erg van, maar nog meer schrik ik van het gevoel dat het monster in mijn hoofd weer wortels probeert te krijgen. Gauw ga ik terug naar binnen. Vandaag blijf ik binnen.

Voor de derde keer die dag spring ik onder de douche. Ik wil alles van me af boenen. Ik trek een schone pyjama in, smeer mijn handen in met handcrème en gooi mijn beddengoed in de was. Met iedere wasbeurt hoop ik iets van mijn verleden kwijt te raken.

79

Ik heb het toch gedaan, en nu zit ik met een biertje voor mijn neus aan een tafel met vreemde gasten. Sinds een paar dagen hou ik mijn pinpas zelf bij me. Als de crew hem bij zich was blijven houden, zou het een ding blijven, dan zou ik die verslaafde blijven die niet verstandig met zijn eigen geld om kan gaan. Nu heb ik er spijt van.

Ik kon er niet meer tegen om steeds maar binnen te blijven, terwijl ik er juist zo naar verlang om Rotterdam weer te zien, te ervaren. En dus ben ik met mijn camera op de fiets gestapt en gaan fotograferen.

Ik werd door heel veel mensen herkend, die me allemaal even trots toespraken, maar die dakloze diep in mij schreeuwt alleen maar dat hij juist niet gezien wil worden. De afgelopen dagen heb ik bij de opnames van *De wereld draait door* en *Pauw* gezeten. Aan tafel bij Matthijs van Nieuwkerk werd een split screen getoond, van hoe ik eruitzag toen ik nog op straat leefde en van hoe ik er bij hen bij zat, nuchter en netjes in de make-up met een fris wit overhemd aan. Ik schrok van mijn eigen, oude gezicht, en schaamde me een beetje tegenover al die mensen die dat zouden zien, maar ik werd onthaald als een held, als iemand wie het al gelukt is.

Terwijl het nu pas begint.

In een interview met Francine voor het nieuwe televisieprogramma, *Caveman*, vertel ik eerlijk dat ik er niet van uitga dat ik nooit een terugval zal krijgen.

Ik voel allang dat die al wel in de lucht hangt.

Ik wil onzichtbaar blijven, van de radar zijn, verdwijnen, maar het kan niet, want iedereen roept me na. Iedereen kent me ineens. Of zo voelt het in ieder geval. Ergens is dat ook een stok achter de deur, dat iedereen roept dat ik moet volhouden, maar het voelt tegelijk alsof ik een marathon aan het rennen ben en de eindstreep steeds opschuift terwijl ik het niet meer volhoud. Ik wil weer even op adem komen.

'Caveman! Caveman!' riep een aantal jonge gasten, degenen met wie ik nu aan tafel zit. 'Kom eens.'

Ik liep naar ze toe, naar de tafel vol met lege en volle bierglazen. Met elke stap die ik zette, wist ik dat ik in de val liep die ik voor mezelf heb klaargezet. Al voor ik bij de tafel aankwam, werd er een biertje naar mijn kant van de tafel geschoven.

'Neem er eentje,' zei een van hen. Ik ging voorzichtig zitten, en staarde naar het glas dat nu voor me staat. Die gasten hebben denk ik geen idee dat geen drugs ook geen alcohol betekent.

'We hebben echt respect voor jou,' zeggen ze. Ik ben vooral gefocust op het glas en staar naar de belletjes in het koolzuur die langzaam opstijgen. De schuimkraag verdwijnt, en dan pak ik het glas en neem ik een paar grote slokken. Ik voel een vreemde mengeling van paniek en ontlading in me opwellen en ik drink de rest van het glas in één klap leeg.

Ik neem nog een biertje. Een is te veel, duizend is nooit genoeg. Dat prenten ze je bij elke behandeling in. Ik schaam me dat ik aan het drinken ben, maar ik kan het ook niet tegenhouden. Ik drink het tweede glas in drie grote slokken leeg. De omgeving wordt doffer.

Zo erg is het toch niet?

Ik kan best af en toe wat drinken, zoals al deze mensen in de cafés.

Eindelijk voel ik me weer een beetje rustig.

Ik heb er zo ongelooflijk veel zin in.

Na zes bier loop ik op straat. Ik zwalk een beetje van de alcohol en om de hoek van het Stadhuisplein kom ik een oude bekende tegen. Hij is wit aan het roken. Zijn naam weet ik niet, maar hij leeft al jaren op straat. Hij geeft me een knuffel. Ik snuif verlangend de heroïnegeur op die om hem heen hangt. Ik wil het niet, maar ik kan het niet laten.

'Ik hoorde dat je op televisie was,' zegt hij.

Ik negeer zijn opmerking. 'Kun je wat vinden?' hoor ik mezelf zeggen.

Het monster is weer aan de macht.

De crack valt totaal niet goed. Ik sla het euforische gevoel over, en ga direct door naar de paniek. Mijn hart bonkt en ik voel de spieren zo hevig in mijn kaak trekken dat die strak staat. Gauw fiets ik naar huis en trek ik alle gordijnen dicht. Ik app Francine.

IK HEB VANNACHT AL MIJN GELD OPGEZOPEN...

EN IK HEB COKE GEROOKT.

Zodra Francine het leest, belt ze me vroeg in de ochtend op.

'Wat is er gebeurd?' vraagt ze.

'Nou, het is gebeurd. Ik voel me zo fucking ellendig nou, man.'

'Heb je alleen coke gerookt?'

'Vond je dat niet genoeg dan?' vraag ik. Ik walg van mezelf.

'Ja, wel.'

'Ik wil even niet praten. Ik ben thuis, in bed, maar ik ga geen gekke dingen doen.'

'Ik maak me wel veel zorgen nu. Wat wil je dat ik doe?'

'Kun je een pistool kopen?'

Francine zegt niks.

'Laat me maar met rust,' zeg ik en ik druk het gesprek weg.

80

Het blauwe tapijt voelt ruw onder de zolen van mijn schoenen. We zitten met een stuk of twaalf mensen in een grote kring op oude kantoorstoelen in een oude kantoorruimte. Voor me zie ik een mix van allerlei mensen, sommigen zichtbaar verslaafd, van anderen zou ik het nooit gedacht hebben. Een man schuin tegenover me is een jaar of tachtig en heeft een flinke rode drankneus, net zoals pa had. Er is ook een vrouw in nette kleren met een frisse uitstraling. De lamellen hangen half voor het raam, maar het is een grauwe dag dus er komt niet veel licht binnen. Iemand die ik al eerder op een van deze meetings heb gezien, begroette me bij de deur en schenkt de koffie voor ons in. Ik staar naar de donkere koffie in het kartonnen bekertje. Ik ben helemaal leeg, ik kan niet meer. Dit werkt niet zo. Blijkbaar kan ik echt geen alcohol drinken, echt geen slok.

'Welkom op de open Nederlandstalige bijeenkomst van de NA-Anonieme Verslaafden,' zegt de gespreksleider van vandaag. 'Mijn naam is Alice en ik ben verslaafd. Ik wil jullie vragen om je mobiele telefoon uit of op stil te zetten zodat de meeting niet onderbroken wordt.' Ze kijkt de zaal rond. 'Laten we een moment stilte in acht nemen waarin we ons herinneren waarom wij hier zijn en denken aan de lijdende verslaafden.'

De hele ruimte is stil. Sommigen kijken een beetje onrustig rond, anderen kijken naar hun schoenen.

'Dank jullie wel,' zegt ze. Er worden door verschillende mensen in de groep pamfletten voorgelezen over verslaving, het programma van NA en het twaalfstappenplan.

'We hebben hier een paar regels voor het delen. Als je de laatste vierentwintig uur gebruikt hebt, vragen we je alleen te luisteren. Na de meeting nodigen we je uit om met iemand persoonlijk te praten. Het is niet wenselijk om op andermans *share* in te gaan, dus geen *cross-sharing*. Noem absoluut geen namen van klinieken of specifieke drugs. Dit uit veiligheid voor de groep.'

Verschillende mensen knikken.

'Is er iemand voor wie dit zijn of haar allereerste bijeenkomst is?' Ze wacht even af. 'Zou je je willen voorstellen met je voornaam en de erkenning dat je verslaafd bent?'

Een jonge vrouw staat op. 'Mijn naam is Denise en ik ben verslaafd.' Ze gaat weer zitten.

'Mijn naam is Johan en ik ben verslaafd,' zegt een man van een jaar of veertig. 'Ik ben bijna twee jaar nuchter, en ik mag binnenkort eindelijk mijn kinderen weer zien. Ze zijn nu vijf en zeven jaar en ik heb ze een jaar niet gezien. We gaan er langzaam naartoe werken dat ik ze weer vaker mag zien. Ik had mijn twijfels over dit programma, maar het werkt ontzettend goed voor mij.' De man straalt en de groep knikt begripvol naar hem. Daarna vertelt een vrouw dat ze na drie jaar nuchter zijn, weer is teruggevallen. Ook naar haar wordt even begripvol geknikt.

De oudere man neemt het woord over. 'Ik ben al dertig jaar nuchter, maar ik voelde toch de behoefte om vandaag langs te komen. Ondanks het feit dat ik heel erg verslaafd was aan alcohol, heeft mijn vrouw me nooit verlaten. Daar ben ik ontzettend dankbaar voor.'

Ik luister met ontzag naar de verhalen. Deze man heeft al dertig jaar geen druppel meer gedronken, en komt nog steeds naar deze meetings. Als hij uitgepraat is, sta ik op. Het is inmiddels wel iets langer dan vierentwintig uur geleden dat ik heb gebruikt, dus ik wil ook wat zeggen.

'Ik ben Patrick en ik ben verslaafd,' zeg ik. Ik lach even nerveus. 'Ik ben hier omdat ik gisteren flink op mijn bek ben gegaan. Ik ben teruggevallen.' De hele groep kijkt naar me. Niemand wordt boos, niemand foetert me uit dat ik een loser ben. Ze lijken het allemaal te snappen. Iedereen mag op zijn bek gaan, als je daarna maar het juiste doet en opnieuw met je herstel begint.

Na de meeting sta ik in de rij om een sleutelhanger op te halen. Degene voor mij haalt er een op voor negentig dagen nuchterzijn. Ik krijg de nieuwkomerssleutelhanger. Ik bevestig hem aan mijn sleutelbos, en ben nu echt vastberaden.

81

Francine en ik zetten onze fietsen in de stalling voor Blijdorp. Ik zet mijn eerste zelfgekochte fiets op slot. De blauwe negentigdagensleutelhanger bungelt als een trofee aan mijn sleutelbos. Vandaag is het Koningsdag, een feestdag die me sinds Koninginnedag 1993 nog altijd angst aanjaagt. Sowieso zijn feestdagen voor verslaafden in herstel een wankel punt. Bij Ready for Change hebben ze me op de komst van dit soort dagen voorbereid. Naarmate deze dag dichterbij kwam, begon de verslaving ook weer aan me te knagen. Ik bleef maar denken aan iedereen die dan gaat drinken en drugs gaat gebruiken. Op zulke momenten kan ik de dope en drank haast weer proeven. De kleine, vieze worteltjes deden hun best om grip te krijgen op mijn gedachten, maar nu ben ik in plaats van er zelf mee te worstelen naar elke meeting gegaan waar ik tijd voor had. Omdat je het feestgedruis beter kunt vermijden, heb ik Francine gevraagd of ze deze dag met mij in de dierentuin wil doorbrengen.

'Ik ga wel mee, maar je moet niet denken dat dit een date is,' zei ze zo streng dat ik haar niet meer geloofde.

De afgelopen weken zijn een achtbaan geweest, in de positieve zin. Ik ben verhuisd naar een nieuw appartement op de Nicolaas Zasstraat. Dat voelde als een frisse start, om ergens te wonen waar ik nog nooit gebruikt heb. Ik werd ingehuurd door het Ibis-hotel om voor hen te fotograferen, het hotel waar ik als hongerige dakloze gebruik mocht maken van het buffet, en de

Rabobank had me gevraagd allerlei projecten waar zij zich voor inzetten te fotograferen. Een van de opdrachten was dat ik voor Rotterdamsche Confituur mocht fotograferen, waar kwetsbare jongeren confituren maken. Een jongen van zestien maakte daar enorme indruk op me. Weckpotten uitkoken, poetsen, fruit koken in grote pannen, een klein beetje suiker toevoegen, roeren, proeven, nog wat suiker, weer roeren en uiteindelijk verdeelde hij alle zelfgemaakte jam in kleine weckpotjes en maakte ze schoon met een doek. Alles met evenveel aandacht en liefde. Het contrast kan niet groter, met hoe ik was op die leeftijd. Ik zag in hem, dat alles zo betekenisvol wordt als je het zelf maakt. Als je jezelf vol passie stort op het maken van confituren, het schoonmaken van panden, of wat dan ook, dan wordt dat vanzelf bijzonder. Ik heb hem lange tijd geobserveerd vanachter de veilige lens van mijn camera, en hoopte dat er meerdere jongens zoals hij hun plek zouden vinden en daardoor een andere toekomst voor zich zouden zien dan ik op mijn zestiende.

De dierentuin is zo goed als leeg. De rest van de stad is aan het feesten in het centrum. Op de achtergrond zijn de verstomde geluiden te horen van mensen die in microfoons praten, fanfares, muziek, de geluiden van de stad, maar in de dierentuin is het stil op ons na. We bekijken de beesten, drinken een colaatje, roken een sigaretje, en pauzeren even bij de zeeleeuwen. Een van de beesten maakt een enorm kabaal. Francine begint te lachen.

'Auw, auw, auw!' doe ik het dier na. Met mijn armen zwaai ik wild heen en weer.

Ik loop richting het hek.

'Pat, doe die zeeleeuw nog eens na,' zegt Francine van achter me.

'Auw, auw, auw!' Ik draai me weer om naar Francine en zie dat ze me gierend van de lach aan het filmen is.

Ik loop naar haar toe en pak haar hand vast. We lopen langs de leeuwen en komen twee andere bezoekers tegen.

'Ik ken jou! Is dat nu je vriendin?' vraagt de vrouw.

'Ja!' roep ik.

We lopen weer door tot we bij de giraffes aankomen. Onze handen hebben elkaar nog steeds vast. Ik sta naast Francine, schouder aan schouder. Ze klemt haar vingers nog iets steviger om de mijne en draait haar gezicht naar me toe. Als ik haar in haar ogen kijk weet ik het zeker.

'Je kunt mijn rug op,' zeg ik. 'Jij bent ook verliefd op mij.'

Voor ik het besef buig ik me voorover en kus ik haar. Gewoon omdat het goed voelt. Ze blijft staan, en dan kust ze me terug.

82

Ik bots bijna tegen hem aan als ik mijn straat uit loop. Hij reageert niet en loopt door. Zijn blik naar voren gericht, zijn nek gekromd door het speuren naar spullen en het zittende slapen.

'Hé, Manus,' zeg ik. Hij reageert niet.

'Manus!' zeg ik nu harder. Hij draait zich om en lijkt te schrikken. We hebben elkaar niet meer gezien sinds hij met mijn camera uit mijn huis vertrokken was.

'Hé, Patje.'

'Hoe is het?' vraag ik. Hij pakt een zakje bruin en zijn heroinebuisje uit zijn zak. Ik doe een paar stappen naar achteren, zodat ik de geur minder goed ruik.

Hij schuifelt wat met zijn voeten. 'Het gaat… Ik probeer een kamer te regelen. Ja, ik slaap er al wel, hoor. Goeie kamer.'

Ik kan er geen touw aan vastknopen, maar ik ga er niet van uit dat hij echt een kamer heeft. We kennen elkaar al zo lang, hebben zoveel meegemaakt, maar we lijken nu twee vreemden voor elkaar. We bevinden ons in verschillende werelden, en ook al ken ik die van hem als geen ander, ik wil er niet te veel bij in de buurt komen. Dat kan niet, niet als ik een normaal leven wil leiden.

Manus kijkt een beetje onrustig naar links en naar rechts. Ik voel wat in mijn zak, een geldbriefje.

'Waarom ga je nou niet eens afkicken?' vraag ik hem terwijl ik het geld aan hem geef. Hij steekt het snel in zijn jas.

‘Voor mij is het allemaal niet zo makkelijk,’ zegt hij.

Ik weet dat hij doelt op het programma.

‘Het is voor niemand makkelijk, maar iedereen heeft recht op een andere kans en een beter leven,’ zeg ik.

Manus haalt zijn schouders op.

‘Ik moet gaan,’ zegt hij

Dan loopt hij weg met stijve benen en het gewicht op zijn voorvoeten. Ik weet hoeveel pijn hij moet hebben, maar ik weet ook niet hoe ik hem kan helpen.

83

Wim houdt haar hand heel lang vast. Op zijn hoofd zitten wat korstjes opgedroogd bloed.

'Wat ben ik blij je eindelijk eens te ontmoeten. Hij heeft zoveel over je verteld,' zegt hij. Francine lacht naar hem met haar stralende blauwe ogen.

'Andersom ook,' zegt ze.

'Kom, kom, we gaan zitten.' Hij schuift langzaam de woning in. Als we in de woonkamer staan, gebaart hij dat we moeten gaan zitten.

'Wat een prachtig uitzicht heb je hier,' zegt Francine als ze gaat zitten. We zitten naast elkaar. Onze knieën raken elkaar onder de tafel. Na onze eerste kus was het allemaal geweldig. We hebben afgesproken dat we het verleden even laten voor wat het is, en alleen maar leuke dingen samen gaan doen. We willen nieuwe herinneringen maken. Ons eigen verhaal creëren in plaats van blijven hangen aan het verleden.

'Ik mag zeker niet klagen,' zegt Wim. 'Koffie?'

Hij loopt al de keuken in zonder het antwoord af te wachten. Na een paar minuten komt hij terug met twee kopjes. Ik zie dat hij weer moeite doet om zijn trillende handen onder controle te houden. Er schiet wat vocht over de rand van het kopje heen als hij ze op tafel zet. In de kopjes zit een bruine, waterige substantie.

'Ik denk dat je vergeten bent een koffiepad erin te doen,' zeg ik. 'Zal ik even nieuwe zetten?'

'Ach, nee, wat onhandig. Nee, ik doe het wel.'

Hij pakt onze kopjes weer van tafel en loopt de keuken in. We horen het koffieapparaat lopen en niet veel later komt hij weer terug de woonkamer in. In de koffiekopjes zit opnieuw de waterige substantie. Francine en ik kijken elkaar aan en besluiten er niet nog eens iets van te zeggen.

'Hoe is het met je? Red je alles wel alleen?' vraag ik.

'Ja, prima, prima. Ik kook nog steeds elke dag.'

'Echt waar?' vraagt Francine.

'Ja, zeker. Op zondag maak ik zeven gehaktballen en kook ik twee kilo aardappelen. Daar eet ik elke dag een ander potje groente bij.'

'En wat is er met je hoofd gebeurd?' Ik tik met mijn wijsvinger boven mijn wenkbrauw, op de plek waar hij het korstje heeft zitten.

Hij kijkt even verward.

'Met dat opgedroogde bloed daar.'

'O, dat. Volgens mij ben ik gaan slaapwandelen en van de trap gevallen. Daar werd ik wakker en toen zat ik onder het bloed. De buurvrouw heeft me thuisgebracht.'

Hij stroopt de mouw van zijn hemd op, waar een enorme blauwe plek tevoorschijn komt.

'Dat ziet er niet goed uit,' zeg ik geschrokken. 'Ben je naar de dokter geweest?'

'Nee, joh. Het valt best mee. Als je ouder wordt krijg je sneller blauwe plekken.'

Ik vraag me af of het verstandig is zoals hij hier alleen woont, maar ik ken ook niemand van zijn familieleden. Die werelden heeft hij altijd compleet gescheiden gehouden. Ik besluit dat ik hem zelf goed in de gaten zal houden.

Hij schuift een koekblik met biscuitjes voor Francines neus.

'Neem alsjeblieft, in mijn eentje krijg ik ze nooit op.' Francine pakt een koekje aan en geeft het blik door aan mij.

'Zorg je nog weleens voor jongens?' vraag ik.
'Af en toe. Soms slaapt hier nog iemand.'
Dat zit me niet lekker. Als ze willen kunnen ze hem zo beroven of iets aandoen, maar aan de andere kant gun ik al die andere jongens ook een Wim. Zonder Wim was ik hier denk ik niet meer geweest.
'Vind je dat wel verstandig?'
'Die jongens hebben niets of niemand,' zegt Wim koppig.
'Pas maar op,' zeg ik.
Een paar weken later neem ik Wim mee uit eten. Hij heeft het restaurant gekozen waar hij me als verslaafde wel tien à vijftien keer mee naartoe heeft genomen. Hij bestelt de andijviestamppot en vlaflip als toetje. Zijn arm bibbert als hij de rookworst probeert door te snijden.
'Moet ik helpen?' vraag ik.
'Nee, hoor, het lukt wel.' Hij drukt met zijn mes en vork op de worst. Zijn vork glipt uit zijn hand en klettert tegen het porselein. Vlug pakt hij hem weer op en begint te snijden.
'Weet je nog dat we hier jaren geleden ook zaten?' vraagt hij.
'Ongelooflijk, hè.'
'Hoe gaat het met fotograferen?'
'Goed, ik heb verschillende opdrachtgevers en verkoop ook mijn eigen werk. O, en ik word tegenwoordig ingehuurd door bedrijven en scholen als spreker.'
Zijn helblauwe ogen beginnen te glimmen. 'Zoon, ik ben zo ongelooflijk trots op je.' Hij neemt een hap van de stamppot.
'Zie je Manus nog weleens?' vraag ik als hij zijn bord leeg heeft.
'Nee, ik heb hem al een tijd niet gezien. Maar mijn deur zal altijd voor hem open blijven staan.'

84

Iedereen kan zien dat we broers zijn. We lijken op elkaar, en toch totaal niet. Het is een warme dag en Anton komt in sportieve kleren aangelopen uit de stationshal. We hebben afgesproken om door Rotterdam te gaan wandelen. Ik ben nerveus, maar op een goede manier. Francine staat nog naast me, die gaat straks de trein in richting haar huis in Amsterdam. Ik wilde graag dat ze hem zou ontmoeten, al zou het nu maar voor een paar minuten zijn.

'Hé, Anton,' zeg ik.

'Ha, pik,' zegt hij. We staan even tegenover elkaar, en dan stap ik op hem af en sla ik mijn armen om hem heen. Hij doet het ook, maar iets voorzichtiger.

'Hoe gaat het met je?' vraag ik.

'Zijn gangetje.'

'Dit is mijn vriendin Francine,' zeg ik. Ze schudden elkaar de hand, praten wat heen en weer, en dan neemt Francine afscheid van ons. Ze kust mij en geeft Anton een korte knuffel.

Anton en ik lopen over de Weena, zonder een concreet plan te hebben waar we heen gaan wandelen.

'En, hoe is het met jou?' vraagt hij.

'Zijn gangetje,' zeg ik lachend. Ik meen het ook echt, momenteel speelt er niets bijzonders en ik vind het heerlijk. We slaan rechts af bij het Sint-Jacobspark. Tegen de bosjes aan zie ik een oude deken liggen. Het is vreemd om hier te lopen samen met Anton, op al die plekken waar ik zoveel tijd heb doorgebracht.

'Wat is het lang geleden,' zeg ik. Anton knikt.

'Dertien jaar?'

'Zoiets zal het zijn, je zat toen in de afkickkliniek.'

'Werk je nog als schilder?' vraag ik. Anton kijkt naar de grond terwijl hij loopt. Hij draagt mooie sportschoenen. Ik draag alleen nog maar sportschoenen, andere schoenen doen te veel pijn aan mijn voeten. Straks moet ik eens vragen waar hij ze vandaan heeft.

'Ja, ik sta nog steeds op de steigers.'

'Wat goed...'

We lopen over de Willemsbrug richting het Noordereiland. Onder ons vaart een rondvaartboot met fotograferende toeristen langs. Van een afstandje zien we de grote stalen constructie van de Hefbrug. Er staat hier meer wind dan in het centrum. Mijn pet waait bijna af, dus ik moet hem met een hand op mijn hoofd vasthouden.

'Weet je nog, dat ma die brug zo mooi vond,' zeg ik.

'Ja.'

'Heeft ze ooit nog een foto daarvan aan de muur gehangen?'

'Nee.'

'Ik snap niet waarom ze dat zichzelf niet gunde, ze had zo aan een foto ervan kunnen komen.'

'Je weet hoe ma was.' Anton blijft even stil, maar ik voel dat er nog woorden in de lucht hangen.

'Ik heb er wel haar as uitgestrooid, hier bij het Noordereiland in de Maas,' zegt hij dan.

'O, echt,' zeg ik, want ik weet even niet wat ik moet zeggen. 'Dat zou ze vast een prachtige plek hebben gevonden.'

'Het was haar lievelingsplek.'

Ik bijt op mijn lip. 'Ik vind het echt heel erg, dat ik nooit afscheid heb genomen, en jij het allemaal alleen moest doen.'

'Het is wat het is,' zegt Anton. 'Pa is met meerdere mensen in de Noordzee uitgestrooid, maar daar was ik niet bij.'

‘En de Maas mondt uit in de Noordzee,’ zeg ik.

Anton glimlacht. ‘Ja, precies.’

‘Misschien kunnen we nog eens samen afscheid nemen,’ stel ik voor. ‘Een afscheidsceremonie of zoiets.’ Ik weet niet precies wat ik ermee bedoel.

‘Misschien…’

We lopen even een korte ronde door het park op het eiland en lopen dan terug naar het centrum. Op de Witte de Withstraat gaan we bij een koffiezaakje zitten om wat te drinken.

‘Wat wil je hebben? Dan haal ik het even,’ vraag ik. Tegenwoordig kan ik dat, kan ik ergens met mijn pinpas naar binnen lopen en afrekenen met mijn eigen verdiende geld. Het blijft gek, maar ik vind het geweldig.

‘Een zwarte koffie,’ zegt hij. Ik knik en loop naar de bar om te bestellen.

Ik kom terug met twee bekertjes zwarte koffie. We zitten tegenover elkaar, en lijken allebei niet te weten waar we over moeten praten.

‘Als het aan mij ligt, gaan we contact houden. Ik wil graag deel uitmaken van je leven,’ zeg ik uiteindelijk.

Anton kijkt om zich heen. ‘Laten we eerst maar even kijken hoe alles loopt,’ zegt hij zacht. Ik hoor ma in zijn stem. Maar deze keer gaan we niet meer uit elkaars leven verdwijnen. Niet als het aan mij ligt.

85

'Wim, met Patrick. Gaat alles goed met je? Ik maak me zorgen. Bel me alsjeblieft terug,' spreek ik voor de zoveelste keer in op zijn antwoordapparaat.

Wim is verdwenen. Al een week neemt hij zijn telefoon niet op en hij doet ook niet open als ik aanbel.

Ik maak me ontzettende zorgen, maar ik heb Francine er niets over verteld. Ook niet dat ik al de hele week niet naar meetings ga. Francine is op een feestje en neemt ook haar telefoon niet op, hoe vaak ik haar ook bel.

Ik fiets nog eens naar Wims huis, in de hoop hem ineens wel daar aan te treffen.

Er wordt nog steeds niet opengedaan.

Ik fiets weer naar huis. Ik huil zachtjes, mijn gedachten zijn in een dikke mist gehuld. Straks ligt hij daar al dagen op de grond, of is hij verward naar buiten gelopen en onderkoeld geraakt. Continu blijf ik om me heen kijken, in de hoop hem toevallig tegen te komen. Het miezert en het is zo'n verschrikkelijk deprimerende novemberdag. Mijn shirt kleeft aan mijn lijf van het zweet en ik heb het koud en warm tegelijk. Ik voel de wortels weer groeien.

Waar is Wim in godsnaam?

Hoe kan ik hem vinden? Ik heb geen idee hoe zijn familieleden heten. Dat leven hield hij altijd volledig gescheiden van mij en andere jongens op straat. Ik kom verslagen thuis en ik heb het idee dat ik geen adem meer kan halen. Opnieuw bel ik Wim, en wanneer hij weer niet opneemt, bel ik Francine, die ook niet opneemt. Ik staar naar boven, door mijn schuine dakraam, naar de sombere blauwe hemel, en luister naar de geluiden van de straat. Een fiets die aanloopt, gelach van een jong stel, een hond die blaft. Maar geen Wim.

Ook al is het nog geen negen uur, ik besluit in bed te gaan liggen en zo de tijd te overbruggen tot het morgen is. Verrassend genoeg val ik snel in slaap. Ik droom over Wim, hij huilt, en ligt in zijn woning, al dagen helemaal alleen. Hij is uitgedroogd, onderkoeld. Niemand komt hem helpen. En dan droom ik over crack. Ik zit langs het spoor bij Wims oude huis in de bosjes. De basepijp rust in mijn hand. Ik neem een hijsje, en ik voel weer die heerlijke flash. Even zweef ik door mijn eigen lichaam. Welkom terug oude vriend...

Ik schrik wakker. Schaamte. Mijn shirt voelt alsof ik ermee in de regen heb gestaan. Ook mijn gezicht zit onder het zweet. Ik voel me schuldig, een slappeling. Ik heb weer gebruikt, ook al was het niet echt. Ik kijk op de klok, het is half elf. Voor de tiende keer bel ik Francine. Ze neemt niet op. Ik word boos op haar, maar ik weet ook dat dat niet eerlijk is.

Ik kan niet meer binnenblijven, ik moet iets doen. Voor ik het weet loop ik zonder jas de deur uit. Ik moet naar een meeting, dat weet ik, maar het is al te laat.

Waar is Wim? Waarom doet hij niet open?

Mijn hoofd staat op de automatische piloot. In een rechte lijn stap ik naar de kiosk. De eigenaar van de kiosk begroet ik niet. Ik loop direct naar het koelvak en pak zes blikjes whisky-cola. Zonder de eigenaar aan te kijken zet ik ze op de balie. Blijkbaar herkent hij me, want hij zegt: 'Weet je zeker dat je dit wilt?'

Bij wijze van een antwoord pak ik mijn pinpas uit mijn zak. Hij tikt het bedrag in en schuift het pinapparaat naar me toe.

Ik weet mijn pincode niet meer. Shit. Ik graaf in mijn geheugen, maar ik voel me alleen maar meer verstikt worden, alsof een strop zich om mijn keel sluit.

'Je kunt ook iets anders nemen,' probeert de man nog eens.

Nee, dat kan ik niet.

Ik herinner me dat ik mijn pinpas er ook op kan leggen. Gauw plaats ik hem op het apparaat en het piepje bevestigt dat de betaling gelukt is. Ik gris de blikjes van de balie en loop de winkel uit.

De miezer voelt als een soort sproeier in mijn gezicht. Ik haat de miezer. Het voelt alsof zelfs de regen me probeert te saboteren. Ik open het eerste blikje en drink het in drie grote slokken leeg. Het tweede ook. En dan ben ik alweer thuis.

Wat heb ik gedaan?

De blikjes zet ik ruw neer op de salontafel, waardoor ze tegen elkaar kletteren. Ik pak mijn telefoon. Nog steeds geen belletje van Francine. Ik bel Esther, die wel direct opneemt.

'Ik heb gedronken.'

'Heb je nog thuis?'

'Ja.'

'Flikker het weg, ik kom er direct aan.'

Ik giet de overige blikjes leeg in de gootsteen. Ik spoel net zolang met water tot de zoete geur weg is en merk ineens hoe misselijk ik ben. Mijn kaken beginnen te trekken en ik begin zuur speeksel aan te maken. Mijn hart klopt vlug. Ik moet overgeven.

Het bruine vocht keert in dezelfde vorm weer terug uit mijn mond en belandt in de wc. Mijn keel brandt van de gal. Ik spoel mijn mond af en veeg mijn tranen weg.

De bel gaat.

Ik kan alleen maar huilen als ze binnenkomt. We lopen de woonkamer in en gaan op de bank zitten.

'Het mooie is, ja, je bent teruggevallen. Ja, je hebt gedronken, maar je hebt geen drugs gebruikt. Dus we gaan vooruit,' zegt ze.

Ik ben nog steeds aan het huilen. Ineens realiseer ik me dat Esther 's avonds laat naar me toe is gekomen. Daar moet ik nog meer van huilen. Tijdens de opnames heb ik haar zo bang gemaakt, en alsnog staat ze hier en spreekt ze me bemoedigend toe. Het maakt me ineens heel strijdvaardig.

'Weet je wat. Morgen ga ik een meeting pakken en mijn kop laten zien.'

Ze glimlacht. 'Dat lijkt me een goed plan.'

'Ga even douchen, doe een schone pyjama aan en ga dan naar bed,' zegt ze.

Ik doe wat ze zegt. Esther zit nog steeds in de woonkamer, ik val in slaap.

Na een paar dagen ontvang ik een bericht op Instagram van een neef van Wim. Wim is overleden.

86

Naast de kerk staat een groepje daklozen de boel te observeren. Ik herken ze, maar ik ken ze niet goed. Een van hen, een man met een grote zwarte snor, geeft me een hand, maar verder praten we niet. Voor me zie ik Fadi met zijn rolstoel naar binnen rijden. Ik heb hem in geen jaren gezien, maar hij ziet eruit alsof hij ook van de straat af is. Ook in zíjn leven moet Wim een ongelooflijk grote rol hebben gespeeld. Net als van zoveel anderen waar ik geen weet van heb.

Er is weinig aankleding in de kerk, er staan alleen wat kannen met zwarte koffie, een paar foto's van Wim en wat schaaltjes met zwart-witjes. Er klinkt een gedempt geroezemoes, gespannen gefluister en klikkende hakken. Francine staat naast me. Ik ben blij dat ze mee is gegaan en ik ben ook blij dat ik nuchter afscheid kan nemen van Wim. We schudden de handen van familieleden van Wim, condoleren ze en worden door iemand van de kerk naar een van de houten banken geleid. Wim ligt in een open kist en draagt een grijs pak. Fadi rijdt de kerk weer uit, nadat hij de handen van de familieleden geschud heeft. De andere daklozen zijn niet naar binnen gegaan.

Als de hele kerk zit, neemt een broer van Wim het woord. Iedereen is stil en zijn zware stem galmt door de ruimte. Francine pakt mijn hand vast.

'Wim is iemand die zijn leven altijd in dienst van een ander stelde,' zegt de broer. Hij roemt hem in nog een paar zinnen en dan wordt er kerkelijke muziek gespeeld. Ik huil, Francine heeft zakdoekjes bij zich. Ik ben zo blij dat hij Francine nog heeft kunnen ontmoeten. De kerk neemt het over en bedankt Wim voor alles wat hij voor anderen gedaan heeft. De hele plechtigheid is heel sober, en ook al had ik hem een parade met fanfare en danseressen gegund, dat had niet bij hem gepast.

Wim noemde me regelmatig zijn zoon, net als hij vele andere jongens zijn zoons noemde. Lange tijd voelde dat vreemd, puur omdat ik niet wist wat het betekende om een zoon te zijn, maar ik weet wel dat hij ons allemaal als een vader heeft liefgehad en geholpen. Onvoorwaardelijk. En zo zie ik hem ook.

Als mijn vader.

87

Een plastic tas met twee nieuwe spijkerbroeken hangt aan mijn vingers. De spijkerbroeken die ik heb gekocht passen perfect. Niet te kort, niet te los, niet van iemand anders geweest, niet gestolen. En ik heb geen riem nodig om mijn broek op te houden. De broeken ruiken ook heerlijk nieuw.

In de winkel werd ik vriendelijk begroet door de medewerkster, die me gewoon het pashokje in liet gaan, die me niet in de gaten hield of ik daar ging slapen, en die bij het weggaan niet mijn rugzak hoefde te controleren. Ik kon de kleren gewoon afrekenen met mijn eigen geld, met mijn eigen pinpas. Toen ik de poortjes uit liep, was ik bang dat het alarm af zou gaan en de politie gebeld zou worden, ook al had ik gewoon betaald. Ik hield mijn adem in toen ik erdoorheen liep, maar de poortjes bleven muisstil. De medewerkster kwam me niet achterna gerend en ik werd ook niet tegengehouden door agenten in de winkelstraat.

Gaat dit ooit wennen?

Ik zwaai vrolijk met de tassen heen en weer terwijl ik door de stationshal van Rotterdam Centraal loop, dat is de snelste route naar mijn huis. Van de roltrap zie ik twee stationsbeveiligers en een spoorwegpolitieagent aankomen. Oude bekenden. De laatste keer dat ik de beveiligers zag, een jaar of twee geleden, was ik op het perron aan het bedelen. Ze wilden me om mijn legitimatie vragen, maar ik rende snel weg.

Ik kijk ze recht in hun ogen en voel alle kleur uit mijn gezicht wegtrekken. Snel wend ik mijn gezicht af, in de hoop dat ze me niet gezien hebben. Ik hoor ze praten achter me. Hun stemmen komen steeds dichterbij. Ik ga steeds sneller lopen. Achter me klinkt het zware bonken van legerkisten. De mensen in de stationshal blijven staan en kijken geschrokken naar het tafereel.

Wat moet ik nu?

'Van der Jagt!' roept een van hen. Ik loop door zonder om te kijken. De poortjes zijn al bijna in zicht. Waarom ben ik eigenlijk bang?

'Van der Jagt!' roept hij nogmaals. Zijn stem is nu heel dichtbij. Zijn hand grijpt mijn schouder beet. Ik draai me om. Hij slaat zijn arm om mijn schouder.

'Ik ben trots op je man, hou vol!'

Epiloog

Floris, 2021

Hij ligt vredig op mijn borst te slapen. Ik houd mijn armen zachtjes om zijn kleine lijfje heen geklemd. Zijn warmte stroomt door me heen. Naast me ligt Francine, ook diep in slaap. Ze haalt rustig adem. Het overvalt me, hoe waardevol het leven nu is.

Floris is ongeveer twee maanden voor mijn tweejarig jubileum van nuchter-zijn geboren. Zijn geboorte, het krijgen van een kind, is iets wat ik me nooit had durven voorstellen. Het was iets wat totaal niet paste in het leven dat ik voor mezelf koos. Ik moest dolen over straat, om maar niet in mijn hoofd te hoeven dolen. Het werd een leven waarin ik alles over mezelf vergat, wie ik was en wie ik kon worden. Alles verdween.

Mijn verhaal is er maar één.

Naast het mijne zijn er nog vele verhalen van andere daklozen die onverteld blijven. Meer dan dertigduizend geven de officiële cijfers in Nederland alleen al aan, maar er is ook nog een grote groep onzichtbare daklozen. Mensen die ook zo graag eruit willen komen. Mensen die ooit dromen hadden, maar denken dat zij ze niet verdienen. Mensen zoals ik. Misschien herken je wel een stukje van jezelf in mijn verhaal.

Ik ben zo blij dat er toch mensen zijn geweest die vertrouwen hadden in mij toen ik het zelf niet had, maar ook dat ik het heb aangedurfd om naar hen te gaan luisteren. Dat ik het aandurfde om ze te vertrouwen, en dat ik hun hand heb durven vastpakken toen ze me die toestaken. Het belangrijkste was dat er ineens mensen waren die me zagen, en me hielpen om de weg naar huis te vinden.

Ik zal de ontmoeting met mijn schoonouders nooit vergeten. Ik denk niet dat ik eerder zo zenuwachtig was geweest om iemand te ontmoeten. Wat moesten ze van mij denken? Een ex-straatjunk die een relatie kreeg met hun dochter?

Mijn schoonvader zei: 'Het gaat erom wie je nu bent, wat je nu doet.'

Het maakte ze niets uit wie ik ooit was.

Nu ik nuchter ben en mijn leven op orde heb, is het mijn eigen verantwoordelijkheid om mijn leven te leiden zoals ik het wil. Om voor mezelf te blijven zorgen, ook als het leven tegenzit. Dat ben ik nu zelfs verplicht aan twee mensen. Júíst als het leven tegenzit of als ik de controle over het leven verlies. Dat zijn de momenten dat ik mijn schouders eronder moet zetten, naar een meeting moet gaan, met mensen moet praten. Elke dag is een nieuwe dag. Ook al blijft de verslaving voor altijd deel van mij, ik weet dat als ik het moeilijk heb, ik alleen vandaag hoef door te komen. Vandaag kies ik voor mezelf. Vandaag gebruik ik niets.

Ik weet nu dat een mens zo ongelooflijk weerbaar en veerkrachtig is. Velen accepteren het lot dat we denken te verdienen. Maar je kunt elke dag opnieuw je eigen lot bepalen, een andere richting op gaan. Hoe groot de kuil ook is die je voor jezelf hebt gegraven, hoe uitzichtloos het leven soms ook lijkt en hoe weinig tanden je in je mond hebt, iedereen kan weer opnieuw van zichzelf leren houden.

Floris murmelt wat. Ik wieg hem rustig heen en weer en zie zijn ogen weer langzaam dichtvallen.

Wat mij betreft mag dit voor altijd voortduren.

Ik ben klaar met rennen.

Dankwoord

Het begon met een klik tussen een dakloze straatjunk en een verwend tv-meisje, al snel kwamen de urenlange telefoongesprekken, bijna alsof we al vanaf het begin iets in te halen hadden met elkaar. De chemie op de draaidagen, volgens mij zag iedereen het. Fransje, dank je wel voor je droge humor en je licht en vrolijkheid in mijn donkerte. Je haalt het beste in mij naar boven. De manier waarop je doorvraagt, je aanstekelijke passie voor je werk. Jouw oprechte interesse en vertrouwen in mijn dromen werken aanstekelijk. We horen bij elkaar. Ik herhaal een van de eerste zinnen die je tegen me zei, die je zo vaak hebt herhaald, vandaag de dag nog steeds regelmatig in mijn hoofd. ‘Maar wat als het wél lukt?’

Het is gelukt. Dank je wel. Ik hou van je.